아내의 암 투병과 교훈

아내 강혜란의 영감으로
남편 김중성이 엮다

통합적 암치료, 면역치료

고쳐야 할 의료관행
[3분 진료, 다학제]

구암(口癌)이와 춤을!

8년간의 여행에 함께한 제자들

차   례

들어가면서 ··· 9
현대의학에서의 암 치료에 대한 단상 ················· 16

제1부 아내의 암 투병 ······································ 24

1. 발병 ··· 24
  1.1 암, 언제부터 시작되었나? ··················· 24
  1.2. 암을 진단받고서 ································ 36
2. 암 치료 시작하다 ·································· 39
  2.1 치료방법의 탐색 ································ 39
  2.2 자연치유의 선택 ································ 46
  2.3 치료방법 선택에 있어 문제점 ············ 48
  2.4 다학제적 진료 ····································· 54
  2.5 차가원에서 ·· 57
  2.6 다 알지 못하는 암 치유, 위험에 처하다 ··· 84
  2.7 자연치유를 하다 ································· 87
  2.8 전통인술에 의한 치료 ························ 113
  2.9 현대의학 - 약간의 통합치료 시작하다 ···· 118
  2.10 아내의 방사선치료 ··························· 137
  2.11 마침내 수술 ····································· 154

제2부 암, 그 근원에 대하여 — 192

1. 암의 원인 - 세포와 산소 — 194
2. 최근 암에 관한 연구 - 암 줄기세포 — 202
3. 암과 유전자 — 209
    3.1 무작위적 돌연변이 — 210
    3.2 종양 억제 유전자와 발암 유전자 — 211
    3.3 암 유전자의 진단에의 활용 — 215
4. 암의 발생과 특징 — 217
    4.1 암은 과연 전조 증상이 없는 것일까? — 218
    4.2 면역력의 문제 — 219
    4.3 암 유발요인들 — 227
5. 암의 성장과 전이 — 242
    5.1 암의 성장 — 242
    5.2 암과 신생혈관 — 243
    5.3 암의 전이 — 245

제3부 통합적 암 치료법 — 250

1. 통합적 암 치료에 들어가기에 앞서 — 252
   - 1.1 통합적 암 치료에 대한 우리의 실정 — 252
   - 1.2 우리의 의료 환경 — 256
   - 1.3 암 치료의 시작을 위하여 — 258
   - 1.4 현대의학의 한계 - 암 치료에 실패하는 이유 — 263
2. 통합적 암 치료법 — 270
   - 2.1 통합의학에서의 암 치료 — 273
   - 2.2 표준치료를 중심으로 한 통합치료 — 275
3. 통합적 암 치료에 대한 체계적인 접근 — 301
   - 3.1 암 치유를 위한 심신 건강의 기초 — 302
   - 3.2 식이요법 — 316
   - 3.3 항산화와 항산화 네트워크 — 327
   - 3.4 항염에 대해서 — 337
   - 3.5 암 관리 — 339
   - 3.6 장 건강과 미생물 — 343
   - 3.7 해독 — 346
4. 면역치료 — 352
   - 4.1 면역세포치료 — 353

    4.2 면역항암제 ·· 356
    4.3 면역세포치료와 면역항암제의 병용 ············ 359
    4.4 면역항암제와 고용량 비타민C 병용 - 아내의 경우 ··· 360
  5. 대체의학적 암 치료 - 적극적인 대처 ··············· 370
    5.1 고용량 비타민C ································· 371
    5.2 아미그달린, 살구씨 ···························· 374
    5.3 체온 올리기 ····································· 378
    5.4 산소공급 증대 ·································· 385
    5.5 어싱(Earthing) ································· 386
    5.6 암에 유리한 보조제 섭취 요령 ················ 388
    5.7 기타 탐색 되는 암 치료법 ····················· 391
    5.8 마지막으로 ······································ 394
  6. 이상적인 자연치유 병원 ·························· 397
    - 스위스 알레스하임의 루카스 병원(Lukas Klinik Arlesheim)

부록. 중증 암 관련 의료제도 개선 요구 ················ 402

책을 맺으며 ·· 412

들어가면서

　내가 이 책을 쓰는 게 합당할까? 모든 게 성공으로 평가받는 세상에 성공은 커녕 아내를 잃은 처지에 남에게 길잡이가 되는 책을 쓰겠다고?

　주제넘게도 나는 이 일을 하기로 했다. 암 치료에 성공해서 얻은 교훈도 적지 않을 테지만, 실패로 얻은 교훈도 암 환우에게 더 값진 도움이 되리란 판단에서다.

　암은 처음 당하는 것이기에 경험 없이 암을 맞이하는 경우가 대부분이다. 그러기에 암을 진단받고 나면 처음에 매우 당황하여 갈팡질팡한다. 다년간 의료협동조합 활동을 하며 평소 건강문제에 관심을 기울여온 나로서도 그랬다.

　아내가 암에 걸리고 나서 아내의 문제에 대처해 나가는 과정에서 자연스레 여러 가지를 접했다. 암을 치료하기 위한 세분화된 전문적인 공부를 한 것은 아니지만, 상식선에서 치료과정에 어떻게 대처할까 라는 문제에 집중해서 자료들을 찾아보았다. 그러나 의외로 중증 암 환자에 대한 종합안내서는 거의 없었다. 암에 걸리고서 치료과정에 대해 어떻게 하면 당황하지 않고 치료에 임할 것인가에 대해서 쉽게 접할 수 있는 책은 드물었다. 더구나 최근의 암 치료 방향인 통합의학에 입각한 안내서는 거의 없었다. 단편적인 것들이 여기저기 산재해 있을 뿐이었다. 통합의학 전문병원과 전문서적이 소개되고 있는 외국과는 사뭇 다른 분위기다. 그러나 통합의학적 방법으로 치료하는 병원이 희귀한 우리나라에서는, 국내 병원의 실정을 파악하고 이를 잘 활용해서 치료하고자 하는 관점에서

씌여진 책은 거의 없다. 이것이 이 책을 쓰게 된 이유이다.

이 책은 아직까지도 논쟁중인 암의 원인에 대해서 의료계 내의 시각이 어떻게 다른지도 살펴볼 것이다. 이를 좀 더 정확히 알아야 치료에 도움이 되기 때문이다. 암이 증식해가는 복잡한 과정을 이해하는 것은 전문가의 영역이다. 그러나 일반상식 차원에서 환자도 이해하고 있다면 치료에 큰 도움이 된다. 전문가들이 보면 미흡할 수 있겠지만 환자의 입장에서는 그렇지 않을 수 있다.

암은 대학병원 치료가 전부가 아니라 일부에 불과하다는 사실도 알려야겠다고 여겼다. 대학병원에서의 3기 이상 중증 암 치료는 눈에 보이는 암만을 제거하는 것이 대부분이다. 이런 치료는 반쪽짜리 치료에 불과하다. 이러다 보니 대학병원에서 3기 이상의 중증 암 치료율은 현저히 낮다. 당분간 개선될 여지도 별로 없어 보인다.

중증 암은 대학병원에만 맡겨서는 살아나기가 쉽지 않다. 현재와 같은 대학병원 환경하에서는 치료율을 높일 수 있는 통합치료를 기대할 수 없기 때문이다. 관행마저 이를 부추긴다. 우리나라 병원은 3분 진료가 정착되어서 충분한 진료를 받을 수가 없다. 더구나 다학제 시스템에 의한 진료서비스는 그들의 선처에 맡겨져 있다. 무엇보다 초기 암 치료에 대한 방향 설정은 생존에 결정적일 수 있으므로 지금 같은 진료 관행은 시급히 개선되어야 한다. 이에 관해 이 책은 여러 시사점을 던져줄 것이다.

적지 않은 암 환자들이 단번에 치료되기를 기대는 경우가 있다. 최근 적용되고 있는 면역항암제에 기대를 걸기도 하지만 이것조차도 한 방에 치료되는 경우는 그렇게 많지 않다. 조금씩 나아지는 것은 분명하지만 결과는 매우 부족하다. 방사선치료도 세계적으로 양성자 치료에서 중입자치료로 옮겨가는 추세이지만 이 또한 실적이 그리 많이 쌓여있지 않다. 중입자치료가 도입되면 더 나은 치료 환경이 될 테지만 양성자 치료만 가시권에 들어와 있다. 시간이 더 필요하다.

현재로서는 중증 암 치료는 대학병원의 표준치료를 중심으로 면역치료, 대체의학, 자연치료, 한방치료 등 다양한 치료법을 동원하는 통합치료만이 치료 성과를 올릴 수 있다. 점차 이 방향으로 나아갈 것이다. 이 책에는 필자가 경험했고 또 세간에 알려진 통합치료방법들이 소개되어 있다. 이와 관련된 풍부한 해외 사례도 소개하여 객관적이고도 검증된 관점에서 서술하려고 노력했다.

이 책은 비전문가가 썼기에 부족한 면이 없지 않다. 그러나 전문가가 아니기에 가지는 장점도 있다. 실패에서 우러나온 생생한 현장의 소리라 이해해 주었으면 한다.

독자들에게 생생함을 전달하고 딱딱함도 덜어주기 위해서 아내가 쓴 2년간의 투병기를 먼저 실었다. 따라서 이 책은 아내와 같이 쓴 책이기도 하다. 아내가 암 투병 내내 일기를 써왔는데 여기에 그 내용의 일부를 담았다.

제도상의 허점도 많다. 나는 암 환자들이 더 실질적인 도움을 받을 수 있는 제도가 마련되기를 바란다. 이것은 이해당사자인 암 환우와 그 가족, 그리고 의료계, 정치권과 함께 풀어가야 한다. 이를 위해 의료시민단체와 함께 노력하고 있다. 관심 있는 독자라면 함께 힘을 합해도 좋을 것이다.

죽음!

　죽음에 대한 많은 글과 사유가 있다. 조금은 예비하고 있었다 싶었는데, 막상 닥치고 보니 평소 생각과 다르게 다가온다. 아내가 천수(天壽)를 다하지 못해서 그런 것 같다. 아내는 생전에 이런 이야기를 하곤 했다. "죽음은 삶에 있어 가장 큰 상실이 아니다. 가장 큰 상실은 우리가 살아있는 동안, 우리 안에서 어떤 것이 죽어버리는 것이다. 죽어서도 살아있는 삶, 그것이 우리에게 있어 가장 큰 빛이다." 그러면서 "살다 보면 갑자기 죽을 수도 있는데 뭐, 자동차 사고처럼!"이라고 한 말이 자꾸 떠오른다.
　그렇지, 우리는 언제고 사고로 죽을 수 있지. 그런데 우리는 갑작스러운 죽음에 대비하고 살고 있을까? 나는 아직 거기까지 준비되어 있지 못했다. 그러면서 갑작스러운 죽음에 대해서도 다시 생각하게 된다.
　우리는 대개 수명을 다한 죽음에 대해서만 익숙해져 있다. 조화로운 삶을 살았던 스콧 니어링은 100세에 운명을 하면서 마지막 순간에 자유의지로 식음을 전폐하고 죽음으로 나아갔다.
　그러나 천수를 다하지 못한 죽음 앞에서 우리는 어떻게 해야 하나? 더구나 삶과 죽음의 경계에서 고통을 온몸으로 받아내야 하는 환자가 되고서 죽음에 대해 어떤 자세를 지녀야 할까? 죽음은 또 다른 세계로의 출발이라는데 이를 어떻게 마주하며 사랑스럽게 껴안아야 할까?
　아내는 마지막 순간에 고통을 덜기 위해서라도 빨리 저세상에 갔으면 좋겠다고 얘기했다. 동료 교사와 가르치던 아이들이 죽음을 며칠 앞두고 찾아왔을 때도 그것에 무심해진 상태였던 그녀는 죽음을 두려워하거나 살기 위해 애걸복걸하지는 않았다. 제자들에게 구강암이어서 말을 할 수 없는 상태여서 글로만 뜻을 남겼다. '나는 최선을 다했어'라며 평정심을 잃지 않았고 그래도 '최선을 다해야 돼!'라며 덤덤히 죽음을 맞이했다.

그러나 이렇게 아내를 떠나보내고 나는 아직도 평정심을 찾지 못하고 있다. 그녀가 떠난 자리에 남겨진 유물들을 정리하면서, 복잡한 감정의 선들이 엉켜서, 그리고 첫아들을 낳고 그때의 생각들을 정리해 둔 일기장을 들추면서, 또 자연치유로 투병과정에서 밀려오는 통증을 이겨내느라 안간힘을 썼던 그때의 상황을 글로 남긴 걸 보면서 아내가 가버린 지 한참이 지났음에도 때론 어깨를 들썩이곤 한다. 아내가 가버렸다는 사실이 비현실로 느껴지기까지 했다. 그녀가 그저 당분간 멀리 여행을 떠난 것 같다. 여전히 그녀의 환영에서 벗어나지 못하는 가운데 조화로운 삶과 온전한 죽음을 다시 생각한다.

아내가 투병 생활을 할 때 그 과정을 지켜본 나로선 그때의 순간 순간들이 생생하게 떠오른다. 아내를 살려내지 못한 죄책감에 시시때때로 가슴을 쓸어내리고 눈물도 하염없이 흘렸다. 충격이 너무나 커서 도저히 무심히 지나칠 수 없게 되었다.

자기가 사랑하던 사람이 사라진다는 것, 남은 사람 또한 떠난 사람 못지않게 아픔을 안고 있다. 익숙한 것들로부터 이별이고 삶의 균형이 깨지는 일이기 때문이다. 상실감을 가진 채 홀로된 미래를 안고 살아야 하기에 그렇다.

살림!

국가암정보센터의 통계에 따르면 최근 2010~2014의 5년 생존율은 남녀 합해서 70.3%이다. 이중 갑상선 암을 뺄 경우 63.1%이다. 1996~2000의 경우는 43%였다. 이 사실만 놓고 보면 십여년 만에 5년 생존율이 획기적으로 개선된 것처럼 보인다. 그 사이에 생존율이 정말 획기적으로 개선된 것일까? 이걸 믿고 암에 걸려도 좀 안심할 수 있을까?

그걸 피부로 느낄 수 있어야 하는데 주변에서 들려오는 소식은 그렇지 않다. 통계를 잘 해석해야만 한다. 1, 2기 초기 암일 경우는 5년 생존율이 80%가 넘는다. 그러나 이런 치료 실적이 3, 4기 암에서는 전혀 그렇지 못하다. 최근 들어 생존율 통계가 급상승 한 이유는 국가에 의한 암진단사업이 시행되면서 초기 암이 많이 진단되었기 때문이다. 3, 4기 중증 암 생존율은 10년 전과 견주어 통계적으로 큰 차이가 없다. 따라서 중증 암 치료에 대해서 지금과 같은 표준치료에만 매달려서는 치료율 상승을 크게 기대할 수 없다.

이 책은 치료가 어려운 3, 4기 암 환자가 삶의 길로 들어서기 위해서 어떤 노력을 해야 하는지에 대해 알아볼 것이다. 인류가 직면한 가장 어려운 치료가 암인 것을 보면 이 분야를 위해 노력한 의과학자들은 셀 수 없이 많다. 의료 발전은 이 같은 여러 사람의 축적된 노력의 결과이다. 따라서 나는 상식선에서 접근하여 선각자들이 제시해 놓은 실마리들을 따라가려 노력했다.

필자는 그 길이 너무 많아 혼란스러워 길을 헤매기도 했다. 주류

의학도 그렇지만 대체의학이나 자연치유 또는 통합의학도 혼란스러움은 마찬가지다. 그리고 의료계는 대부분 물신에 철저히 물들어 있다.

  이런 책을 쓰는 일은 의사들의 몫이다. 그런 게 없으니 의료에 깊이가 없는 나 같은 사람이 나설 수밖에 없는 것 아닌가!
  아내 투병을 도와주면서 몇 년간 쌓은 지식을 발병 초기에 가지고 있었다면 어땠을까. 아마도 많이 달라졌을 것이다. 이런 후회를 하는 사람이 나뿐만 아닐 것이다. 목숨과 관련해서 뒤늦은 후회는 소용없다.
  치료행위는 의사들이 하지만, 치료순서를 정하고 그 방법을 찾아가는 일은 의사에게만 속한 일은 아니다. 투병과정에서 첫 단추를 잘 꿰고 치료순서가 뒤바뀌지 않도록 대처했다면 결과도 좋았을 것이다. 설사 살아남지 못했다 하더라도 지금 같은 자책으로 괴로워하지는 않았을 것이다. 왜냐하면 최선을 다했음으로 여한이 없을 테니까!
  현재도 진일보된 치료제가 속속 나타나고 있고 앞으로 더 유효한 치료방법이 나타날 것이다. 암 치료를 하는 수많은 길이 있음에도 암을 처음 접하는 환자와 그 가족들은 너무 많은 어려움을 겪는다. 탄탄대로가 아닐지라도 헤매지 않고 바른길을 찾아가는 데 작으나마 보탬이 되고자 한다. 주류의학에서 제시한 방향을 도외시하지 않으면서도 과거부터 면면히 이어온 치유 방법들에 대해서도 전달하려고 노력했다. 삶의 길로 가기 위하여!

현대의학에서의 암 치료에 대한 단상

암은 현대의학에서 제대로 대처하고 있을까?

1,2기 암에서는 표준치료에 의한 근치율이 제법 높으나 3,4기 암의 치료 실적은 너무나 초라하다. 국립암센터의 통계 분류법이 일반적인 분류법과 달라서 이를 그대로 사용할 수 없지만, 연세대 암병원 통계에 따르면 3,4기 암에 대한 5년 생존율은 갑상선 암을 제외하면 암 종에 따라 16-40% 정도이다. 조기 암진단사업으로 완치율이 제법 높아졌다고는 하나 3기 이상 암의 완치율은 아직도 매우 낮은 수준이다. 그러니 주류 의학계는 암에 제대로 대처하지 못하고 있다고 말할 수밖에 없다.

이들은 암의 원인에 대해서도 제대로 다 설명해 내지 못하고 있다. 암에 대해 진짜로 제대로 알고 있을까 하는 데 대해 의구심이 든다. 암에 대한 이해가 충분하다면 이를 극복하는 것도 가능했을 텐데 그렇지 못한 것 같다. 암의 원인을 규명하는 일에 있어서도 의과학은 아직 더 발전해야 할 분야이다.

국가 조기 암진단사업으로 초기 암 발견 사례는 늘고 있어 1, 2기 환자들의 장기 생존율이 80%가 넘어 다행이다. 그러나 그 대상은 위암, 유방암, 간암, 대장암, 자궁암 정도이다. 최근에 폐암이 추가되었다. 나머지는 사각지대이다. 국가 암검진사업이 없었다면 암을 초기에 발견하기는 어려웠을 것이다. 대부분 증상이 없기 때문이다. 증상이 없는 초기 암을 우연한 기회에 알게 되었다면 그건 행운이다. 근치(根治)될 가능성이 크기 때문이다. 그러나 고형암 3,

4기로 넘어가면 얘기는 달라진다. 이때는 근치율도 매우 낮다. 의사가 하자는 대로 따라가기에는 허술한 데가 너무 많고 표준치료에만 의존해서는 낭패 보기 십상이다. 이때의 암 치료는 모든 방법을 동원해야 한다.

암 환자는, 당사자는 말할 것도 없고 가족이 겪는 고통도 너무나 크다. 이를 경험한 나로서는 중증 암 환자의 장기 생존율이 매우 낮음에도 이를 개선할 여지가 상당하다는 것을 확인했다. 그래서 이런 방법이 널리 알려져야 한다는 생각에 이르렀다. 최근 면역항암요법이 도입되고 있기는 하나, 치료율을 높이기까지는 아직도 많은 시간이 더 필요하다. 따라서 이 책에서는 암 치료가 왜 통합치료가 되어야 하는지, 그 방법은 무엇인지에 대해서 알아볼 것이다. 이러한 것을 가능케 하는 통합치료는 치료법이 너무 방대하다.

여기서 제시하는 방법들을 다 따라 하기도 쉽지 않다. 더구나 이를 다 꿰고 있는 의사도 많지 않다. 따라서 여러모로 어려운 점이 많지만 그래도 중증 암에 대처하고 치료율을 높일 방법은 현재로선 다른 대안이 없다.

통합치료에는 표준치료는 물론이고 비 표준치료뿐만 아니라 면역치료, 자연치유, 대체의학, 한방치료와 각종 암에 작용하는 보조제, 식생활과 도수치료, 운동과 정신적 요양에 이르기까지 다양하다. 우리가 경험한 것만 해도 여러 가지가 있다.

환자가 처음 암을 진단받고 나서 곧바로 의사가 시키는 대로 무작정 따라가는 것은 우리나라 의료현실에서는 현명치 못하다. 특히 3,4기 암에서 그렇다. 많은 사람은 암으로 진단받고 나면 우선 갖은 연줄을 동원해 아는 의사를 찾는다. 많이 배운 사람일수록, 부자일수록 더 그렇다. 의사가 실력이 없어서가 아니다. 우리나라 의료 관행 때문이다. 암 치료라 해도 이에 관한 상담은 보통은 3분, 길어야 5분 진료에 불과하다. 이 시간 동안에 환자의 상태, 치료계획, 주의사항, 향후 전망 등을 다 설명해 내리라는 것을 기대할 수 없다. 그래서 많은 경험자는 의사 한 명에 의존하여 진단 및 치료를 하지 말라고 충고한다.

암은 커지기는 쉬운데 이를 줄이는 것은 매우 어렵다. 확증되지 않은 치료를 하다가 암이 커지면 이를 다시 줄이는 노력은 매우 힘들고 어떤 때는 불가능한 경우도 있다. 따라서 여러 요소를 고려해서 암 치료의 전략을 세우는 것, 즉 치료법의 우선순위를 정하고 어떤 치료를 적용할지에 대해 심사숙고하여 이에 임하는 것이 실패를 줄이는 길이다.

우리나라는 의료시스템 문제로 의사를 온전히 믿을 수 없지만 의사에게 의지해야 하는 아이러니가 우리를 어렵게 한다. 더구나 3분 진료 의료현실에서는 의사는 환자에게 병에 대하여 제대로 다 설명해주지도 못할뿐더러 치료행위 자체가 의사들의 제한된 틀에 갇혀 있다. 진단한 의사는 필시 양방의사일 테고 양방의사가 통합적 의료지식을 갖고 있기가 어렵기 때문이다.

한편 통합치료에 대한 이해도가 높은 의사를 만났다면 행운이지만 대학병원에서 이 같은 의사를 만나기는 어렵다. 왜냐하면 통합치료 의사는 지금 같은 병원 체제에서는 발붙이기가 어렵기 때문이다. 통합적 치료는 한마디로 돈이 되질 않고 대부분 건강보험에서 벗어나 있다. 나아가 대부분의 양의사들은 아직 통합치료에 대한 지식이 일천하거나 수용할 의사를 보이지 않고 있다.

그러나 통합의학으로 암을 다스려온 『암을 극복하는 생활』의 저자 키이스 블록은 통합의학의 전형을 보여주고 있다. 식사가 잘못되거나 보조제를 잘못 사용하면 불리할 수도 있지만 치료에 도움을 주는 것은 대단히 많다. 제대로 알고 적절히 사용하면 도움을 받는다. 대부분의 양의사들은 치료도 제대로 못 하면서 다른 영역에 대해 백안시하는 태도가 있다. 비판하기 이전에 환자들이 왜 그러는지 이해를 더 할 필요가 있다. 양방치료에 있어 완치율이 높다면 그런 접근을 했을 리 없다. 치료에 대한 신뢰가 없는 상태에서 다른 각도에 관심을 갖는 것은 너무나도 자연스러운 일이다.

우리나라에도 통합적 관점을 가지고 진료를 하는 중소규모의 종합병원이 몇 곳이 있기는 하다. 그러나 대안적 치료를 조금 한다고 해서 통합의학이라고 부르기에는 너무 편협하고 내용도 얄팍하다. 국민건강보험 등 공적 의료에 의존하는 우리 현실에서는 보험적용이 되지 않아 더 그렇다. 이름만 통합치료이다. 가야 할 길이 너무 멀다.

후회 없는 투병이 되도록 하기 위해서는 병에 걸리기 전에 사전 지식을 쌓는 것이 유용하다. 그 이유는 일단 발병하고 나면 투병계획을 세우고 대처하는 것이 그렇게 간단치 않다. 인터넷이 발달한 요즈음 급한 마음에 이것저것 뒤지다 보면 너무 많은 정보에 중심 잡기가 쉽지 않다. 한꺼번에 몰려드는 지식과 주변 친인척들의 이런저런 조언에 정신을 차리기 어렵고 잘못된 길로 가기 십상이다.

암은 매일매일 커지고 있어서 한시라도 빨리 치료에 들어가야 하는데 해당 암 분야의 명의를 찾는 일에서부터 암이 커지는 것을 억제하기 위한 식사 문제며 보조요법 선택 등 뭔가 판단하고 결정하는 데 시간이 걸린다. 더구나 이때쯤이면 냉철히 판단하기도 쉽지 않다. 마음에 여유가 없기 때문이다.

암과 같은 중병에 걸리면 대부분은 대형병원인 소위 빅5에 몰린다. 이렇게 환자들이 몰리다 보니까 의사들이 이들에게 충분한 진료를 하기에는 시간적 제약이 너무도 많다. 3분 진료상담이 이를 증거 한다. 일부 병원에서 상담을 전담하는 전문 간호사들이 배치되어 있기도 하지만 이들은 기능적인 일만 할 뿐이다. 대형병원에서는 암 환자들을 대상으로 하는 설명회나 강연들도 있기는 하지만 그저 상식 수준이다. 암의 원인과 진단, 그리고 치료에 대하여 한방과 양방을 넘어서 자연치유와 대체의학까지를 제공하는 곳은 이들 병원에서는 거의 없다. 일부 중소병원이나 영세한 규모의 자연치유센터에서 하고 있을 뿐이다.

대체의학을 하는 이들 가운데는 현대의학을 극도로 불신하고 혐오감을 부추기는 이들도 있다. 여기에 현혹되는 이들이 적지 않다. 대체의학이 특별히 효과가 있어서라기보다는 항암제의 부작용과 너무나 낮은 양방치료율을 봐왔기 때문이다. 유럽에서는 자연치유와 대체의학을 포함한 통합의학이 발달해 있다는데 우리나라는 오직 표준치료 이외에는 다른 개념이 없는 것도 한몫한다. 이로 인해 대체의학을 추구하는 이들의 양방에 대한 비난이 먹혀들 여지가 있다.

암 환자를 놓고 발병원인과 진단 및 치료 전반에 대해 의사와 환자가 의견을 교환하여 환자가 치료 방향을 이해하고 주체적으로 대처하도록 도움을 주는 의사가 흔할까?

최근 다학제 진료가 추세라고는 하나 이것 또한 빈약하기는 마찬가지다. 통합적인 치료에 대하여 일부 이를 자각한 의사들이 나타나고 있으나 너무나 소수이다.

이 책을 펴내게 된 동기 중 하나는 국내 대형병원에서 벌어지고 있는 의료 관행에 대한 비판이 포함되어있다. 대학병원뿐만 아니라 거의 모든 병원도 마찬가지지만 자본의 논리가 너무도 심하다. 하루 의사가 진료하는 환자 수가 50명이 넘는 경우가 허다하다. 심한 경우는 백여명이 훨씬 넘는 외래환자를 보는 경우도 보았다. 중환자인 암 환자를 진료하는데 다른 과에 검사를 의뢰하고 이를 토대로 분석을 하며, 영상자료 및 각종 검사에 대한 판단으로 환자와 상담하면 의사는 살인적인 근무환경에 내몰리게 된다. 그렇게 치료해서 과실 내지는 부실 치료가 안되는 게 오히려 이상하다. 메르스 사태 때 우리나라 최고의 병원인 삼성병원이 저 정도로 초토화된 것은 저간의 사정을 보면 어쩌면 당연한 결과이다. 이게 과연 정상인가 하는 것을 묻고 싶다.

의사들이 전인적으로 치료에 임하는 것은 우리의 의료 환경에서는 애초 불가능하다. 통합치료? 설사 그게 좋은 치료 효과를 보일지라도 현실과는 거리가 너무 멀다. 몰려드는 환자를 이유로 대고 있지만, 그것으로 의사들이 자신의 의무를 다하고 있다 할 순 없다. 대형 암병원 현실은 단위시간에 많은 수의 환자를 소화해내고 그것도 기계에 의지한 채 그저 포디즘(Fordism)에 입각해 자동생산방식으로 상품을 찍어내듯 환자를 자동으로 밀어내는 것으로 비치는 의료행태가 이를 뒷받침한다. 암을 다루는 대형병원을 가보시라, 병원이 얼마나 눈코 뜰 새 없이 돌아가는지를!

나는 의료기관에서 의료사고가 적잖이 일어나고 있다고 본다. 수차례 목격하고 하소연도 들었지만 이런 사고는 대부분 묻히고 만다. 고소해 본들 비용도 들뿐더러 의료인의 과실을 입증해내기가 쉽지 않다. 이렇게 비일비재하게 일어나는 의료과실과 의료분쟁을 줄이기 위해서도 3분 진료 관행과 다학제의 내실화와 의무화를 비롯한 의료제도의 개혁은 꼭 필요하다.

암 질환은 병원에서의 치료도 중요하지만, 치료의 전 과정에서 보면 일부에 불과하다. 근본적인 치료는 환자 자신이다. 따라서 치료 중이거나 병원 치료를 끝낸 환자와 가족이 어떻게 대처해야 하는지, 그리고 이 과정에서 통합적 치료와 접근은 어떻게 해야 하는지 살펴볼 것이다.

암 치료는 재발되는 경우가 잦다. 재발하지 않기 위한 여러 가지 요소들이 있지만 중요한 것만을 간추려보고자 한다.

제1부에서는 아내의 투병 생활 전반을, 제2부에서는 암의 발병 원인을, 제3부에서는 통합적 암 치료법에 관해 진지한 이야기를 나누고자 한다.

2019년 10월 경기도 의왕 처소에서 김중성

아내의 암 투병과 교훈

제1부

아내의 암 투병

제1부 아내의 암 투병

1. 발병

　암에서 발병이라는 개념은 무의미하다. 진단이라 해야한다. 암은 세포 단위에서부터 암으로 구분 지을 수 있는데, 암세포는 하루에도 수천 개씩 생겨났다가 사라지기를 반복하므로 우리는 매일매일 발병에 직면해 있다. 그런데 암을 언제부터 병으로 취급하고 치료의 대상으로 삼는가는 매우 복잡한 문제이다. 발병 부위에 따라 병기 기준도 천차만별이다. 이것은 관련 분야 전문의들이 취급할 문제이다. 누구든 암으로 진단이 되지 않았어도 암이 없다고 말할 수 없다. 발병했어도 진단되지 않았을 뿐이므로.

1.1 암, 언제부터 시작되었나?

　아내는 2015년 4월 29일 림프절까지 전이된 구강암 3기 편평상피세포암으로 진단을 받았다. 진단은 이때 받았어도 실제 암이 진행된 것은 이보다 훨씬 전이었을 것이다. 이걸 되짚어서 몸속에 병이 자리 잡기 시작한 것이 언제쯤이었을까 추측해본다.
　병이 생기기 시작한 것을 살펴보기 위해 그녀가 가졌던 직업부터 살펴보고자 한다. 아내의 직업은 교사였다. 일반 학교 교사는 아니고 우리나라에서는 다소 생소한, 실험적 대안학교인 발도르프(Waldorf)학교 교사였다.
　발도르프학교의 교육철학과 교과과정은 초 미래지향적이다. 초

미래지향적 교육이라 칭한 건 그 내용의 폭과 깊이가 그만큼 넓고 깊기 때문이다. 독일에서 슈타이너에 의하여 제창되었고 2017년으로 100년의 역사가 되었다. 유럽과 미국 등 선진국에서는 많이 있는 편이다. 슈타이너는 교육, 의학, 농업에서 독특한 발자취를 남겼다. 슈타이너는 교육분야에서 특별한 자취를 남겼는데 그것이 인지학(人智學)이라는 교육철학이다. 그리고 의학분야로 발전된 것이 인지의학이다. 유럽에는 인지의학에 입각한 병원들도 다수 있다. 슈타이너는 영적인 면에서까지 특별한 능력을 가졌던 것 같다. 그의 교육은 독일에서 출발하여 전 세계에 펼쳐졌는데 그 특징을 간단히 짚어본다.

이 학교가 지향하는 교육철학을 처음 접했을 때 그 심원한 세계에 충격을 받았었다. 단지 통합교육을 추구한다는 것에서만 그런 게 아니다. 교육은 백년대계(百年大計)라고 하는데 이 교육은 그것을 넘어선다. 지구의 미래에 대한 깊은 통찰이 담겨있다. 문명 대전환에 대한 예지가 있었기에 우리는 그것에 빨려들어 갔다.

인지학(Anthroposophy)이란 사람(Anthropos)과 지혜(sophia)의 그리스 합성어이다. 정신 또는 영혼의 과학으로 통칭 되기도 하는 인지학은 정신세계를 올바로 이끌기 위한 어떤 사고방식 또는 가치체계이다. 깨달음에 이르는 길, 이것은 의식과 감각 및 오성(五性)을 바탕에 둔 과학에 기초해서 정신과 영혼의 세계까지 탐구의 대상으로 삼아 그 폭을 초감각적 세계까지 넓혔다. 이는 인간 본성인 감성과 이성 그리고 의지를 통합적으로 포괄한 교육철학으로 이해할 수 있다.

슈타이너 교육과정은 발도르프라는 이름으로 12년제의 과정으로 이루어진다. 학교에 따라서는 1~8년 까지만 있는 학교도 있다. 아직 9~12년 상급과정을 다할 여건이 되지 않을 경우 8년까지만 하기도 한다. 그런데 8학년까지는 담임 과정이라고 해서 한 교사가 책임을 맡는다. 8년 동안 교사가 바뀌지 않는다는 이야기이다. 따라서 교사와 학생들 간의 관계는 과거 우리나라의 전통적인 사제관계에서처럼 매우 끈끈한 형태를 형성한다. 그만큼 학생들에 대한 교사의 책임이 크다. 교과과정도 우리나라의 그것과는 완전히 차이가 난다. 일단 획일화된 교과서가 없다. 대체적인 교육 범주가 있을 뿐이다.

자연에 관해서 하는 공부는 우리가 그것을 즉시 인식할 수 있는 것들로부터 출발한다. 자연이 가지고 있는 속성의 전반적인 내용들, 즉 식물학, 동물학, 광물학, 천문학, 기상학, 인간학 등이 그것이다. 우리가 배워왔던 생물, 화학, 물리 등과 같이 분절된 지식을 배우는 것이 아니라 자연을 있는 그대로 배우면서 통합적인 이해를 높인다.

사회와 세계에 관한 공부도 그것은 연관성이 깊고 일목요연하다. 이는 자기 동네에 관한 공부부터 시작한다. 이것을 동네학이라 하는데 그 동네의 특징을 배우고 동네 역사 등 예부터 내려오는 전통들을 들추어 공부한다. 이것부터 시작해서 자기가 속한 더 큰 사회와 더불어 점차 세계로 시야를 넓혀간다. 나와 세계가 일목요연하게 연결되어 있다. 이러한 교육의 틀은 인간과 사회와 자연에 대한 총체적인 지식이다.

그리고 이 교육은 예술교육을 매우 중시한다. 시와 노래와 춤(오이리트미)과 미술 등을 충실하게 포함하고 있다. 인간이 살아가기 위한 방편에 대한 교육이자 살아가는 과정에서 삶의 질을 최대한 고양시키기 위한 교육이다. 이러한 지식을 말 그대로 통합적으로 가르친다. 특정 분야에 치우치지 않고 모든 것을 통합시키는 교육이다.

통합교육이라는 것을 대충 훑어보면 이렇다. 인간 생존에 필수적인 요소인 의식주(衣食住)에 관한 공부를 한다. 좀 더 들어가 보면 농사와 요리에 대한 것은 기본이고 옷만 해도 옷을 만드는 전 과정이 포함된다. 이는 실을 만드는 것부터 배운다. 실에도 종류가 많은데 주변 여건에 따라서 선택한다. 양을 많이 키우는 환경이라면 양털로부터 실을 만들고, 목화를 기르는 환경이면 목화에서 실을 만든다. 이런 실로 옷감을 짠다. 소박한 베틀에서부터 원시적 방적기에 이르기까지 다양하게 이용된다. 외국의 발도르프학교에 가보면 우리나라에서는 다 사라진 물레와 방적기 등이 학교에 있다. 이렇게 만들어진 옷감으로 옷을 만든다. 재단하고 바느질하는 법을 배운다. 그것도 예술적으로!

쇠붙이를 다루는 것도 그렇다. 유럽에서는 조그맣기는 하지만 쇠를 녹이는 용광로도 있고 주물 도구 등 쇠를 다루는 기구들이 있다. 이것을 가르친다.

집도 마찬가지다. 집에 관한 공부는 저학년부터 배우는 데 단지 글로만 배우는 것이 아니라 직접 만드는 과정이 포함된다. 원시적인 집의 형태에서부터 수수한 집도 직접 만든다. 특히나 서양의 발도르프학교는 학교 건물이 예술적이다. 자연과 조화를 이루고 창의성이 돋보인다. 어릴 때부터 배운 집 짓는 기술이 예술로 접목되며 이를 키워가는 것이다.

아내는 서구의 몇 나라를 여행하면서 발도르프학교를 방문하고 초단기 교사 노릇도 했었는데 그녀가 찍어온 사진에서 그런 모습을 생생하게 엿볼 수 있었다.

현대사회는 지극히 세분화되고 분업화된 사회이다. 특수한 분야의 전문 지식을 갖추는 게 상식처럼 되어있다. 어릴 때부터 이런 방식으로 공부하다 보니까 통합적 인간으로 성장해 가는 게 불가능하다. 분업화되고 파편화된 기능적 인간만 양산되고 있다. 아무리 많은 지식을 쌓아도 대상 세계를 전체적으로 파악하는 능력은 한참 뒤떨어진다. 이게 우리나라 교육의 현주소이다. 그런데 발도르프학교는 이와는 완전 반대이다. 통합교육이 철저히 커리큘럼에 반영된다. 이에 대해 짤막하게 알아보자.

이를테면 국어 교육을 할 때 음악과 미술 등이 포함된다. 수학을 할 때도 마찬가지이다. 과목과 과목 사이의 벽을 넘나드는데 특별히 예술이라 일컬어지는 분야, 즉 음악·미술·춤·시 이런 것들이 거의 모든 교과목에 켜켜이 스며들어있다. 달리 통합교육이 아니라 하나의 과목에 이런 요소들이 결합 되어있기에 통합교육이다. 이런 결과들로 인해 이 학교 출신들은 예술적 감수성이 매우 뛰어나고 품위 있게 인생을 즐기며 사는 방법을 시나브로 배운다.

이렇게 통합적이고 예술이 전일화 된 교육이다 보니 교사의 역할이 너무도 컸다. 교사는 한마디로 올 라운드 플레이어가 되어야 한다. 물론 학생들에게는 더없이 좋은 교육이겠지만.

아내는 이런 발도르프 교육을 접하고서 여기에 매료되었다. 그녀는 교사가 되기 위한 공부를 하기에는 좀 늦은 나이인 40대 중반에 뉴질랜드로 유학길에 나섰다. 다른 집 아이를 포함해 셋이나 되는 아이를 데리고!

아내는 이 과정에서부터 탈이 난 게 아닌가 생각한다. 아무리 의욕이 넘치고 하고 싶은 공부를 한다 해도 내가 도와주지도 못하는 상태에서 아이 셋을 건사하면서 자기 공부를 한다는 게 쉬운 일은 아니었을 것이다. 아내는 뉴질랜드로 떠나기 전 경기도 광주의 푸른숲학교에서 발도르프 교사를 했었는데 40대 중반인 이때 벌써 폐경도 왔다. 그리고서 해외 유학길에 오른 것이다. 이렇게 이른 나이에 폐경이 온 것은 아내가 몸을 혹사시킨 결과라 생각한다.

아니나 다를까 아내는 공부하는 도중 몸에 이상이 왔다. 어느 날 전화통화에서 입에 미각을 완전히 잃어버렸다고 했다. 다른 이상은 없는데 미각만 상실했다는 것이다. 당시에는 대수롭지 않게 여겼다. 이에 대한 상식도 없었다. 그곳 의사는 미각이 사라진 것은 면역력이 떨어져서 그럴 것이라며 아연(Zn)을 처방해 주었다. 아연은 면역력을 보충해주는 보조제로 많이 사용된다. 실제로 아내는 아연을 먹고서 얼마 지나지 않아 사라진 미각이 돌아왔다. 그녀는 2년여 동안 이런 생활을 했으리라. 나는 이것이 암과 상관관계에 있는지는 파악하지 못했었다. 그러나 이때 위험요인이 있음을 인지하고 건강을 지키려고 노력했어야 했는데 그러질 못했다. 몸이 정상으로 돌아오자 이 일은 까마득히 잊어버렸다.

미각 상실과 구강암은 어떤 상관관계가 있는지는 모르겠다. 단지 이 둘은 입안에서 벌어지고 있다는 공통점이 있다. 이때 이미 몸속에 암세포를 키우는 단초가 제공되었는지 모를 일이다.

교사 교육과정을 마치고 돌아온 아내는 과천(현재는 청계)에 있던 자유 발도르프학교 교사로 8년간의 담임이 되었다. 우리나라에 발도르프학교가 생긴지 십오년 정도 된다. 아내는 발도르프 교육의 초창기 멤버에 속한다. 12년제 학교 교육에 있어 초기 교사들이 갖는 부담은 너무 컸다. 정해진 교과서가 없는 발도르프학교는 스스로 교안을 만들어야 할 뿐만 아니라 그 내용을 일일이 교사 자신이 채워야 했다. 그것도 참고할 서적이 없어 외국서적에 기초해야 했다. 개척자란 처음 길을 내는 사람이라서 지침 마련도, 따라 하기도 매우 어렵다. 더구나 외국의 것을 한국 실정에 맞게 내용을 재구성해야 했다. 교과서도, 교사 지도서도 빈약한데 새로 다 만들어내야 했던 것이다. 일부 학부모들의 헌신적인 도움이 있었지만 최종적으로는 교사들이 감내해야 하는 일이었다. 이런 부담이 수년 동안 과중 되면서 암을 키웠을 것이다.

이렇게 아이들을 가르치기 위한 교과과정을 개발하는 것도 만만치 않은데, 발도르프 교육을 국내에 접목시키기 위한 노력도 동시에 기울이고 있었다. 과부하가 걸리기 위해 딱 좋은 조건이었다.

이러는 과정에서 아내는 또 다른 병을 얻었다. 5학년 때쯤인가 정기 건강검진에서 당뇨 판정을 받았다. 이것도 암에 걸리기 전의 전조 증상 중 하나가 아니었을까 생각한다.

아내가 뉴질랜드에서 돌아와 발도르프 교사가 된 이후에는 나는 집안일이며 가사를 거의 도맡다시피 했다. 아내가 학교 일로 과중한 노동을 하는 것을 옆에서 지켜보기 너무 안쓰러워서였다. 토요일 일요일도 없이 수업준비며 행사일로 너무 바빴다. 일요일에도 학교에 갈 수밖에 없었다. 행사는 토요일에 많이 있었지만 에포크(Epoch) 교육을 준비하기 위해서이다. 에포크 교육이 시작되는 주에는 칠판에 그림을 그려놓는다. 이는 주로 일요일에 했다.

필자는 평소 등산을 좋아해서 자주 산에 갔었고 아내도 예전에는 곧잘 산에 따라다녔다. 그런데 당뇨 걸리기 한참 전부터 따라오지 않았다. 등산을 끝내고 나면 피곤해서 수업 준비하기가 어렵다는 이유로, 과로에 의한 체력저하와 운동 부족이 발병의 한 원인이었을 것이다.

평범한 생활을 했다면 아마도 아내는 당뇨에 걸리지 않았을 것이다. 우리는 당뇨를 일으킬만한 식생활을 거의 하지 않았다. 현미식을 하고 있었고 육식을 즐겨하지도 않았다. 외식도 그리 자주 한 편은 아니었다. 그랬는데도 당뇨에 걸린 것이다. 공복혈당이 170~180에 이르렀다. 물론 중증의 당뇨는 아니더라도 평소 우리의 식생활에 비추어봤을 때 이렇게 혈당치가 상승한 것은 신체에 뭔가 심각한 변화가 있다는 것을 의미했다.

지금에서야 알게 된 것이지만 수면 부족이 당뇨 상승과 관련이 깊다는 최근의 연구를 확인했다. 고혈당은 암과의 상관성이 매우 깊다.

매번 밤늦게까지 수업준비로 과로할 때마다 나는 여러 차례 경고하였다. 나의 이런 경고에도 그녀는 아랑곳하지 않았다. 아마도 속으로는 팔자 편한 소리를 한다고 되뇌었는지 모르겠다. 자기 기준으로 해야 할 일의 양을 정해놓고 그것을 끝내지 않으면 안 된다는 강박에 스스로를 옭매이게 한 게 원인이 아닌가 싶다. 겉으로는 유하지만 내면으로는 강한 어떤 특성이 그렇게 만든게 아닌가 여겨진다.

그리고서 하는 대답이 자기는 튼튼한 신체를 지녔기 때문에 피곤할 때 잠을 한번 충분히 자고 나면 회복되는 체질이라 문제없다고 무시하였다. 그녀의 휴식은 토요일 일요일에 아침 아홉시 정도까지 늦잠 자는 게 전부였다. 그러면서 하루도 빠짐없이 도서관과 학교에서 모든 시간을 보냈다. 가족들과의 단란한 시간은 거의 낼 수 없었다. 이런 것들이 아내의 몸속에 암을 키워왔을 것이다.

그리고 암을 유발한 중요한 요인 중 스트레스도 있었을 것이다. 아내가 세상을 떠나고 하루는 학교 선생과 학부모와 점심 먹는 자리가 있었다. 이런저런 환담 중 내가 학교에서 벌어진 일들에 대하여 하나도 모른다니까 의아해서 묻는다. "아니, 그런 것들을 집에서 하나도 얘기하지 않았다는 말이예요? 자신은 학교에서 속상한 일이 있으면 남편한테 불만을 털어놓고 스트레스를 해소하곤 했는데 강 선생은 그런 것을 내면에 쌓아두고 있었군요." 그러면서 그게 암의 한 요인이 되었을 거라는데 다 공감하였다.

자유의지가 매우 강한 사람들이 모인 집단인 대안학교에서 교사들은 학부모들과의 관계에서 매우 큰 스트레스를 받는다. 양식 있는 학부모들이 대부분이기는 했어도 막상 갈등이 발생하면 스트레스를 받는 건 교사에 비할 바가 못 된다. 교사들은 아이들을 가르치기 위한 교육 준비를 하는 것 못지않게 학부모들을 대상으로 하는 소통에도 과중한 부담을 갖는 게 현실이다.

이런 와중에 방아쇠를 당기는 일이 벌어진 것 같다. 암 진단을 받기 몇달 전인, 그러니까 2014년 가을 즈음 나는 지방에서 3개월쯤 일을 하게 되었다. 집에서 같이 생활을 하지 않는다는 것은 가사 일에 전혀 도움을 주지 못하게 됨을 의미한다. 평소 내가 가사 일을 전적으로 도맡다시피 하였는데 이제 그것이 불가능하게 된 것이다. 비록 3개월여에 불과했지만 이 기간 아내는 학교 일은 물론이고 집안일까지 소화해내야 했다. 여기에 더해 건강보조식품들도 전혀 제공할 수 없는 환경이 된 것이다. 이게 한 원인이 됐을 것 같다. 몸이 극단적인 과로 상태에 있을 때 건강을 챙기는 식품을 꾸준히 섭취하는 것은 질병 예방에 도움이 되었을 텐데 이 기간동안 그것을 못했다.

그리고 이어서 2015년 초, 겨울방학에 20일간 네팔여행을 하게 된다. 돌이켜보면 이 과정도 방아쇠를 당기는 한 원인이었던 것 같다. 이 여행을 하게 된 이유는 이렇다. 발도르프학교에서는 아이들이 8년을 마치면 졸업여행을 떠나는데 졸업여행지로 네팔을 고려하게 되었다. 답사지로 여기를 떠올린 것은 오랫동안 네팔의 어느 학교와 인연이 있어서였다. 아내의 반 아이들이 1학년 때부터 조금씩 기금을 모아 네팔의 한 학생을 도와왔다. 그런 연유로 그곳을 둘러볼 겸 국제적 교류와 연대를 모색해 보고자 하는 취지에서 아내가 기획한 것이다. 낙후된 지역의 아이들과 연을 맺어준다는 것은 그쪽 아이들에게 도움을 준다는 의미도 있지만, 그것보다 자기가 가르치는 아이들이 관계 형성을 통해 어떤 행위를 하는 것이 교육적인 가치를 높이게 될 것이라는 판단에서였다.

당시 세계 몇 군데의 오지에서 지원사업을 펼치고 있는 정OO목사를 통해 아이들의 후원이 이루어졌는데, 마침 네팔에서도 KOICA(해외봉사단)과 연결된 지원사업이 진행되고 있어서 그 내용도 파악해 볼 겸 해서 답사차 여행을 추진하였다. 더불어 나는 안나푸르나를 곁에 두고 있어서 속으로 쾌재를 불렀다. 평소 그리던 히말라야 산군 중 빼어난 산인 안나푸르나를 등산할 수 있어서였다. 이게 아내에게는 무리였던 것 같다. 나야 평소 다져진 체력이 있었지만, 아내는 체력이 바닥인 상태였던 것을 고려하지 않았다.

나는 안나푸르나 베이스캠프(4,300m)까지 무리 없이 올라갈 수 있었는데, 2,900m 높이에 오르자 고산증세 초기 증상이 오기 시작했다. 손끝이 저릿하고 약간의 두통이 왔다. 우리는 현지 등산 가이드한테 이럴 때 먹는 음식을 추천해 달라고 부탁했다. 매일 먹던 달밧(네팔식 백반)이 물리기도 했었다. 그런데 가이드가 추천한 음식이 이상했던지 이를 먹고 그만 설사를 한 것이다. 나는 약한 설사였지만 아내는 심한 설사로 탈진상태가 되었다. 할 수 없이 아내는 3,210m에 있는 데우랄리 롯지에서 중단했다. 그리고 나만 안나푸르나 베이스캠프까지 하루 일정으로 다녀왔다. 이때 아내는 롯지에서 하루 종일 설사를 했다. 아마도 이런 것들이 암세포가 싹트게 하는데 기여하지 않았나 하는 생각이 든다. 암은 이런 일이 있고서 4개월여 후에 진단되었다.

아내에게 구강암이 발병하게 된 것은 이렇다. 왼쪽 하악골(아래쪽 턱뼈) 뒤의 두 번째 어금니에서 발병했다. 아내는 치아가 부실해 어금니를 발치 한 후 임플란트를 했는데 그 자리에 암이 생긴 것이다. 입속에 있는 세포들은 재생력이 빠르다. 만약 입속이 헐거나 뜨거운 음식에 데면 2~3주 안에 원상회복한다. 약을 쓰면 회복속도는 더 빠르다. 그런데 3주가 지나도 입안 조직이 잘 회복되지 않았다.

아내의 경우 임플란트를 한 곳의 잇몸은 항시 부실했었다. 잇몸에 뭔가 음식물이 낀 것 같았고 주저앉은 잇몸은 재생되지 않았다. 그리고 뭔가 염증이 있어 보였다. 동네에 아는 치과의사에게 이를 내보이자 약을 처방해 주었다. 한 달이 지나도 차도가 없었다. 큰 병원에 가보라는 것이다. 내가 보기에도 임플란트한 자리의 잇몸에서 직경 1mm 이하의 아주 작은 붉은 반점이 두 개나 보였다.

강남성모병원에서 조직검사를 하였다. 그리고 며칠 후 아내와 같이 결과를 보러 갔다. 아내는 이때 일본에서 아시아 지역의 발도르프 교사들이 모여서 정보교류와 학술교류를 하는 콘퍼런스가 있는 날이었지만 불참할 수밖에 없었다. 가는 도중 우리는 잠시 눈이 마주쳤다. 어찌 될 수도 있다는 눈빛 신호였고 어쩌면 우리는 그것을 받아들여야 할지도 모른다는 무언의 확인이었다. 병원을 함께 가면서 매우 긴장되었다. 그리고 마침내 암 진단을 통고받았다. 그렇게도 우려했던 상황이 현실이 된 것이다.

아! 올 것이 왔구나. 우려했던 상황이 현실로 되다니! 긴장을 하고 우려했던 것이 확인되었는데 그럼에도 우리는 그저 담담해 했다.

1.2. 암을 진단받고서

암은 몸의 어느 부분이 부실하다고 해서 다 암이 되는 것은 아니다. 하루에도 수천개씩 생성되는 암세포들은 우리 몸의 아주 복잡한 면역시스템이 이를 전부 제거해 버린다. 그런데도 암에 걸렸다는 것은 이런 면역시스템이 제대로 작동하지 못하는 상태로 몸이 망가졌거나 우리의 면역체계가 감당할 수 없을 만큼 외부의 자극이 강하거나 해서 생긴 것이다. 이를 다르게 표현하면 암은 정신영역을 포함한 전신질환의 병이다. 암이 특정 부위에서 발병했다고 해서 그 부분만 특별히 나빠서 걸리는 것은 아니기 때문이다.

아내나 나나 암에 걸린 그 자체에 대해서 적어도 패닉 상태에 빠지지는 않았다. 다만 아! 그렇게 살았더니 진짜 암에 걸리는구나 하는 생각이 들었다. 우리는 평소에도 삶과 죽음에 대하여 간간이 이야기를 주고받았는데 죽음을 그리 크게 두려워하지는 않았던 것 같다. 그러나 이것이 현실이 될 때는 전혀 다른 이야기가 된다. 더구나 이것이 자신의 문제일 때에는 어떻했을까? 암이라는 불치의 병이 다가왔을 때 아내도 속으로는 많이 당황했을 것이다.

우리는 강남성모병원에서 구강암으로 진단받고 OO대 치과병원으로 직행했었다. 그 병원의 OOO의사가 당대 명의로 소문이 나 있었기 때문이다. 이 병원에 입원하고서 우리는 바로 수술을 결정했다. 다른 치료가 있는지 아는 바가 전혀 없었으므로 그게 너무 당연하다고 생각했다. 병원에 입원하고 보낸 며칠 동안 아내는 자신의 심정을 일기에 남겼다. 이를 통해서 그녀의 생각을 떠올려 본다.

2015년 4월 29일

○○대 치과병원에 입원하고서다.
큰오빠에게서 온 문자에 답을 보냈다. 누구에게든 무슨 일이
일어날 수 있고 그 일 중 하나가 내게 일어난 것이에요.
난 편안해요.

정말 그랬다.

하나하나 현실을 떠올려 본다. 그런데 왜 눈물이 흐르는 걸까?

2015년 4월 30일

병원에서 하루를 보냈다. 언제나 옆에 있어 주는 남편을
그윽이 바라보게 되었다. 겸손하지 못하다며 질책하는 남편의
말에 아직 아무렇지 않게 대응하는 자신을 자랑스러워하며.
내가 교사인 한, 발도르프 교사인 한, 나는 어쩔 수 없었지만
한 자락 나에게 드리워져 있는 '무절제'에 대한
하느님의 결론은 확실해 보인다.

이제 새로운 인생을 살게 되겠지!
앉아 있는데 목 뒤와 어깨가 결리기 시작한다. 없던 통증들이
하나둘 드러나기 시작하니 더 암과 친해져야겠다는 생각이 든다.

2015년 5월 1일

- 오랜만에 한 대화.

엊저녁 밤늦게까지 큰아들과 이야기했다. 많이 성장한 아들. 이제 앞으로 더 많은 경험을 하면서 더 깊어지겠지. 자신만의 집을 지을 젊은이에게 안락하고 편안한 집에 대한 기성세대의 오만한 아집을 부려서는 안 되리.

자기 말만 하고 대화가 안 되던 스물다섯인 아들이 이젠 제법 들을 줄 알고 공감할 줄 아는 사람이 되었다. 아직 말랑말랑하지는 않지만.

작은 오빠가 목소리를 듣겠다며 전화했다.
인정 많은 오빠는 그저 운다. ...
계속.... 왜 '암'이라는 단어는 사람을 슬프게 하는 걸까?

아버지가 큰오빠 가족과 함께 왔다. 이건 정녕 불효다.
아버지가 병문안 오도록 한 자식이라니.
누가 알랴. 암암리에 들어오는 암이 나이 불문하니.
나 자신은 편안한데 가족들은 불안하고 슬프다.
나에게 온 병이지만 오히려 흩어진 가족을
하나로 불러 모으는 '상실'의 아이러니여!

병원 복도를 거닐며 자꾸 본다.
얼굴 한 부분이 누더기처럼 다른 피부로 꿰매어진,
결코 보기 편하지 않은 얼굴들을 눈에 익히고 있다.
나중에 거울 속 내 모습을 보고 놀라지 않도록 마음을 정돈한다.
 흉측한 얼굴이 마음을 가릴 수 없으리라.

2. 암 치료 시작하다

처음에는 자연치유로부터 치료를 시작했다. 그리고 현대의학에 의한 항암, 방사선, 수술치료를 했다. 이 과정에서 통합치료에 대해서 눈을 뜨게 됐다. 최근의 면역항암치료도 했다. 일본에까지 가서 ANK 면역세포치료도 했다. 한방에서의 산삼 약침도 맞았다. 이 과정에서 많은 항암 보조식품들도 알게 되었고 암과 마음, 정신적인 것에 관련한 사항과 한방치료, 도수치료 등도 섭렵했다. 치료에 있어 외국의 통합의학에 입각한 치료사례 등도 일부 확인했다.

맨 처음 수술을 고려하다가 자연치유로 빠져들었는데 그 과정을 아래에 설명한다. 암 환자가 진단을 받고 첫 번째 하는 치료가 얼마나 중요한지 그리고 이후의 치료법에 있어 치료 전략이 얼마나 중요한지가 아내의 사례를 통해서 밝혀질 것이다.

2.1 치료방법의 탐색

암은 진단되었다. 우리는 00대 치과병원에 입원하였고 수술받기로 하였다. 처음에 병원에서 이런 권유를 받았을 때 우리는 이를 아무런 저항감 없이 당연한 것으로 받아들였다. 더군다나 00대 치과의사인 000교수는 당대에 권위 있는 명의로 소문이 나 있었기에 한 치의 의심 없이 따르기로 하였다.

그런데 이것은 며칠 가지 않았다. 그 구강암 수술이라는 게 너무나 무시무시했기 때문이다. 이는 암이 있는 왼쪽 아래턱뼈를 잘라 내고, 정강이 아래에서 뼈를 추출하여 잘라낸 턱뼈에 이어붙이고, 저작 강도를 유지하기 위하여 특수강으로 이어붙인 뼈에 덧대는 수술이었다. 12시간이 걸리는 고난도의 수술이라는 점 말고도, 수술이 성공한다 해도 안면의 비대칭과 저작(咀嚼)기능이 잘못될 가능성이 있어 삶의 질이 매우 떨어질 수도 있었다. 이를 확인하고서 우리는 주춤하였다. 아내는 여성으로서 감내하기가 쉽지 않았을 것이다.

유명 병원의 유명한 의사에게는 수술받는 환자는 넘쳐났다. 대학병원이라는 데가 거의 다 그렇지만 명의로 이름난 000교수도 수술 대기 환자가 너무 많아 한 달이 넘게 기다려야 했다. 2015년 4월 29일 입원해서 6월 8일 수술이라는데 몇 가지 진단을 위한 영상을 찍고 5월 초에 퇴원하였다. 그런데 이상하게도 검진하고 며칠 사이에 목의 림프절은 눈에 띄게 커지고 있었다. 병원에 가면 병이 더 커진다는 걸 실감할 수 있었다. 그런 이유는 이런 것이 아닐까 생각한다. 병원에서 진단을 위한 조직검사에서 암 조직을 건드린 게 첫째 이유이고, 치료를 위해 쇠붙이 부분을 제거하기 위해 이빨을 건드린 게 그런 역할을 한 것 같았다. 몇 년에 걸쳐 눈치챌 수 없을 정도로 서서히 커왔던 목에 있는 림프절은 눈에 띄게 커졌다. 입원할 때 목에 있는 림프절은 표시가 날락말락 했는데 퇴원까지 불과 며칠 사이에 눈으로 식별할 수 있을 정도로 볼록해졌고 5월 중순경에는 알밤만 해졌다. 그럼에도 이 기간 내내 암에 대해 아무런 대처가 없었다.

누구라도 이 상황이 되면 불안할 수밖에 없을 것이다. 가능하면 수술을 빨리 받게 하든지 아니면 암에 대해 실질적으로 커지지 않도록 조치해야 하는데 그게 전혀 되지 않았다. 환자로서 뭔가 유의미한 치료 대책을 세워야만 했다. 이때부터 인터넷 검색이 시작되었다.

  아내는 00대 병원에 입원해 있는 기간 동안 인터넷 검색을 통해 자신의 병에 대한 지식을 채워나갔다. 그리고 다음과 같은 내용의 인터넷 사이트를 발견했다. 그리고 내게도 그곳을 알려주었다. 차가원이라는 곳이다. 지금 읽어도 끌리지 않을 수 없는데, 그 당시 암에 관한 실전 지식이 전무한 상태에서 우리는 거기에 빠져들었다. 무엇보다 병원에서 아무런 대처 없이 한 달 이상 기다리라는 것에 대해 불안할 수밖에 없었고, 당시 암에 대해 뭔가 개선시킬 수 있는 실낱같은 가능성이 있다면 뭐든지 붙잡고 싶어 한 것이 그렇게 이끌었다. 수술을 위한 1개월의 공백기간 동안 체험해도 나쁠 것은 없어 보였다.

  그들은 이런 환자와 가족의 절실한 심정을 아주 잘 이용하였다. 한편으로는 죽음을 무기로 협박하고 다른 한편으로는 왜곡되기는 했어도 나름 전문성으로 무장하고 현대의학을 공격하는 한편, 암 관련 지식을 친절하게 설명해주기도 했다. 암과 관련이 없는 사람에게는 이 같은 의료 지식이 대수롭지 않게 여겨지겠지만 암에 걸려 치료를 해야 하는 당사자들에게는 이 글들이 살아있다. 우리는 이를 쉽게 거부할 수 없었다. 홈페이지에 올려진 내용을 인용해 본다.

* 표준치료에 대한 비판 *

  "구강암을 치료하는 방법은 수술과 방사선 조사(照射)입니다. 수술 후 재건술이나 복원술이 상당히 발달 되었다고는 하지만, 대부분 발음과 음식물을 씹는 저작기능이 현저히 저하되어 정상생활이 불가능하거나 어떤 경우 심한 안면변형이 생기기도 합니다. 우선 살아남으려는 단순한 목적이 너무 강해서 삶 자체가 황폐화되는 것에 대한 고려는 대부분 무시됩니다.

구강암 치료에 빠지지 않는 것이 방사선 조사입니다. 방사능 치료에 의한 만성적(일시적이 아닌 평생 겪어야 하는) 부작용을 간단히 정리해 보겠습니다.

- 침샘 세포가 섬유화되거나, 침샘 세포에 괴사나 위축이 일어나 침 분비량이 감소 되거나 아예 분비기능이 상실되어서 구강건조증이 생기게 됩니다.
- 타액 감소로 인해 구강 내 세균이 충치를 유발하는 악성도가 강한 세균들로 바뀌어 충치가 잘 생기게 됩니다.
- 드물게 턱뼈의 혈관이 감소되어 골다공증 유사증상이 나타나고 외상이 가해졌을 때 골조직이 쉽게 부서지고 치유되지 않아 빈 공간이 생기거나, 심한 통증을 유발할 수가 있습니다.
- 2차 암 발생 등 방사능 조사에 의한 모든 부작용이 나타날 수 있습니다.

이해관계가 없는 사람들에게는 이 같은 글은 별로 감흥 없이 다가올 것이다. 그러나 암 환자가 되어보면 전혀 다르게 다가온다. 전문지식을 동원하기에 더 그렇다. 그들은 이런 내용으로 책 한 권을 엮었다. 거의 모든 암을 망라해 치료법들을 기술하고 있다. 더 인용해본다.

* 암세포의 생존 조건 *

　암세포는 암세포의 생존 필수조건인 '암세포가 생존할 수 있는 충분한 양의 영양분 공급'을 막아버리면 암세포는 바로 사라집니다. 암세포의 유일한 생존 영양은 탄수화물 즉 당(糖)입니다.
　인체에는 생존에 필요한 만큼의 탄수화물을 공급해 주고 식후 혈당피크(peak) 현상을 막아주면 암세포는 바로 사라집니다.
　인체의 생존에 필요한 만큼의 탄수화물을 공급해 주고 식후 혈당피크 현상을 막아주려면 식사방법과 식사 내용을 변화시키면 쉽게 해결됩니다."

　우리는 암 치료를 시작하면서 이런 주장에 현혹되었다. 암 성장이 주로 포도당에 의한다는 것, 그리고 암은 일반 세포보다 수십 배 많은 포도당을 소비한다는 것 등에 기초하여 암세포가 포도당 대사를 할 수 없도록 포도당을 억제한다면 암은 성장을 중지하거나 사멸시킬 수 있다는 것이 꽤 설득력 있게 들렸다. 그러나 이것은 우리가 투병 초기에 공감해서 그들을 따라서 실제로 적용해 보았으나 이게 말처럼 쉬운 일이 아니었다.
　나중에 확인한 것이지만 우리 몸에서 혈당을 낮추는 것은 거의 불가능하다고 한다. 식후 혈당피크를 없애는 것도 불가능하다. 줄일 수는 있겠지만 저혈당 상태를 유지하는 것은 매우 제한적일 수밖에 없다. 아무리 혈당을 억제하는 식사를 한다 하더라도 우리 몸의 항상성 능력이 바로 정상 혈당으로 돌려놓기 때문이다. 그리고 만약에 저들의 말대로 저혈당 상태를 만들어놓을 수 있다면 인간은 저혈당 쇼크로 사망할 수도 있다. 무엇보다 저혈당 상태의 지속은 면역력을 떨어뜨리는 결정적 요소가 될 수 있다. 따라서 가능하지 않은 가설에 입각해 암을 치료하겠다는 것은 상상과 허구에 불과하다.

단지 혈당관리를 하는 것은 암 치료를 하면서 암 치료에 유리한 조건을 만들 수 있다는 것에 동의하는 정도가 암 치료 전문가들의 견해이다.

당을 제한해서 암 치료를 한다는 관점은 단순히 탄수화물을 제한하는 식사를 한다고 해서 가능한 것이 아니었다. 그것은 암이 탄수화물을 이용하여 성장하는 과정 중의 어떤 기전을 차단해야 암을 치료할 수 있다고 한 연구는 밝히고 있다. 이렇게 사이비 치료사의 말이 엉터리라는 것을 확인하는 데는 오래 걸리지 않았다. 이에 대해서는 3부에서 현재 연구되고 있는 바를 알아본다.

그러나 이 같은 내용을 평소에 접하지 못했던 나는 현지를 방문하여 확인해 보기로 하였다. 춘천에 있는 사무실에 들러서 설명을 들었다. 위에서 서술했던 내용은 허무맹랑했지만 아래와 같은 말이 내 귀를 솔깃하게 만들어 그곳을 가게 하는 디딤돌이 되었다.

"암이 조기에 발견되었다면 치료할 시간이 충분합니다. 지금 수술하고 항암제로 치료하나 몇 달 뒤의 결과는 같습니다. 몇 달간 자연적인 방법과 스스로의 힘으로 암 치유 노력을 해보고 결과가 만족스럽지 못하면 그때 병원 치료를 받아도 됩니다. 몇 달 만에 수술에 지장을 줄 정도로 빨리 성장하는 조기 구강암이나 전암 병소는 없기 때문입니다."

그리고 이어지는 말은 아직 항암이나 방사선과 같은 과격한 치료가 없었다면 효과는 더 있을 거라는 것이다.

이러한 논리에 이끌려 나는 요양소가 있는 차가원을 방문하였다. 마침 식사시간이어서 그들의 식사 내용을 볼 수 있었다. 특별한 경우가 아니면 밥(탄수화물)은 제공되지 않는다는 설명을 곁들였다. 탄수화물이 암세포의 주요 에너지 공급원이라는 이유 때문이다.

그리고 입소를 결정하기 전에 그들에게 물어보았다. "이 같은 치유를 몇 년이나 했느냐"고, 그들은 20여 년 가까이 되었다고 답변했다. 이것이 주는 신뢰감은 적지 않았다. 그들이 주장한 탄수화물을 제한하면서 치료를 한 경험이 20여 년이고, 자신이 책을 만들어 이론을 제공할 정도로 치유를 계속해 왔다면 허황되지는 않을 것이라 여겼었다.

그러나 나중에 확인한 것이지만 20년이라는 말은 차가버섯에 의한 치유였지 탄수화물을 제한하면서 해왔던 치유는 아니었다. 이는 명백한 거짓말이었다. 2015년 5월 그 당시 『암 치유의 신기원을 열다』라는 책을 펴내고 그들이 이를 실전에 옮긴 지는 불과 반년 밖에 안 된다는 것이다. 차가원은 당시 세 군데 있었다. 경쟁 관계에 있던 다른 차가원에서 이 같은 사실을 알려 주었다. 나중에 영세한 규모의 이런 요양원은 그리 신뢰할만하지 못하다는 것을 알게 되었다.

물론 암에 걸린 사람이 순수당(예 사탕)의 섭취와 백미 등으로 이루어진 단순당의 식사는 막아야겠지만 비록 탄수화물일지라도 현미나 잡곡 같은 섬유질이 많은 식사는 권장될 일이다. 식후 혈당 피크 억제를 위해 적당한 운동도 필요하지만, 이것은 건강한 사람이 건강을 유지하기 위해 하는 노력 정도에 불과하듯이 암에 걸린 사람도 현재의 건강상태를 유지하는 정도에 불과하다. 치료에 유리한 환경을 조성한다는 것을 넘어서 이것으로 암을 치료하겠다는 것은 상식을 벗어난 주장이다. 막연하게 혈당 상승을 막겠다며 암에 걸린 사람이 단식한다거나 몸이 축날 정도로 탄수화물의 섭취를 제한하는 것은 오히려 몸의 면역력을 떨어뜨려 암의 성장을 부추기고 치료를 어렵게 만든다. 물론 고단백/저탄수화물 식사는 추천되는 것이기는 하지만.

2.2 자연치유의 선택

00대 치과병원에 처음 입원하고서 아무런 치료 없이 한 달 후에 수술한다며 퇴원시켰을 때 우리는 너무 불안하였다. 더구나 목에 림프절이 하루가 다르게 커가는 것에서 더 그랬다. 우리는 아무런 조치 없이 암이 커지는 것을 보면서 시간을 허송할 수 없었다. 이때 우리는 위에서와 같은 정보를 얻게 된 것이다.

우리는 퇴원 후 일주일에 한 번씩 외래 상담을 하고 있었다. 이 과정 중에 아내는 치과병원의 이 교수에게 수술을 피하고 싶어서 다른 치료를 하면 어떻겠느냐 고 물었다. 우리가 파악한 대체의학과 자연치유 및 면역치료에 관한 사항이었다. 그런데 000교수는 우리의 질의에 대해 만류하지 않았다. 수술하지 않는 것은 위험하기는 해도 어떤 신부님은 하느님이 주신 몸에 칼을 댈 수 없어서 대체의학 치료로 나왔다고 귀띔도 해주었다. 그리고 최근에는 면역치료도 한다고 치료 경향까지 알려 주었다.

아내 일기를 보자. 이때는 CT, PET CT, MRI를 찍고 이를 확인하는 시간이었다.

5월 14일 목요일

의사를 만나고 왔다. 작은 오빠도 왔다.
예상했던 대로 몸에 전이는 없단다.

하지만 임파절에 있는 종양 크기가 커서 그냥 두면 터질 수도 있으니 수술해야 한단다.
수술 안 받겠다고 하니 위험할 수도 있단다.
그러면서 가끔 자연치유로 낫는 사람도 있단다.
사제 한 분은 수술받아야 하는데 교황청의 허락이 떨어져야 했으므로 한 달 이상 수술을 할 수 없는 상황이었다.
그 사제는 수술 없이 자신의 믿음으로 치유하겠다며 실제로 나아지셨다는 것이다.

의사가 환자에게 던진 간단한 이 한마디가 환자들에게 어떻게 다가오는지 더 생각해 보자.

표준치료의 부작용을 확인하고서 우리는 다른 길을 찾아보고 여러 각도에서 검토하였다. 이를 확인하고서 우리는 다른 치료를 그대로 시행할 수 없었다. 우리 자신도 확신이 서지 않은 데다 아내 형제 등 다른 가족들의 반대가 만만치 않았기 때문이다.

이런 와중에 의사로부터 저런 대답을 얻은 것이다. 3분 진료 현실에서 시간에 쫓기는 의사와의 진료상담에서 위에서와 같이 간단한 대화만 있었다. 이것이 끼친 결과는 어떠했을까?

의사가 다른 치료에 대해 반대를 분명히 했다면 우리는 그 길로 나아가질 못했을 것이다. 최소한 어떤 신부의 예와 같은 그런 긍정적인 답변이라도 듣지 않았다면 우리는 다른 치료로의 발길을 주저했을 것이다. 그러나 그 의사로부터 신부님과 같은 사례를 들은 것이 다른 치료의 길로 가는 결정적 계기가 되었다. 나아가 이것에 근거해 다른 가족들도 설득할 수 있었다.

아주 짧은 시간 동안 암 환자에게 그저 일반 환자 대하듯 단순하게 응대한 진료상담이 결과적으로 이렇게 엄청난 결과를 낳은 것이다. 권위 있는 의사의 말 한마디가 환자들에게는 이렇게 크게 다가온다.

물론 의사와의 진료시간이 길어서 충분한 대화의 시간이 있었다면 저렇게 단답식의 답변으로 끝나지는 않았을 것이다. 좀 더 대화는 이어졌을 것이고 다양한 관점에서 최적의 치료에 대해서 의견을 주고 받았을 것이다.

사려깊게 생각하는 의사였다면 자신의 말 한마디가 환자에게 어떻게 받아들여질지 까지도 고려했어야 했다. 그는 명의라는 칭호가 갖는 무게감을 제대로 소화하고 있는지 의문이 든다.

2.3 치료법 선택에 있어 문제점

사느냐 죽느냐 갈림길에 있는 환자가 자기가 가진 병에 대해서 소상히 아는 것과 치료법을 정확히 인지하는 것이 얼마나 중요할까? 그리고 이것이 환자가 병에 대처하는 자세와 치료 효과에 얼마나 영향을 미칠까?

누군가의 지시에 의한 수동적 대처와 스스로 상황을 이해하고 능동적으로 대처하는 것의 차이는 클 것이라는 점, 이점은 사실 말할 필요도 없는 사항이 아닐까?

그러나 이런 욕구를 채울 수 있기는 현실에서는 너무 어렵다. 3분 진료 관행이 이것을 어렵게 하고 있다. 그래서 대부분 책이나 인터넷에 의존한다. 인터넷은 접근이 쉽고 많은 정보를 확보할 수 있어서 유리한 측면이 있지만 이러한 정보는 의사들이 생각하는 것과 큰 차이가 있을 수 있다. 다시 말하면 환자가 왜곡된 정보에 노출될 가능성이 크다. 그래서 책임 있는 의료기관으로부터 정보를 제공받아야 왜곡되지 않은 결정을 할 수 있다. 인터넷은 책임성 없는 자료들이 많고 잘못된 길로 빠질 수 있다. 우리의 경우가 대표적이다.

암은 빠르게 성장하지 않는다는 논리에 따라간 게 큰 실수였다. 암 종에 따라 다르긴 하지만 암 환자라도 신체조건이 정상이며 면역체계가 제대로 작동하고 있을 때는 암이 그렇게 빠르게 자라지 않을 수 있다. 수년에 걸쳐서 본인도 눈치챌 수 없을 정도로 암이 아주 느리게 커지는 것을 보면 알 수 있다. 그러나 신체는 때때로 다양한 위기에 처할 수 있다. 심각한 몸살을 앓을 때도 있고 설사를 할 때도 있다. 또는 식사를 잘 하지 못해 몸이 축 나는 경우도 있을 것이다. 이렇게 해서 면역력이 떨어질 때가 암이 성장할 수 있는 절호의 기회가 된다. 이때는 무시무시한 속도로 성장한다.

아내는 이를 두 번이나 경험했다. 아주 심한 설사를 하고 나서, 그리고 당을 억제해야 한다는 것에 사로잡혀서이기도 한데 무엇보다 구강암은 입안에 생겼기에 잘 먹지 못해서 일어난 불상사다. 암을 밖에서도 관찰할 수 있는 위치에 있어서 우리는 이를 쉽게 확인할 수 있었다. 암 환자의 경우 정상적인 신체조건이 아니라서 언제 불리한 신체조건에 처할지 예측할 수 없다. 따라서 암은 빠르게 성장하지 않는다는 가정에 기초한 치료는 권할 게 못 된다.

의사의 말처럼 자연치료로 나았다는 어떤 신부의 사례에 고무되어 표준치료를 벗어나서 다른 치료에 들어간 게 첫 번째 잘못이라면, 암은 빠르게 성장하지 않는다는 논리에 따라 몇 달 해보고 안 되면 그때 가서 병원 치료를 해도 된다는 그들의 논리에 따라간 게 두 번째 잘못이었다.

00대 치과병원의 이런 진료상담이 결정적으로 잘못된 것이라는 것을 깨닫게 되기까지는 시간이 걸렸다. 암으로 진단받고 8개월 후 방사선과 의사를 만나고 나서다. 같은 대학병원의 방사선과 구강암 분야 전문의였다. 이때 다른 병원에서 써준 진료 의뢰서에 자연치유에 대한 설명을 보고서 이 의사는 우리에게 이런 말을 하였다. **"세계적으로 구강암 치료는 수술과 방사선 이외의 치료로 완치된 사례는 단 1건도 보고되지 않았다."** 이에 덧붙여서 "수술과 방사선 치료를 하지 않고 다른 치료로 구강암을 낫겠다고 하는 것은 무식한 행위다."라고까지 했다.

이때 나는 얼마나 충격을 받았는지 모른다. 그리고 구강암은 수술이 아니더라도 방사선치료에 의해서도 근치될 수 있다는 사실을 이때 알았다. 즉 방사선과 항암제(시스플라틴 + 5-FU) 치료를 동시에 받으면 근치율이 상당히 높아진다는 것이다. 이렇게 새로운 사실을 알았음에도 허탈했던 것은 이런저런 치료를 한다고 안간힘을 쓰고 나서 8개월이나 지난 이후였기 때문이다.

왜 이것을 처음부터 알지 못했을까? 나는 너무도 황당했다. 의료 지식이 없어 무식한 나를 닷해야겠지만 보다 큰 문제는 암 진단 직후 누구한테도 수술 이외의 다른 치료(방사선) 방법이 있다는 것에 관해 설명 들은 바가 없기 때문이다.

아내가 수술을 받고 싶지 않다고 한 것은 현대의학을 전부 거부한 것이 아니다. 구강암 수술은 여성으로서 받아들이기 쉽지 않았고 후유증이 너무 클 수 있기 때문이다.

의사가 신부의 예를 들었던 다른 치료사례를 거론하지 않았다면 필시 우리는 가족들의 반대에 부딪혔을 것이고 그러면 아내는 자신의 주장을 고수하기 어려웠을 것이다. 더구나 방사선치료가 있다는 사실을 알았다면 생각을 좀 더 다양하게 할 수 있었지 않았을까?

OO대 치과병원의 OOO교수는 구강암이 수술 이외에도 치료될 수 있는 방사선치료가 있다는 사실을 몰랐을까? 그렇다고 상상할 수 없다. 그가 그렇게 하지 않은 것은 의학적인 소신으로 수술이 제일 좋은 방법이라 생각해서 그럴지 모르겠다. 그리고 방사선은 완치되기 어려운 치료법이라는 의료 지식이 그렇게 이끌었는지도 모르겠다. 또는 자신은 수술하는 의사일 뿐 다른 치료 상담은 자신의 영역이 아니라서 우리와의 외래 상담을 등한시해서 그랬는지도 모르겠다. 어쩌면 3분 진료 관행 때문이라며 다른 이유를 댈지도 모른다.

그러나 이 모든 이유를 댄다 해도 인간의 목숨은 소중하다는 것, 자신이 명의로 이름을 날리고 있다면 환자의 기대도 그만큼 크다는 것을 이해한다면, 수술행위 그 자체는 말할 필요가 없겠지만 그 외에도 환자에게 치료법에 대해 타당한 답변을 해 주어야 하는 게 의사로서 가져야 할 최소한의 소양이 아니었을까?

구강암에 있어 수술과 방사선치료에 대하여 이를 한번 비교해 보자. 수술의 여러 문제는 앞서도 이야기했으므로 생략하고 방사선치료를 보자. 방사선치료는 치료에 성공한다면 후유증이 있다고는 하나 저작 기능과 얼굴의 원형은 보존된다. 그리고 무엇보다 수술은 치료의 기회가 한 번뿐이지만 방사선은 이 치료가 성공하지 못해도 이후에 경과를 보면서 수술을 할 수도 있다. 기회가 두 번 있다. 이에 대하여 사람에 따라 선호도를 달리할 수 있다. 무엇을 선택할지는 환자의 몫이다.

치료법에 대한 결정권이 환자에게 있어야 한다는 것은 다른 설명이 필요 없다. 생명에 대한 결정권이 자신에게 있다는 사실만큼 명백한 일은 없기 때문이다. 그러기 위해서는 환자에게 가능하면 모든 치료법이 제시되고 각 치료의 장단점에 대해서 소상히 알려 주어야 한다. 그래서 그러한 결과로 환자가 치료법을 결정하게 해야 하는 게 옳지 않을까?

치료법의 결정에 있어 우리가 의심하는 또 다른 하나의 사실은 치료법에 대하여 의사의 이해관계가 깊이 맞물려있다고 생각하기 때문이다. 수익과 실적에 완전히 자유로울 수 있는 의사가 몇이나 될까? 자기한테 온 환자를 다른 의사에게 넘기는 것을 좋아하지 않을 거라고 추정하는 게 억지일까? 이런 의심을 받기 싫으면 치료법에 대한 결정권을 환자에게 돌려주면 된다. 의사는 치료에 대한 정보를 소상히 알려주고 그 선택권을 환자에게 돌려줄 때 의사는 이 같은 의심으로 부터 자유로울 수 있다. 병원 간의 환자유치 경쟁, 진료과에 따라서 그리고 진료 환자 수에 따른 인센티브제도 등이 이런 불합리함을 부추긴다고 말하는 것에 대하여 그들은 답변하여야 한다.

암 환자와 같은 중환자들은 이들이 자기 병에 대해 알고 싶어하고 치료의 주체가 되고 싶은 마음이 절실하다. 그러나 암 환자는 주체가 되지 못하고 의사로부터 그저 정해진 절차에 따라 약주고 수술하고 방사선하고 하면 끝이다. 나머지는 환자들이 알아서 해야 한다.

이래서야 치료의 효과가 높아질 수 없다. 병원에서 알려주지 않으니 인터넷에 매달리고 다른 사람이 어떻게 나왔다더라 하는 귀동냥에 의지해서 이리저리 우왕좌왕한다. 이것은 배운 사람이고 못 배운 사람이고 가릴 것 없다. 오히려 배운 사람이 "카더라" 정보에 더 휩쓸린다. 정보를 취득할 수 있는 관계의 폭이 더 넓기 때문이다.

대학병원에서 진료 초기 암 환자를 대하는 방식은 3분 진료에 더해 보조 의료진에 의한 약간의 의료 협조와 단순한 강연만 있을 뿐이다. 위에서도 거론했지만 일개 대체의학 자연치유센터에 불과한 경주 000원에서 암 환자들에게 제공하는 정보의 양이나 접근방법에 비하면 병원의 크기와 완전히 반비례한다. 발병의 원인과 그 병의 특징 그리고 치료의 방법들과 치료 후의 환자가 대처해야 하는 영양 문제와 식생활, 보조식품들에 관해서 체계적으로 접근하는 데는 대형병원 어디서고 찾아볼 수 없었다. 통합의학을 지향한다는 00병원에서도 그저 흉내 내는 정도에 불과했다.

얼마 전 언론 보도에서 서울대병원에서 중증 환자에 대해 15분 진료사업을 시범실시한다는 보도가 있었다. 이는 필자가 국회 보건복지위원회 남인순 의원한테 청원하고 나서 생긴 변화이다. 중증 환자에 대한 15분 진료 시범사업이 정착되면 조금은 나아지겠지만 15분 진료조차도 매우 부족하다 할 수밖에 없다. 암 환자에 대해 00의원에서 16일 교육 후 입원을 받아들이는 예와 비교할 때 병원의 크기 만큼 반비례한 암 환자에 대한 대응으로 보여 씁쓸하다.

암으로 진단받고 최초 진료 방향을 설정하고 치료순서를 정하는 데 실수 없이 선택하기 위해서는 그에 맞는 체계를 갖추는 것이 필수사항이 아닐까?.

2.4 다학제적 진료

암 환자들을 위한 보다 체계적인 접근이 다학제 진료이다. 암 환자를 치료하는 데 있어 관련 분야 의사들이 모두 모여서 종합적인 판단과 치료 방향을 모색한다는 의미에서 조금 진일보한 것임은 분명하다. 필자는 이에 대해서 현재 이루어지고 있는 다학제적 접근이 암 환자들이 가진 문제의식을 전부 풀어줄 모범답안일까 하는 문제에 대해서는 그렇지 않다고 답변하고 싶다. 한계가 분명해 보이기 때문이다. 병원마다 편차가 큰 데다가 양방병원에서 주로 이루어지는 다학제적 접근은 수술, 방사선, 항암 치료와 관련된 것 이상을 뛰어넘지 못하고 있다. 표준치료를 바탕으로 한방과 대체의학, 자연치유까지를 포괄해야 진정한 의미에서의 환자에게 도움이 된다고 생각한다.

일개 양방병원에 국한된 다학제적 접근은 그런 의미에서 한계가 있다고 여긴다. 환자는 제한된 병원 내에서 치료받는 것에 안주하지 않는다. 특히나 3,4기 환자의 경우 단일병원의 치료를 넘어선 현대 의학이 성취한 모든 성과를 동원해 치료하고자 하는 욕구를 갖는다. 그만큼 암에 대한 근치의 믿음이 없기 때문이다.

병원 의사들은 3,4기 암 환자에 대해서 그저 주어진 방식대로 치료하다 잘되면 좋고, 안 되어도 그것은 환자의 병기가 심하든지 잘못 관리한 탓이기에 자신에게는 책임이 없다고 하는 심리가 없다 할 수 있을까?

3,4기 중환자에 대한 암 치료는 단일병원을 넘어서는 통합적인 접근이 필요하다고 나는 굳게 믿는다. 아내의 경우를 지켜보면서 이야기를 사실감 있게 접근해본다.

양방의사들은 자기 분야만으로 국한된 분절된 지식과 이기주의에 빠져있다고 해도 과언이 아니다. 구강암 분야만 해도 치과와 이비인후과 간에 어느 과가 주관해야 하는지를 놓고 벌이는 밥그릇 싸움을 보면 기가 차다. 이비인후과 모 교수는 구강암을 치과에서 취급하는 것에 대해서 비난하는 성명을 내고, 치과계에서도 이에 질세라 반론을 펴고 있다. 이 과정에 우리를 치료했던 이OO교수도 전면에 서고 있다. 자기 과의 밥그릇 싸움에는 침 튀기며 다투면서 환자들을 위한 대책은 뒷전이다.

아내는 얼굴에 크게 흉터를 내고 저작기능도 어떻게 될지 모르는 수술에 대해 탐탁하게 생각하지 않았다. 우리는 애초 방사선에 의한 구강암 치료에 대해 알지 못했다. 우리는 구강암이 이비인후과에서 다루는 분야라는 것도 알지 못했다. 왜냐하면 아내의 경우 잇몸에서 발병한 것으로 치과에서 진단받았기 때문이다. 방사선과는 물론이고 이비인후과에서 이것을 다룬다는 사실을 알았더라면 초기에 당연히 크로스 체크를 했을 것이다.

진정한 다학제 또는 통합의학은 단일병원을 넘어서는 체계적인 정보가 제공되어야 내실 있는 대책이라고 말하고 싶다. 현실에서는 가능하지 않은 꿈같은 얘기라고 비판할 것이다. 그럼에도 궁극적으로는 통합의학에 기초한 다학제적 접근만이 문제해결의 단초라고 생각한다. 못 할 바도 없다. 국가에서 운영하는 실력 있는 의료원에서 초기 치료방향 설정 및 치료 순서 등에 관한 정보를 제공하고 실제 치료는 환자가 원하는 병원에서 할 수 있도록 하는 것도 방법이다.

현재와 같은 평균수명 하에서 27%의 사람이 암에 걸린다는데 3, 4기 암의 근치율이 낮아 심각한 것이라면 이것은 국가적인 과업이 되어야 하는 게 맞지 않을까? 이것을 앞으로 중장기적 과제로 설정하고 현재는 단위 병원에서 다학제 진료를 하는 것을 의무화하도록 내실을 기해야 한다. 아래의 예로서 이 장을 맺는다.

한국 의사로 미국 암 치료병원으로 유명한 MD앤더슨에서 32년간 재직한 김의신 박사는 그의 책 『암에 지는 사람, 암을 이기는 사람』 '통합진료시스템, 의료 환경의 미래 비전'이라는 항목에서 이렇게 말한다. "MD앤더슨의 시스템은 철저히 환자 중심의 통합진료를 원칙으로 삼는다. 암 환자가 수술을 받을지 항암제를 쓸지를 각 분야의 전문의가 회의를 통해 제안하면 환자가 결정한다. 만약 환자가 수술을 거부하면 차선책을 논의한다. 통합 진료과는 외부에서 암 진단을 받고 찾아온 환자가 여러 진료과를 전전하지 않도록 해주는 시스템이다. 이곳에 가면 각 분야의 암 전문의에게 동시에 진료를 받을 수 있다. 외과, 내과, 방사선과 등 여러 전문의들과 결과를 놓고 토론한다. 그 과정을 거쳐서 수술을 먼저 해야 할지 아니면 방사선치료를 할지 항암제를 투여할지 등 치료방침을 환자에게 제시하는 것이다. 한마디로 암 치료와 관련해서 한 방에 꼼꼼하게 교통정리를 해주는 셈이다. 암 치료는 시작이 무척 중요하다. 치료과정에서 암의 반응은 물론 환자의 몸 상태가 끊임없이 변하기 때문에 전문가의 분석과 도움이 꼭 필요하다. 처음에 방향을 잘못 잡으면 환자의 고생은 말도 못 하게 커진다." 이 한마디가 모든 것을 설명해준다.

이런 점에 비추어 보면 중증 암 환자에 대한 다학제 진료를 의무화해야 한다.

2.5 차가원에서

화천의 만산동 계곡에 있던 차가원에 입소하였다. 5월, 초록이 빛을 발하는 찬란한 계절이었다. 요양원인 이곳은 12채의 독립된 방으로 운영되었다. 대부분 황토방이었다. 일부는 울창한 숲속에 수량이 풍부한 계곡을 끼고 있는 곳이다. 요양원으로서는 안성맞춤인 곳이었다. 바쁘게 살아온 아내에게는 요양하기에 더없이 좋은 곳이었다.

이곳은 윗동네 아랫동네로 나뉘어 있었는데, 아내는 독립된 별채지만 4명의 환자가 생활하는 아랫동네에 들어갔다. 암 환자들은 서로 간에 동병상련의 묘한 동질감을 느낀다. 자신의 운명이 언제 어떻게 될지 모르는 같은 처지의 불안함이 이들을 이렇게 이끄는 것 같았다. 게다가 밥도 같이 먹고 생활을 같이하면서 제한된 공간에서 암에 대한 정보를 주고받으면서 빠르게 친밀해졌다. 아내는 왼쪽 목에 임파절이 붓는 것 외에 혈액검사에서도 염증수치(CRP)가 8 정도 되는 것을 빼놓고는 특별히 나쁜 징조는 없었다.

아내는 옆집의 췌장암 환자가 관찰 대상이었다. 아내에게 전해 들은 이야기로 그 환자는 췌장암 말기로 3개월 여생을 선고받았다고 했다. 병원에서 항암 치료를 권유받았다는데 몇 개월 더 사는 게 중요치 않아 치료를 거부하고 입소한 케이스였다. 그런데 그곳에서 생활하면서 아산병원에서도 진료를 받았는데 한 달여 기간 동안 혈액 상태 등이 매우 호전되었다는 이야기를 듣는다. 이로 인해 아내는 OO원에서의 요양에 대해 좋은 인상을 갖게 되었다. 그런데 그 췌장암 환자는 평소에 육식을 매우 즐겼다는데 차가원에서는 고기를 주지 않는다는 게 불만이었다. 퇴소의 진짜 이유는 알지 못했으나 고기를 먹지 못해 매우 힘들어한다는 말을 남기고 얼마 안 있어 퇴소하였다.

뒷집에는 직장암 여성 환자가 있었다. 부부가 같이 들어와 생활

했다. 건너편 설암 할머니, 흑색종 중년 아주머니 등등 다양한 암 환자들이 사투를 벌이고 있었다.

치유는 식사로부터 시작된다. 암 환자에게 식사 문제는 매일 부딪히는 저강도로 고민되는 문제 중 하나이다. 차가원에서의 생활로 먹는 문제가 해결되었다. 동물성 단백질은 제한되었고 채식 위주의 소화되기 쉬운 음식들이 제공되었다. 탄수화물, 즉 밥을 제한하고 콩 등 단백질과 체질개선에 도움이 되는 식단이었다.

그다음으로 제공된 것이 차가버섯이다. 차가버섯은 러시아산이다. 차가버섯은 대체의학에서 많이 쓰이는 보조제 중 하나이다. 차가버섯은 북위 45도 이상의 러시아 시베리아의 기후대의 자작나무에서 기생하는 것을 약용으로 사용한다. 영하 40도가 넘는 추운 곳에서 성장하는 차가버섯은 혹한 속에서 더디게 자라고 조직이 조밀하다. 이것은 국가에서 관리하고 가공된 것으로 품질을 보증한다. 차가버섯을 끓이면 약효가 반감된다고 한다.

가공되어 분말 형태로 사용하는데 물에 잘 녹는 편이고 맛 또한 나쁘지 않다. 차가버섯 성분은 아직도 다 밝히지 못한 부분이 있다고 한다. 폴리페놀(항산화 능력), 베타글루칸(항암성분), 에고스테롤(천연스테로이드, 항염물질), 리그닌, 이노시톨 외에도 미네랄이 풍부하다고 알려져 있다.

물에 녹여서 하루 세 번 복용했는데 처음에는 약간 설사하는 부작용도 있었으나 금세 호전됐다. 입소 첫날부터 하루에 세 번 마시기 시작했다.

그다음으로 각종 독소를 배출하기 위한 노력을 했다. 특별히 제작된 좌욕기로 훈증을 하는데 땀으로 몸의 노폐물을 배출시키는 것이다. 또한 독소 배출을 목적으로 관장을 했다. 커피 관장이 널리 알려져 있으나 여기서는 차가버섯 관장을 했다. 그리고 마지막으로 몸을 따뜻하게 하는 것, 다시 말하면 체온을 올려서 암에 불리한 조건을 만드는 노력이 부가되었다. 남는 시간은 뜨개질과 산책을 즐겼다. 그리고 아내는 여기서 7월 하순까지 있는 동안 동화를 한 편 썼다. 암이 가져다준 여유와 선물이었다.

이 외에도 매일 식사 후 단백질을 보충하기 위해 누에에서 추출한 실크 아미노산, 암으로 인해 생성되는 젖산 물질을 분해시키기 위해 구연산이 제공되었다. 비타민C가 많은 과일인 레몬도 항시 준비되어 있었다.

우리 집 둘째는 오랫동안 비염으로 고생했다. 어릴 때 아토피가 커서는 비염이 된 것이다. 날씨가 추워지고 건조해지는 겨울철만 되면 코가 막히고 콧물이 흐르는 게 여러 해 반복되었다. 작두콩으로 효소를 만들어 먹이는 등 여러 가지 노력해 보았지만 쉽게 개선되지 않았다. 그래서 '어싱'이라는 책을 읽고서 이를 적용했었다. 어싱(Earthing)은 우리말로는 '접지'이다. 다행히 나는 전기를 전공한 관계로 이와 관련된 전문지식이 있다. 두 해 정도 어싱을 하고 나자 아들의 겨울철 코막힘 증상은 상당히 개선되었다. 염증과 암은 밀접한 관계가 있다. 그래서 아들의 비염에 대한 경험과 어싱에 대한 이론을 근거로 차가원의 치유센터에 있는 방에다 어싱을 하였다.

차가버섯에 의한 암세포와의 작용을 직접 경험하기도 하였다. 입속에서 암세포가 커가는 과정이 포착되었는데 차가버섯을 칼국수처럼 걸죽하게 반죽을 해서 환부에 붙여놓자 암이 서서히 녹아서 사라지는 것을 확인할 수 있었다. 그러나 이 방식은 통증이 너무 심해서 이것을 하는 과정에 무리가 따르기도 했으므로 그리 권장하고 싶지 않다.

또한 요양 과정에서 최대한 정신적 안정을 취했다. 매우 순조로운 생활이었다. 여기에 있으면서 한 달에 한 번 00대 000교수에게 외래진료를 받으며 상태를 점검했다. 그리고 서울에 나갈 때면 00한방병원에도 들렀다.

수년 전에 면역세포치료에 관한 책을 읽은 적이 있다. 일본에서 출판되어 번역된 책인데 매우 인상적으로 읽었던 기억이 난다. 부작용이 거의 없다는 것이 매혹적이었다. 그런데 이런 면역세포치료를 한국에서도 할 수 있게 된 것이다. 이 치료는 이제 웬만한 암 치료병원에서 해볼 수 있다. 과거 기억을 살려 이 치료를 해보고자 했다. 그래서 서울 가는 김에 00병원에서 피를 뽑아 저장했다. 항암 치료나 방사선치료를 하기 전에 피를 뽑는 것은 건강한 혈액을 이용하기 위한 계산이었다. 5회 분량의 피를 뽑아 녹십자사에 냉동보관하였다.

00한방병원에 들러서 고용량 비타민C 주사도 맞았다. 목의 림프절이 알밤만 해져 딱딱한 상태였는데 이 주사를 맞고 말랑말랑해졌다. 우리는 이때 이것이 호전되어 가는 상태라는 것을 몰랐다. 나중에서야 암이 딱딱한 상태에서 말랑해지는 것이 호전되어 가는 과정이라는 것을 알았다. 지금 생각하면 이때 이 주사를 계속 맞았더라면 어땠을까 생각해 본다. 너무나 안타깝게 생각하는 장면이다.

 미슬토라는 주사도 있다. 이 주사는 미국에서는 FDA 승인이 나지 않은 약이다. 그러나 유럽에서는 많은 암 환자들이 맞는 주사제이다. 이는 겨우살이에서 추출한 것이다. 전이를 예방하고 면역력을 강화시킨다고 알려져 있다. 무엇보다 이것은 맨 처음 슈타이너가 발견하고 인지의학에서 제시한 것이라서 더 믿음이 갔다. 그 약효는 유럽에서는 공인되었다. 일주일에 3차례 맞는데 꾸준히 맞았다. 수술 후와 상황이 악화된 때를 제외하고 맞았다. 아내는 2년여 가까이 이것을 맞으면서 전이는 없었다.

 00대 치과병원 000교수는 구강암에서 제일 문제가 되는 것이 폐로의 전이라 했다. 우리는 시간이 지나 병원에 들를 때마다 이교수로부터 폐로 전이가 없느냐는 질문을 받았다. 아마도 000교수도 구강암이 폐로 전이되는 것을 많이 봐 온 것 같았다. 그러나 우리는 여러 차례의 CT와 PET CT를 찍었는데 한 번도 폐로 전이된 적이 없었다. 아마도 이것이 효과를 발휘한 것이 아닌가 생각한다. 미슬토는 저강도 항암 치료제이자 면역증강제이다.

 차가원은 화천읍에 위치해 있다. 아내는 만일을 생각해서인지 기회가 있으면 아들을 불러 모았다. 그리고 방에서 같이 자면서 그동안 바빠서 갖지 못한 스킨쉽 기회를 늘려나갔다. 근처 호수 주변에 조성해 놓은 산책로는 너무도 운치가 있어 아들들이 올 때마다 함께 걷곤 하였다. 한 달여 동안 악화되는 증상 없이 즐거운 날들을 보냈다.

 요양원에서 지내는 동안 치유하면서 느꼈던 감정들과 8년 담임으로서 학교의 학생들을 생각하면서 써놓은 일기를 덧붙인다.

5월 7일

OO엄마의 쪽지가 왔다. 인디언식 기도를 하고 있다고...
OO이는 엉엉 울었단다.
너무 많은 사람들이 다양한 방법으로 나를 위해 기도하고 있다.
왜 송구하다는 생각이 들까.
내 몸에 대한 미안함보다 사람들에 대한 고마움과 송구함이
너무 크다.

5월 8일

어버이날이다. 아버지께 죄송하다.

어제 환부에 차가도포를 하고 좌훈과 온열을 해서일까.
오늘 현저히 줄어든 것처럼 보였다.
이럴 수가...
정말이다. 줄었다. 눈에 띄게...
수술 안 해도 될 것 같다... 이렇게 되려니 ^ ^

칼로 째서 도려내는 것보다는
구암이에게도 이것이 훨씬 낫겠지.
(아내는 구강암을 줄여서 구암이라 했다. 그리고 구암은 허준의 호이기도
하다.)

아버지께 전화 드려야 했는데 점심 먹고 집으로 돌아오는
길에 전화를 주셨다.

그렇게 덤덤했었는데 아버지 목소리에는 나도 모르게 목이 메고
코끝이 찡해온다.
돈을 부치셨단다.
차갑고 이기적이라고 아버지를 단정지었던 지난 날들...
이해하기보다 내 중심으로 판단했던 날들...
아버지는 돌아가시는 날까지 자식들에게 베풀다 돌아가실 거다.

그런데 이를 닦고 나서 잇몸이 아파 오고 잇몸이 매끄럽지 않고
거칠어졌다는 것을 알게 되었다. 왜 그러지?
잇몸을 안경 벗고 자세히 들여다보고 나서 알았다.
임플란트를 뺀 옆니 바로 아랫 잇몸에 얼굴 내민
구암이가 보였다.
여태껏 조금 불그스름해서 안경 끼고 식별이 안 된 것이었다.
통증도 조금씩 생기기 시작했다.
안쪽 입술에 아주 작은 몽우리가 생겼다.
예전 같으면 치, 하고 넘어갔을 텐데 예사롭지 않다.
구암이 쪽 볼도 두꺼워지는 느낌이다.
이제 진짜 구암이와 놀아야 할 시간이 더 가까이 다가오나 보다.
욱신거리기 시작한다.

입술 쪽마저 조금씩 이상한 낌새가 느껴진다.
자세히 보니 아랫입술에 아주 작은 상처 같은 것이 있다.
주름처럼 보이는, 작은 점 같은.
생각보다 우리 구암이가 가족이 많은가보다.
불균형하게 된 내 몸을 잡아주느라 고생이 많구나.

왼쪽 입이 전체적으로 아파오기 시작.

5월 9일 토요일

몸 안에 있던 구암이 가족들이 나를 만나러 여기저기서 얼굴을 내민다.
인사하고 싶었구나.
차가도포를 하니 많이 아프다,

음식을 씹는 데 피로도가 너무 크다.
한쪽으로 계속 씹으니 입안 상황도 힘들고 … 아구가 아프다.
이제는 가만히 있어도 왼쪽 구강 전체로 통증이 느껴진다.

체력이 떨어지는 느낌이다.
씹는 것이 힘들다 보니 조금 먹게 되고,
그러다 보니 체력이 떨어지는 것 같다.

5월 11일 월요일

일주일이 되었다. 오늘은 최악이다.
신음소리가 절로 난다. 입을 벌리기도 힘들다.
그런데 신기하게도 새로 번진 구암이 가족이 그렇게 어느 날 나타나서 번지더니
오늘 보니 신기할 만큼 작게 줄어들었다.
대신 다른 곳에 여기저기 나타난다.
입의 통증은 더 심해지고 …

친구를 만나기 위해서는 힘이 필요하다.
그러나 친구를 만날 준비를 위해서는 용기가 필요하다,

체력도 떨어져 간다.
먹기 힘들고 지쳐도 의식적으로 마구 먹는다.
제일 늦게까지 천천히...
구암이는 오래 천천히 먹는 것이 좋다는 것을 내게 일러주려고 온 것일까?
어쩔 수 없이 천천히 오래 씹을 수밖에 없다.
그래서일까 소화는 잘 되는 것이...
그렇게 노력해도 안 되던 것들이 저절로 되고 있다.
천천히 오래 씹어 먹기
10시 되면 잠자기
하루 세 번 하늘 쳐다보기

5월 12일 화요일

밤새 비바람이 거셌다.
샤워하고 갈 준비를 하고 있으려니 비가 멈추었다.

잔뜩 물기를 머금은 잎사귀들이 더 푸르러 보인다.
물줄기는 더 세차게 바위를 때리고
바람은 머리칼을 휩쓸고 가지만 부드럽다.

오빠들에게 답이 왔다.
내 결정에 상당 부분 동의하면서...

큰오빠는 짧지만 솔직한 동의를
작은오빠는 힘든 어설픈 동의를
큰언니는 언니답게 감성적이고 확실하게 동의를
형부는 눈물 어린 고백의 동의를
작은 새언니는 경험 속의 진지한 동의를 보내주었다.

5월 15일

새로운 현상들이 나타나기 시작한다.
임파절이 붓고 열이 나더니 이제 두드러기 같은 것이 나타났다.
오늘은 몸에서 열이 나고 힘이 하나도 없어서
아침 먹고 와서 그냥 누워서 잤다.
녹즙 먹으러 와서 체온을 재어 보니 열은 없다.
열은 없는데 열 나는 느낌에
부정적인 것보다는 오히려 기분이 나쁘지 않다.
아파야 낫는다는 생각 때문일까,
아니면 암은 열을 싫어하기 때문이라는 생각 때문일까

5월 27일

그동안 게을렀다.
무언가 내 계획대로 하지 않으면,
무언가 나름 의미있다고 생각하는 일로 시간을 보내지 않으면
안 된다는 생각조차도 떠나보내고 싶었다.

귀찮으면 좌훈도 하나 건너뛰고
프리즌 브레이크 시리즈를 실컷 보았다.
아무 생각 없이 시간 죽이는 것도 나름 좋았다.
그러나 시를 낭송하며 나는 점점 제자리로 돌아온다.

너를 찾으라!
마치 어떤 계시처럼.

미슬토는 이틀에 한 번씩 스스로 피하 주사를 맞는다.

OO에서 두 번 비타민C를 맞았다.
맞은 다음 날 임파절에 프랭킨센스와 차가버섯을 도포한 후
온열을 하는데
통증이 장난이 아니었다.
구강 내 도포 때보다 더,
마치 바늘로 계속 찌르는 아픔이 극으로 왔다.
아픔만이 아니라 시간도 오래 가니 입에서는 저절로 신음소리가
그치지 않았다.

둘째가 엄마 간호한다며 얻은 특별휴가로 와 있다가
엄마 손을 꼭 잡아주었다.
아들 손을 잡으니 아픔이 반으로 줄었다.
오일을 몇 방울 떨어뜨린 후 족욕을 하니 훨씬 아픔이 가시고
안정권에 몸이 들어섰다.
무엇 때문에 아팠을지 알기 위해
다음 날 조건은 똑같이 하여 오일만 발라보았고

그다음에는 차가버섯만 발라보았고 마지막에는 섞어서
발라보았다.
그러나 통증이 없었다.

두 번째 비타민C를 맞고 나서
다음날 아로마 오일과 차가버섯을 함께 섞어 도포했을 때
처음만큼은 아니나 역시 통증이 왔다.
비타민C가 움직이고 있다는 잠정적인 결론을 내렸다.
그러나 나는 한편 많이 귀찮기도 하다.
차가원에서 하라는 치료만 해도 될 것 같은데
비타민C다, 면역주사다, 산소요법이다... 계속 새로운 요법이
등장한다.
그게 피곤하다.
그냥 하나만 편하게 믿고 했으면 좋겠는데
남편은 나보다 더 조급하다.
아니, 더 절실해 보인다.

미슬토와 게르마늄, 이 두 개로 합의를 보았다.
비타민C는 주사 말고 먹는 것으로 합의를 보았다.

너무 멋진 자전거 도로를 황홀하게 산책하고 오는 길에.
화천의 강가 위 도로 저편 우거진 숲이 뉴질랜드 느낌이 났다.
입가에 고소한 참기름과 짭조름한 소금 맛이 돌더니
지는 석양에 넋 놓고 행복에 젖었다.
두 남자 사이를 헤집고 음악이 석양을 배경으로 직조하고

있었다.
그 평온함이 열 번의 치료 효과를 가져오는 것 같았다.

통에 밸런스 오일을 떨어뜨리고 반신욕을 했다.
물을 계속 먹으며 하다가 좌훈을 하니
말 그대로 땀이 비 오듯 한다.
매우 개운하다.
아침에 일어나니 턱밑에 붓기가 빠졌다.
마사지 대신 반신욕을 해야겠다.

* 또 다른 경험 *

서울을 나갔을 때 00에서 고용량 비타민C를 정맥으로 두 차례 맞은 경험이 있다. 앞서도 잠깐 이야기했지만 주사 맞고 나서 딱딱했던 턱밑의 임파절이 말랑말랑해졌던 것이 기억난다. 아내는 일기에서 이것을 맞은 후 많은 통증이 있었음을 고백하고 있다. 이것은 고용량 비타민C가 암에 작용하고 있는 증거이다. 우리는 이것이 병이 호전되는 것인지를 몰랐다. 딱딱했던 암 부위가 말랑해진다는 것은 자연치유에서 매우 좋은 증상이다. 왜냐하면 이때야말로 면역세포들이 그곳에 침투해서 암세포와 싸울 수 있는 환경이 되기 때문이다. 이 같은 점을 당시 전혀 알지 못했다. 지금 와서 생각하니 차가버섯을 섭취하면서 고용량 비타민C를 초기에 계속 맞았다면 어떻게 됐을까 하는 아쉬움이 매우 크다.

그렇긴 해도 지금 생각은 또다시 암 진단 초기로 돌아간다면 다른 치료를 다 무시하고 그것만 할 수 있을 것인가 하는 점에 대해

서는 많은 고민이 된다. 그렇더라도 만약 수술받기 위해 한 달 이
상 기다려야 한다면 이것은 적극적으로 검토해 볼 것이다.

5월 30일

아이들 프로젝트 발표 날.
엊저녁부터 긴장이 되었다.
잘 들 하고 있겠지 ...
녀석들 너무 긴장하면 안 되는데 ...
잠도 푹 자야 하는데 ...

발표 날이 되니 시계를 계속 쳐다보는 나를 본다.
조마조마한 마음으로 상황을 상상 속에서 관람한다.
마치 내가 무대에 서 있는 느낌이다.
이게 8년인가 보다.
아쉬움보다 찐한 감동이 내장을 진동시키는 걸 보니
밥을 먹으면서도 간절히 두 손이 모아지는 걸 보니

반신욕을 한 뒤 턱 아래가 몹시 아팠다.
그러더니 붓기가 싹 가시고
처음 왔을 때의 상태로 돌아왔다.
체온을 높이고 몸속의 독을 내보내는 일이 참 중요한 일이구나.
좋은 음식 먹는 것보다 더 중요한 일,
내 보내는 일.

6월 1일

사랑하는 부모님들께.

아이들 프로젝트가 시작되기 전날인
금요일부터 마음이 싱숭생숭
지금쯤 전시 준비를 하고 있겠구나.
음... 부모님들은 저녁 준비를 하실거구,,,

토요일 일요일 이틀은 계속 시계를 바라봅니다.
명상을 하거나 다른 노력 없이
새벽녘에 들리는 새소리마냥 청아하게 아이들 모습이 보입니다.
자기 차례를 기다리는 긴장된 근육에
어떻게 걸어 올라가는지,
어떻게 인사하고 손은 어디에 두는지,
목소리 크기와 톤까지,
마무리 인사까지 ... 다 보입니다.
차례를 마치고 자기 자리에 들어가 긴장이 풀리면서 거의
쓰러질 듯한 아이도
여유 있게 하이파이브를 하며 자리로 돌아가는 아이도 ...
다 보입니다.

모두에게 등을 토닥여 주는 제 손도 보입니다.
같은 장소, 같은 시간에 있지 않아도
그냥 다 보이고, 들리고, 느껴지도록 영혼들이 어깨동무하고
있게 하는 것.

그것이 8년 담임이란 것을 생생하게 느낍니다.

그러면서도,
00어머니께서 발표장을 아이별로 스케치해 주신 글을 읽고서야
잠자리에 들게 되는 것
그것이 8년 담임이란 것을 절절히 느낍니다.

지금 부모님들이 느끼는
몇 배의 감격들이 앞으로도 대기하고 있지만
그 못지 않은 갈등과 어려움도
만만치 않게 똬리를 틀고 있을 것 입니다.
많은 어려움을 겪었기에 감동이 큰 것처럼
앞으로 겪을 어려움들 역시
더 큰 감동을 위한 주춧돌이 될 것임을 믿습니다.

*   *   *   *

차가운 기운의 암세포를 위해
반신욕, 쑥좌훈, 온열치료, 족탕 같은 것을 하고
몸속의 독을 빼내기 위해
차가버섯 관장을 합니다.

섭취하는 것보다 더 중요한 것이
내보내는 일이라는 것을
관장의 찌꺼기들이 웅변합니다.

그래.

움켜쥐고 있지 말자.
제아무리 비싼 음식도 속에 싸안고만 있으면 독이 되는 법,

나 없이 세상이 무의미하듯
세상은 나 없이도 제 갈 길 가는 것

나로 인해 이루어진 것이 있다 한들
나 때문에 이루어지지 못할 것은 하나도 없는 것이니…

차가버섯을 환부에 바르기도 하고 마시기도 하고
인지의학에서 시작된 겨우살이액도 주사합니다.

이 외에도 맨발로 걷기, 명상하기…

이 모든 것을 한마디로 하면
면역력을 키우기 위한 것이라 할 수 있습니다.
때로는 하루 내내 아프다가
어느 날은 쌩쌩하다가
아픈 곳이 부어서 얼굴이 일그러졌다가
말끔히 제 자리로 갔다가 그럽니다.

시간은 걸리겠지만 모든 것이 제자리로 돌아올 동안
수없이 같은 일들이 반복되겠고
일상이 되어버린 구암이와의 춤이
병에 대한 면역력이 아니라
깊은 내 안의 나를 면역시켰던 무의식을
함께 돌아보게 합니다.

이곳 화천은 정말 좋습니다.
한 번 아이들과 자전거 타러 와도 참 좋을 곳입니다.
경치가 기가 막히고 새벽 맑은 공기의 맛이
세포 세포에 생명력을 불러일으킵니다.

불행히도 요즘은 메르스 때문에 방문객들을
들이지 않고 있지만

     *   *   *   *

둘째가 아이들 프로젝트 동영상 찍고 인터뷰한 것을
아빠를 통해 보내왔습니다.
그것을 받은 이틀 동안
아무 치료도 하지 못했습니다.
식사시간과 녹즙 마시는 시간을 제외하고
마르고 닳도록 동영상을 보느라 ... ^ ^

어쩌면 그렇게 하나같이
바로 서서 잘 하던지 감동이 자꾸 눈시울을 뜨겁게 하였습니다.
녀석들... 정말 많이 컸구나.
걱정말라며, 빨리 나아서 오시라며..,
전혀 카메라 앞에서 그런 말을 할 것 같지 않던 녀석들도
사랑한다며... 하는 인사에
한없이 그립고 행복하고 그랬습니다.

담임이 없으니 아이들도
더 잘해야겠다는 생각을 했을 것이고
선생님들도 안쓰러워서
더 많이 생각해 주셨을 테고...
8학년쯤 되니 스스로 굳건히 설만큼 그동안 컸구나...
하는 생각에 뭉클했습니다.

이제는 누가 담임인가에 좌우되지 않고
스스로 8년을 마무리할 수 있는
내면의 힘을 키워낸 아이들과
옆에서 믿고 기다려 주신 부모님들
모두 대단합니다.

정말이지,
담임이란
마중물임에 틀림없습니다.
그저 물 한 바가지...

하지만 맑고 맑은 물을 끌어 올릴 당사자는
오로지 아이들 자신임을...

한참 전에 써 놓고
하릴없이 맥 놓고 있다가 이제야 인사드립니다.

화천에서
두 손 모음

6월 2일

아들에게

내 몸을 통해서 세상에 나왔지만
너는 내게 속한 사람은 아니다.
엄마라는 과거를 통해서
미래를 살기 위해 온 사람이다.
그걸 알면서도 수 없이
과거 속으로 너를 데려오려고 한,
앞으로도 '엄마'라는 미명하에 그런 잘못을 저지를
엄마를 용서해라.

하지만
네가 네 자신에게 진실하지 않을 때,
자유로운 영혼이라는 명분으로
네 꿈에 게으름이라는 배신을 할 때,
깨달음이라는 가면으로 다른 사람들을 재단할 때,
절대 자신을 용서하지 말아라.
그것은 너를 과거로 데리고 갈 테니.

엄만
오늘이 마지막인 것처럼 살고 싶구나.
그래서
지나가는 바람에게도 부드럽다고 칭찬해주고
노래하는 새에게도 참 예쁜 목소리라고 웃어준단다.

그리고
아들에게 매일매일 이 말을 전하고 싶구나.

사.랑.한.다. 아들아.
자랑스럽구나.
네 자유로운 영혼이.
아들의 생일을 축하하며

추신; 통장에 돈 좀 넣었다. 여자친구랑 맛난 거 사 먹어라.
       방값은 꼭 내고!!!

* 제자들에게 보낸 글 *

사랑하는 8학년 여러분!!!

참,
수고 많았습니다.
여러분이 발표할 때
한 사람 한 사람이 다 그려졌어요.
어떻게 서 있을지, 어떻게 말하고 얼마나 긴장하고 있을지
손은 어디에 두고, 표정은 어땠을지...
같은 공간에 없어도
다 보이고 들리고 느꼈답니다.
이것이 7년이란 세월이 여러분과 선생님을 시간과 공간을 넘어서
영혼적으로 엮어준 것이라는 것을 알았습니다.

여러분은 큰 산을 하나 멋지게 넘었습니다.
때로는 힘들어서 짜증도 나고, 쉬고 싶기도 하고 그랬겠지만
서로 땀도 닦아주고 손도 잡아주고 하면서 넘었습니다.
격려해 주고 도와주는 친구들, 이끌어주고 용기를 주는 선생님들,
묵묵히 믿고 기다려 주는 부모님들,,,
여러분을 둘러싼 모든 사람들이 함께 이 산을 넘은 것입니다.
여러분은 앞으로 더 높고 험한 산도 넘어야 하고
강을 건너야 하고,
사막을 건너야 할지도 모를 삶을 마주하게 될 것입니다.
지금 넘은 산은 첫 발에 불과하죠.

만일 여러분이 '함께'를 잊고 '나'만 생각한다면
앞으로 넘어야 할 산들, 강들은 넘지도 건너지도 못할 것입니다.

하지만 여러분을 잘 아는 선생님이기에 자신 있게 말합니다.
앞으로 여러분은 '함께' 그리고 '자기 자신'을 믿고
어떤 어려움도 잘 헤쳐 나갈 것임을.....

너무 자랑스러운 8학년 친구들!
정말 고.마.워.요.
자기 자리에서 굳건히 잘 서 있어 주어서...

수고 많았던 여러분께
찐한 포옹을 담아 피자를 쏩니다.!!!
이곳에서 선생님이 보내줄 수 있는 게 별로 없네요. ㅠㅠ

6월 17일 수요일

00에게 전화가 왔다.
치료비를 조금 보태주어야 하는데
그냥 와서 미안하다고...

친구가 준 몇 권의 시집이
식당을 오가는 발길에 숨결을 불어넣는다.

돈으로는 환산할 수 없는 영혼의 양식을 주고 가고는
돈도 못 내놓고 가서 미안하단다...

7월 17일

참으로 오랜만에 쓴다. 여유 있게 글을 쓸 만큼 구암이와 편하게 만나지 못했다.

내가 가장 만지기 좋아했던 아기 엉덩이처럼 보드라웠습니다. 그랜드캐년처럼 갈라져 있던 잇몸 위로 새 살들이 올라오기 시작하고, 나는 어떤 기적을 보는 느낌으로 하루하루를 보냈습니다. 구암이의 둥지였던 잇몸 위에 얹혀있던 임플란트 두 개는 뽑혀있고 두 개의 나사만이 박혀있는 곳에 점점 새살이 덮는데 며칠 만에 나사도 보이지 않을 만큼 자랐습니다. 동시에 임파절도 욱신거리고 전체적으로 참 아팠습니다. 점점 자라는 새 살을 보고, 마침내 잇몸을 다 덮으며, 마치 보이지 않는 실과 바늘로 수술을 지켜보는 경이로움으로... 그래, 너무 아파도 조금 참자... 하며 밤낮으로 하루종일 오는 통증에 치료를 쉬었습니다. 의사를 만나러 가면서 생각했습니다. 의사가 놀라겠지? 이렇게, 갈라진 잇몸이 서로 붙어지게 된 것을 보고...

알고 보니 새살은 새살이 아니고 구암이의 가족들이었습니다. 내 몸이 기본적으로 단단하고 건강한 체질이라 한두 주 치료를 거르는 사이 급격하게 암세포가 증가한 것입니다. 구암이가 온 동네방네 가족 친지들을 모두 데리고 온 모양이었습니다. 아물었다고 생각한 곳을 열어 보고는 저는 차마 눈 뜨고 볼 수 없을 만큼 거나하게 잔치판을 벌이고 있는 구암이 친척들을 보았습니다. 처음 요양원에 왔을 때보다 몇 배 많은 ... 구암아, 미안하다. 내가 너와 춤추는 것을 게을리하니 네가 돌아가지 못하고 있구나.

일주일 만에 전화기도 가져오고 인터넷 게시판도
살펴보았습니다.
분에 넘치는 간절한 기도들과 사랑이 저를 울렸습니다.
모든 한 분 한 분께 감사의 말씀을 전하려니 엄청나서
여기 이렇게 길지만 짧은 글을 대신합니다.

씩씩하게 잘 생활하고 있는 사랑하는 8학년들을 비롯하여
저를 위해 눈물로 기도해 주시는 부모님들
더 많은 수고로움을 마다하지 않고 힘을 보태주시는 선생님들
모두 제겐 부처님들이십니다.

감사하고 또 감사합니다.
덕분에 저는 이렇게 호강하며 행복합니다.

화천에서
두 손 모음

이런 일기와 함께 아내는 병이 걸리기 전과 진단받고 나서의 느낌과 체험을 글로 남겨 학교 게시판에 올렸다.

"학교 아이들과 학부모들의 방문"

아내가 교사로 있던 발도르프학교의 8년 담임제는 일반 학교와는 다르게 학부모들이 출자해서 만든 학교로 학교 구성원 사이의 관계가 공동체 의식으로 충만해 있다. 따라서 교사의 불행이 남의 집 이야기기가 아니라 자신의 문제처럼 아파하고 도와주는 관계였다. 아내가 강원도 화천의 요양원에 있게 되자 봄철 학부모와 아이들이 버스 두 대로 요양원을 방문하였다. 아내에게는 7년 동안 가르쳐온 아이들의 응원이 큰 힘이 되었다. 홈페이지에 '구암이와 춤을' 이란 글을 올리자 댓글이 넘쳐났고 아이들로부터 온 편지도 항상 넘쳤다. 다른 모든 것을 떠나서 나이를 먹고 자신이 혼신의 힘을 쏟아 가르쳐온 아이들과 학부모들로부터 지지를 받는다는 것은 투병 중에도 커다란 도움이 되었다. 꼭 나아야겠다는 의지를 북돋워 주었다. 아내는 이런 지지로 그래도 인생을 헛살지는 않았다는 자기 위로와 용기를 얻었다.

가족들도 때때로 방문을 하였다. 친정엄마는 교통사고로 20여 년도 더 전에 돌아가셨고 80대 중반을 바라보는 친정아버지가 막내딸이 아픈 것을 마음 아프게 지켜보고 계셨다. 친정아버지는 유교적 질서의 마지막 세대이실 것이다. 그리고 고위 공무원을 하셨던 분으로 비교적 이성적인 분이시다. 겉으로 표현은 자제하는 조금은 구세대이지만 자식들과 가족에 대한 애정은 여느 부모 못지 않았다. 더구나 아내는 5남매 중 막내여서 집안에서도 가장 사랑받던 딸이었다. 나이로 치면 제일 아랜데 어쩌면 가장 먼저 잃을지도 모른다는 불안감에 우애가 넘쳤던 형제들 모두 애틋함을 가지고 자주 방문하였다. 아내는 그런 아버지에 대한 죄송함으로 어쩔 줄 몰라했다. 더구나 그녀는 군사독재정권 시절 고위 공직에 반하는 활동을 했었고 그로 인해 아버지를 몹시 괴롭혔을 것이라는 부채의식에 시달리고 있었다. 딸자식으로서 아버지에 대한 자식 노릇을 제대로 하지 못한 것에 대한 회한이 그녀를 지배했다. 젊은 시절 아버지를 괴롭혔던 것도 모자라 이제 자신이 암이라는 중병에 걸려 또다시 아버지에게 불효하고 있다는게 죄가 되었다. 더구나 아버지와 가족들로부터 치료 명목으로 지원받은 금전적인 도움이 더욱 면목 없게 했다.

2.6 다 알지 못하는 암 치유, 위험에 처하다.

주변에 있는 환자 몇 분은 나가거나 새로 들어온 사람들로 바뀌었다. 그래도 여전히 치유하는 분들이 있어 의지가 되었다.

그러던 중 사달이 난 사건이 발생했다. 잘못 먹은 무엇이 아내를 설사를 하게 만들었다. 이때의 설사가 자연치유를 시작하면서 큰 장애가 되었다. 역시 아내는 장이 약했던 것 같다. 동물성 고기 섭취를 제한하고 밥 등 탄수화물을 줄이면서 몸이 평소 건강한 상태와는 다르게 겨우 유지하고 있었다고나 할까? 이런 상태에서 사흘 내리 설사를 하고서 위기가 찾아왔다. 림프관은 목 부위에서 턱과 귀 뒷부분으로 두 갈래로 갈라지는데, 왼쪽 턱 아래에서 생겼던 밤알만한 림프절은 설사 이후 귀 뒤쪽에서 턱 아래 것과는 다른 것이 커지고 있었다. 현상을 유지하며 더 악화하지 않던 상황에서 설사 사건은 잘못된 길로 가는 변곡점이 된 것이다.

차가원에서는 아내가 차도가 없고 더 악화되자 다른 방법을 제시하지 못했다. 차가버섯 용량만 늘려 주었다. 그것으로 만족할 수 없어 아미그달린이라는 비타민B17 알약을 먹어 보았다. 그러나 약을 늘리는 과정에서 심한 혈압저하로 한밤중에 매우 심각한 상태에 빠지기만 했다. 치료 효과는 알 길이 없었다. 이런 부작용으로 이것도 중단했다.

이렇게 처음 두어 달 가까이는 조금 상태가 개선되거나 현상 유지를 하고 있다고 생각했다. 그러나 이것은 어디까지나 그 당시의 생각이다. 지금 생각해보면 점점 더 악화되는 과정이 아니었나 싶다. 생각이 어디에 머물면 그것이 얼마나 고정되는지, 그리고 그것을 벗어나는 게 얼마나 어려운지 절실히 다가온다. 어떤 치료를 시작하면 그것을 계속할 수밖에 없는 것도 한 이유이지만 자기암시나 고정관념에 빠져있으면 그것을 벗어나기가 정말로 매우 어렵다. 자연치유를 하는 과정에 있는 환자라면 이점을 유의해서 봐야 한다. 치료하는 과정에 대해 냉정해지려는 노력을 게을리해선 안 된다. 이게 낫는 과정인지 악화되는 과정인지... 그러나 이게 말처럼 쉽지 않다.

이때 표준치료로 돌아갈 것이냐, 아니면 다른 대안 치료로 돌아갈 것이냐를 두고 생각이 교차했다. 아내와 나는 표준치료를 벗어나서 치료하다가 다시 돌아간다는 것이 심리적으로 쉽게 용인되지 않았다. 더구나 OOO교수는 자연치유와 면역치료를 했다는 사례도 제시해 주지 않았던가?

그 당시 수술 외에 다른 대안을 찾는 것은 대체의학에 의한 자연치유밖에 보이지 않았다. 지금처럼 방사선치료에 대한 지식이 있었다면 달리 방법을 강구 해 볼 수도 있었을 것이다.

그때 알게 된 것이 00의원이었다. 입원실은 경주에 있었음에도 원장이 일주일에 몇 일간 서울로 올라와 상담해 주었다. 그를 보러 가기 전에 유튜브에 올라와 있는 0원장의 강의를 거의 다 보았다. 한번 해볼 만한 치료였다. 게다가 원장은 인도주의실천의사회 소속 의사였다. 의사로서의 양심적인 활동을 한때나마 했다는 것에 동질감을 느꼈다. 그리고 그의 저작물을 읽으면서 의사로서 일상적으로 행하는 의료행위에 한계를 느껴 자연치유를 택하게 됐다는 그의 생각에 공감이 가는 부분이 많았다.

아내가 차가원에서 치료를 마감할 즈음은 통증이 조금씩 커지기 시작했다. 통증이 커진다는 것은 암 환자에게는 좋지 않은 징조인데 진통제 없이 그냥 참는 것으로 버텨내기에는 조금씩 한계가 오기 시작했다. 차가원은 이 같은 상황에 대한 대비책이 전혀 없었다. 하루빨리 이곳을 청산하고 새로운 치료를 시작해야 할 필요가 커지고 있었다. 지금 생각해 보면 이때 자연치료를 정리하고 수술이든 방사선이든 현대 의학에 의한 치료로 돌아왔어야 했다. 이 당시 수술 이외에 다른 대안을 생각할 수 없었기에 수술을 회피하고 싶어했던 아내의 바램을 저버릴 수 없어 돌아올 수 있는 시기를 놓쳤다. 지금도 많은 후회가 된다. 이 모든 것이 내가 자초해 빚은 일이라 생각하니 아내에 대한 죄스러움이 한없이 밀려온다.

차가원을 떠나서 경주 00의원으로 떠나는 날 비가 흩뿌리기 시작했다. 아내와 나는 차에 짐을 옮겨 실으면서 착잡한 심정을 감출 수 없었다. 이곳에서의 치유가 실패했는데 옮기는 곳은 어떨까 하는 생각이 들었다. 어디를 가도 꼭 산다는 보장이 없었기에 추적거리는 비를 뚫고 경주로 향하는 발걸음은 무거웠다. 그래도 한가지 희망은 O원장이 몇 가지 출판물로 자신의 치료과정을 소상히 제시하였고 유튜브에서도 그간 그가 쌓아온 성과들을 제시하는 것을 보면서 그나마 위안이 되었다.

2.7 자연치유를 하다.

7월 하순 차가원을 정리하고 경주 OO의원에 입원했다. 도착한 첫날은 스무 명이 넘는 환자들이 모여 서로에 대해 인사하고 방을 배정받았다. 아카데미에 참석한 환자들과 치료과정에 있는 환자들 방은 병실(주택)이 따로 구분되어 있었다. 한 층에 4개의 방이 있는 2인실로 되어있는 건물에 전국 각지의 사람들이 모였다. 용인에서 온 경O씨는 40대로 시의원이자 사회활동을 맹렬히 해온 여성이었다. 방 분위기를 밝게 이끌었다. 어디를 가서든 그녀는 그럴 것이라는 상상을 하기에 부족함이 없어 보였다. 2년 전 유방암을 치료하고서 그 후에도 활동을 멈추지 않고 열심히 살아온 게 화근이었다. 재발되었고 이번에도 항암 치료를 하였으나 간에까지 전이가 되어 이를 다스리는 게 쉽지 않아 보였다. 그럼에도 용기를 잃지 않고 O원장이 제안하는 각종 치료에 적극적으로 참여하였다. 그녀와 아내는 비슷한 부류의 사람으로 내내 보조를 같이 했다.

다른 사람 중 관심을 끌었던 사람은 뉴욕에서 온 앤O김이었다. 회계사로서 미국인과 결혼하여 딸 하나를 두고 있었다. 뉴욕의 주류사회에 진입해서 꽤 열심히 살아온 전형적인 한국 여성이다. 얼굴에서 성실이 뚝뚝 흘러넘쳤다. 미국에서 어떻게 알고 이런 시골 구석까지 찾아왔는지 신기했다. 미국에서도 주류 의학계에서 치료하는 표준암 치료를 거부하고 대체의학으로 치료를 해왔으며 그 연장선상에서 이곳까지도 찾아온 것이다. 그녀는 나이로는 한참 아래였지만 의학적 지식을 교류하는데 손색이 없었고 미국에서의 최근 자연치료에 대해서도 알려 주었다. 책도 한 권 소개받았다. 그녀가 알려준 치료제 중 하나가 살베스트롤(Salvestrol)이었다. 우리는 그때 살구씨에서 추출한 아미그달린을 복용하고 있었다. 그런데 아미그달린은 독성이 강해서 많이 먹으면 부작용이 심한데 살베스트롤은 그런 게 없다고 했다. 캐나다에서 생산되는 암 치료보조제이다. 유튜브를 통해 그들이 내세우는 암 치료에 대한 정보도 확인했다. 그리고 미국에 '퀘이커 Friends'로 그동안 둘째가 많이 도움을 받았던 미농에게 연락하여 사서 부치게 하고 복용하기 시작했다.

다음 날 아침부터 교육에 들어갔다. 15박 16일 동안의 교육내용은 대략 다음과 같다.

자연치유를 모토로 하는 이곳은 자연치유법을 배워 몸에 익히는 것을 목표로 한다. 원장이 대부분 강사가 되었고 도수치료 등 특정 영역의 강의는 그 분야의 전문가가 맡아서 하는 식으로 진행되었다.

여기서 가장 중점을 두는 것은 인체가 가지고 있는 자연치유력을 살리는 일이었다. 따라서 첫 강의는 인체의 자연치유력에 관한 내용으로 채워졌다. 자연치유력은 몸과 마음이 해독되고 정화되어야 자연치유력이 살아난다는 것이다. 이를 위해 자연에서 하는 생활을 기본으로 하고 있다. 산속의 맑은 공기는 산소가 도시에 비해 0.2%가 많고 공기의 질도 우수하다. 플라보노이드와 음이온은 몸을 정화시키는 주요한 요소이다. 숲속의 조건은 이 같은 요소를 충족시켰다. 이 밖에도 햇빛은 비타민D의 합성을 도와줄 뿐만 아니라 암 치료의 기초가 되고 정신건강에도 유리하다. 적당한 운동은 혈행 개선과 노폐물 배출에 도움을 준다. 이를 위한 산행, 산책은 매일 진행하고 숲속에서의 활동이 이루어진다. 몸과 마음의 해독을 바탕으로 기 수련, 명상, 단전호흡 등 자연 속에서의 생활을 통한 신체조건의 개선으로 치료 효과를 높인다는 것이다.

이를 상세히 살펴보면 이렇다. 일단 식사는 자연식을 중심으로 하는 채식과 소식을 하는 일이다. 채식을 중시하는 것은 소화 과정에서의 독성물질 생성을 최소화하고 치료를 용이하게 하기 위한 것으로 설명한다.

다음으로 사람에 따라 독소가 많이 축적된 곳은 그곳을 특별히 청소해 주는 과정을 거친다. 장 청소, 간 청소, 신장 청소, 피부 청소 등 전신 해독을 통해 몸을 정화시킨다. 커피관장 또한 해독의 일환이다. 풍욕은 피부호흡을 통해 몸을 정화를 하고 반신욕은 혈액순환이 잘 되도록 하여 치료 효과를 높인다.

특히 해독과 재생을 위해 자신들이 개발한 치유 보조제를 권했다. 이런 과정을 거치면서 자연스럽게 식이(食餌)에 의한 영양 공급을 하는 것과 동시에 항산화 물질을 제공하여 항산화 비타민과 미네랄 및 항암물질이 풍부한 식이를 함으로써 암을 억제한다는 내용이다. 그리고 지방은 염증의 원인이 되므로 이를 제한하여 암을 다스린다는 것이 골자이다.

　암 환자에게는 영양 공급이 중요하기에 단백질 공급의 중요성을 강조했다. 동물성 단백질은 피하면서 자신들이 개발한 비피더스 발효 아미노산을 권했다. 그리고 미네랄 공급을 위해서도 역시 자신들이 개발한 유기 미네랄과 비피더스 발효 울금을 권했다. 필수지방산은 매우 중요한데 매끼 마다 아마씨가 제공되었다. 그 외에도 미네랄을 위해 효소와 벌이 수거한 화분을 권장했다.

　오전과 오후에 강의실에 앉아서 하는 교육을 하면서 중간에 때때로 산행과 기 수련, 단전 호흡을 했다. 저강도 운동을 통해 혈액 순환이 잘되게 하고 땀을 통한 노폐물을 배출시키고자 했다. 이것은 면역증강에 기여하고 마음을 편안하게 하도록 하여 치료 효과를 높인다는 것이다.

　정신요법과 명상 또한 강조되었다. 웃음치료 강사 자신도 암 환자였다는데 암이 재발하여 수술을 두 번씩이나 하고 항암 치료도 여러 번 했다 한다. 장루(腸瘻)까지 달고 살면서도 이 웃음치료 강사는 그 자신이 치유에 가장 큰 효과를 보았다며 웃음이 보약이라고 설파했다. 그리고 이미 암 완치판정 후 5년도 훨씬 지났다고 자랑하였다. 웃음의 힘이 그만큼 크다는 것을 그는 스스로 입증해 보였다.

　원장은 강의 내내 긍정적 사고를 강조하였다. 그런데 희한하게도 암에 걸린 중병 환자들은 모두들 순한 양이 된듯하였다. 이 한마디에 모두들 불만이 사라졌다. 여러 사람들이 단체생활을 하다 보면 조금씩은 불만이 있을법한데 불만이 거의 없는 것 같았다. 부정적 사고는 스트레스 지수를 높일 거라는 데 이의를 달 사람은 없을 것이다. 죽음을 마주한 사람들이라 그런지 이런 교육 효과는 깊숙이 침투되었다.

명상과 종교적 마음 상태에 대한 강조 또한 뒤따랐다. 종교가 있는 사람은 종교에 의지해서, 종교가 없는 사람은 명상을 통해서 자신을 성찰하고 내려놓는 열린 마음, 자기정화 하기를 요청하였다.

그리고 매일 아침에는 일본의 니시요법과 비슷한 풍욕을, 저녁에는 불교에서 수행하는 108배를, 정신적 안정에 도움이 되는 멘트를 곁들여 매일 실시했다.

이곳에 입소한 다음 날 신체검사를 하였다. 이 중에 몸의 산성도를 측정하는 PH검사가 있다. 대부분의 암 환자는 체액이 산성의 상태를 보인다. 세포가 암세포로 변하기 좋은 조건이 산성이기 때문이다. 그런데 아내는 차가원에서 차가버섯과 채식을 해서 그런지 약 알칼리를 나타냈다. 암 환자에게 체액이 알칼리성을 띠는 것은 매우 의미 있는 일이다.

아카데미가 끝나갈 즈음 혈액검사와 면역 검사를 했다. 혈액 검사상으로 특별히 나쁜 항목은 없었으나 칼슘과 헤모글로빈 수치가 약간 떨어져 있었다. 빈혈도 조금 있었다. 아마도 입속이 불편하여 식사를 제대로 하지 못한 것이 원인이 아닐까 생각했다. 면역력도 정상인보다 많이 떨어져 있었다.

파동(波動)의학이라는 것이 있다. 원장은 수정파동요법도 중요시했다. 주류 의학계에서는 인정하지 않는 것이지만 이에 관한 서적이 몇 권 출판되어 있다. 수정도 파동의학에 입각해 있다. 파동의학이란 세상 만물이 고유한 주파수, 즉 파동을 가지고 있다는 개념에서 출발한다. 사람의 몸 또한 자기의 고유한 파동을 가지고 있다. 몸이 건강하고 스트레스를 받지 않을 때는 규칙적이고 좋은 파동이 발생된다. 그러나 스트레스를 받거나 질병이 생겼을 때는 에너지의 파동이 교란되게 된다고 설명한다. 따라서 파동의학이란 인체에 좋은 파동을 넣어 줌으로써 이를 통해서 병을 진단하고 치료까지 할 수 있다는 믿음에 근거하여 치유에 사용한다.

정신적인 치료는 수정으로 파동을 활성화시켜서 뇌를 자극하고 무의식으로 들어갈 수 있게 하여 트라우마를 해소할 수 있는 치료라 한다. 이런 치료는 수정명상을 통해서 이루어졌다. 이는 수정음악을 들으면서 뇌를 활성화시키는 명상을 하는 것이다. 수정으로 된 악기를 사용하는데 투명한 방울 소리 같다. 자체 제작한 수정음악이 있고 유튜브 등 이미 시중에 수정음악이 나와 있다. 파동이 생명과 건강을 만드는 데 중요한 역할을 하는 요소라는 것으로 수정이 매개체 역할을 하고 효과적이라 했다.

아카데미 중간에 아내는 가족들에게 글을 썼다.

2015. 7. 26

사랑하는 가족들께

화천이 엄마처럼 포근하게 감싸주는 느낌으로
평화스럽게 나 자신과 만나는 시간을 만끽하게 해 주었다면 이곳 경주는 아버지처럼 넓고 힘 있게 둘러주는 것 같습니다.
화천의 여유로웠던 생활이 그리울 만큼
이곳은 빡빡한 일정이 기다리고 있었습니다.

6시에 일어나면 풍욕으로 하루를 시작합니다.
옷을 벗고, 바람을 맞으며 온몸 운동을 하면서
틈틈이 담요를 다시 뒤집어씁니다.
피부가 호흡하며 몸속의 독소들을 내보냅니다.
풍욕으로 흘린 땀을 닦으며 샤워하고
이런저런 약들을 먹습니다.
약이라기보다는 반 식품인 것들로, 차가버섯을 비롯하여
이런저런 효소 같은 것들입니다.

7시 40분에 아침을 1시간에 걸쳐 먹습니다.
저는 아직은 탄수화물을 철저히 제한하고 있어서
밥 대신 곡류발효효소를 먹습니다.

식사 후에 한 20분 산책을 하여 혈당피크를 방지합니다
방으로 돌아와 이를 닦고
상황에 맞게 입안에 차가버섯 도포를 합니다.
의사 선생님 말씀 따라
진통제를 먹으며 조금 편안하게 통증을 다스리고 있습니다.

9시 30분이 되면 산행 산책하는 시간입니다.
약 1시간 30분에서 2시간에 걸쳐 산행합니다.
이곳 자연마을 주변에는 다양한 등산로가 있어서

숲 명상을 하기에 참 좋습니다.
산행에서 내려와 한 시간가량
교육이 있습니다.
암 치료에 관한 전반적인 공부시간인데 유익합니다.

12시 40분에 점심을 먹고
또 산책하고 나면
2시 30분에 국선도 수련이 있습니다.
온몸을 구석구석 쓸어주고 닦아주고 기름칠합니다.
뻣뻣했던 몸이 말랑말랑해집니다.

중간중간 시간이 나면
침이나 뜸을 뜹니다.

조금 쉬는 동안
입안 도포를 하고 잠시 끙끙 앓다가
5시 40분에 저녁을 먹습니다.
저녁은 아주 간소하게 먹습니다.
산책을 마치고 집으로 와서
몸이 허락하면 입안 도포를 한 번 더 합니다.

7시 30분이 되면 108배를 시작으로
다시 풍욕을 하면 9시 20분이 됩니다.
샤워하고 잠을 잡니다.

일주일에 두 번은 의사와 면담이 있어서

진행 과정을 공유하고 처방을 받습니다.
생각보다 구강 안에 깊고 넓게 암세포가 자리하고 있어서
시간이 걸리기는 하겠지만 …

돌아오는 일주일은 아마 이렇게 빡빡한 일정이 될 것 같고
다음 주가 지나면 약간 편안하게 일정이 조절될 것 같습니다.
화천이 그립기는 하지만
이곳은 확실히 체계적으로 시스템이 갖추어져 있으며
규모도 화천보다 많이 큰 편입니다.
의사가 상주하고 있으며
필요에 따라 다양한 치료를 병행할 수 있습니다.

한 건물 안에 각방을 쓰고 있어서
화천보다 자유스럽지는 못해도
함께 도와가며 이야기도 하고 나름 즐겁게 생활하고 있습니다.

그래서 이제야 소식드립니다.
바빠서리…
한숨 좀 돌릴 수 있는 여유가 주어지는 시기가 오면
좀 더 편안하게 다시 소식드리겠습니다.

가만있어도 등에 땀이 차는 더위입니다.
모두들 여름 건강을 조심하시고
건강하게 더위를 맞이하고 보내시길 바랍니다.

고맙습니다.

사랑합니다.

경주에서 막내가 두 손 모음

* 특이한 경험 *

도수치료란 맨손으로 검사하거나 치료하는 것으로 일반적으로 환자의 운동기능과 근력 상태를 파악하여 통증 완화나 신체기능을 개선하고 근육의 밸런스를 잡아주는 치료법이다. 치료사가 직접 손으로 틀어진 척추 및 관절 등 각 조직의 정렬을 맞추고 기능을 증진시켜 몸의 균형을 맞추는 치료로 알려져 있다.

이 치료는 동양에서 발달했을 것으로 짐작되는데 00의원에서 만난 도수 치료사는 유럽에서 자격을 취득했다 한다. 이분은 위에서와 같은 치료 효과를 뛰어넘는 분인 것 같다. 몸의 구조에 대한 파악은 물론이고 손으로 진단하고 치료도 한다. 아내의 일기를 옮겨 본다.

2015년 8월 5일

도수치료 도사님이 이곳저곳을 만지며 진단을 했는데 진단명이 알람 시스템 문제란다. 사람은 인체가 어떤 행위로 인하여 위험에 처하면 이 시스템이 작동하여 위험 행동을 조절하는데, 이 시스템에 이상이 있다는 것은 위험을 감지하여 스스로 조절하는 능력에 이상이 생겼다는 것이다. 이는 본인도 모르게 생긴 트라우마로 인한 것이란다.

이 진단 이후 두 번째 진단 후 치료에 들어가는데
머리를 이리저리 만지고 가슴도 만지고 하더니
다리를 각각 들었다 내려 보라 하신다.
다리가 무겁다.
"아, 여기구나" 하시더니
위생장갑을 끼고 잇몸을 만지고 한 손은 눈 아래쪽 뼈를 누르신다.
이 이빨이 조금 어긋나 있어서 그와 연결된
호르몬선이 이상이 온 것이라며 다리를 다시 들었다 놔보란다.
'워메, 날아갈 듯 가볍다.
이럴 수가!

— 식사 한계

통증이 점점 증가되면서 진통제를 복용하기 시작하였다. 턱과 입속의 통증으로 00의원에서 제공하는 음식 섭취가 점점 어려워지고 있었다. 영양 부족 문제가 시작되었다. 저작이 어려워지기 시작한 것이다. 구강암 환자의 가장 큰 문제는 음식물 섭취가 어려워지는 것으로 영양 부족에 의해 굶어 죽는 경우가 상당 부분을 차지한다. 먹는 것만 원활해도 병을 이겨내는 데 상당한 도움을 준다. 구강암 환자를 비롯하여 암 환자의 20~30% 정도가 영양 부족에 의해 사망에 이른다고 한다. 걱정이 되었다.

저작기능의 약화로 섭생에 장애가 생기고 영양분의 공급이 충분치 못해 치료 효과도 조금씩 떨어지기 시작했다. 이럴 때를 위해서 00의원에서는 음식을 대체할 수 있는 즉석식품을 준비해두고 있었다. 분말 형태의 발효시킨 곡물과 앞에서 설명한 치료제이자 영양 공급제인 액체형태의 아미노산 발효 울금이 그런 것들이다. 그러나 그 어떤 것도 음식물에서 섭취하는 것을 대체할 수는 없다, 단기간의 경우라면 모르나 장기간에 걸쳐서 균형된 식사를 하지 못하면 환자는 위험한 상태에 빠질 수밖에 없다.

아카데미가 진행될수록 통증도 커졌다. 그곳에서 제시한 약들을 먹고 주사 맞고 하는 날들의 연속이었다. 아내는 매사에 긍정적이라 이를 받아들여 혼자 소화했으나 나는 커가는 통증을 바라보고만 있을 순 없었다.

8월 8일 토요일

저녁 바람이 제법 선선해지니 그 자체만으로도 행복하다. 바람 줄기로 행복해진 것은 그토록 질긴 더운 여름 때문이렸다. 그 더위를 겪었기에 바람이 고맙고 그 작은 자연에 행복을 느끼게 된 것이다.

즐거움이란 그냥 있는 것이 아니라 느끼는 것
더위를 느끼면 바람으로 행복해지니
우리의 삶이란 늘
즐거움을 느낄 수 있는 고통 자체인지도 모른다.

이제 선선해지니
...아! 금방 빨래가 마르던 햇볕이 그립네...
하겠지!

8월 9일

정말 오랜만에 저녁을 많이 먹었다.
매트에 1시간 누워 땀을 빼니 배에서 꼬르륵 소리가 났다.
배가 고픈 욕구가 시작되더니
실제 음식이 맛있고 그렇게 잘 들어갔다.
음식을 보는 것만으로도 괴로웠는데
밥을 먹어도 질리지 않고 목구멍으로 잘 넘어가다니!
그것만으로도 다 나은 것 같았다.

밥 한술 잘 떠넘기는 것이 얼마나 대단하고 행복한 일인가?
언제 또 뼈저리게 느낄 것인가!
참으로 기분 좋은 저녁이다.
잘 먹고 시원하기까지!

8월 10일 월

진통제를 먹지 않고 잤다. 명상하다 그냥 잠들었다.
새벽에 통증이 심해 잠에서 깼다.
너무 아팠다.
입안과 밖 모두에서 구암이 가족이 잔치를 벌이는지 힘들었다.
약을 먹고 한 시간 가량 후에 잠든 것 같다.
이래저래 개운치 않은 아침이다.

오늘도 베개 덮은 수건에 침이 흘러 고름 냄새가 자욱하다.
이 냄새로부터 해방되고 싶다.

어제 OO언니와 산책하면서 사주를 보았다.

올해부터 태양이 내리쬔단다. 꽃으로 치면 생명력이 강한 들꽃이란다. 45세부터 암이 시작되었고 올해는 태양이 비추며 모든 것이 해결된단다. 앞으로 20년 동안 운수 대통이란다. 대학교수 총장감이란다.

부인에게는 엄마 같은 남편이란다. 직장에서는 칼 같고, 62세에 새로운 것을 찾는다는데 뭘까? 내년에 교통사고 조심하란다.

큰아이는 떠돌아다닌단다. 29살에 좋은 여자 만나 결혼한단다. 다니면서 공부한단다. 그 자체가 공부이며 그로 인해 돈을 많이 번단다.

큰아이가 계곡이라면 작은아이는 바다란다. 30~40대는 외국에 나가 있을 거란다. 똑똑한 여자 만나 잘 살 것이고 직장은 여러 번 옮길 것이다. 50대는 다시 한국으로 돌아올 것이다. 직장은 평범하지 않은 직업이 될 것이란다.

아내는 우연한 기회에 사주를 한 번 더 보게 되었는데, 마음이 어지럽고 컨디션이 좋지 않아 개꿈도 꾸고 사주도 보고 하는 것 같다. 마음이 약해져서 오는 현상들이다.

　　　　　*　　　*　　　*　　　*

바깥세상으로 나갈 수 있을까?
노을이 두터운 구름 사이로 살짝 치마 올린 여자의 섹시함으로 하늘을 물들일 때 나는 구암이를 생각한다.

정말 구암이를 고향으로 돌려보내는 이 과제를 수행할 수 있을까?
입안은 하나 가득 고름덩이, 우락부락 지옥의 거품덩어리,
불구덩이처럼 고름 덩어리들이 춤추고 있는데, 볼따구니 쪽으로
타고 올라온 구암이 가족들이 더 단단하게 둥지를 틀며 올라오고
새로 생긴 임파절도 삐죽 고개를 더 빳빳이 들려고 하는데,
내가 과연 이들을 모두 고향으로 돌려보낼 수 있을까?

8월 11일

눈물이 난다. 너무 아파서. 수건대를 붙잡고 운다.
어느 시인이 그랬나? 울지 말라고. 인간은 다 외로운 거라고.
나는 운다. 울어라!
아파야 인간이다.
시간이 갈수록 입이 불편해지고 아파진다. 멈추긴 하는 걸까?
의지를 무시한 채 몸이 아파서 운다.
나는 그런 몸에게 미안해서 다시 운다.

- 도수 도사님

대장, 소장, 위장 모두 흐물흐물해서 잡히질 않는단다. 한참 주물럭거리고 만지니 뱃속에서 별 희한한 소리가 난다. 시궁창 흘러가는 소리부터 꼬르륵 소리까지. 엎어지라 하더니 꼬리뼈 끝부분을 손가락으로 힘주어 누른다. 한참 누르더니 하는 말. 2살 전에 엉덩방아를 찧었든 어쨌든 다친 적이 있네요.

경추 2,3,4번이 신진대사를 관장하는 신경이 나오는 곳인데

오래 도록 다친 채 있었네요.

국민학교 어린 시절 이질에 걸려 1년 동안 5원짜리 밥풀떼기 하나로 하루 식사를 대신했던 기억이 새록새록 났다.
어휴 이제 잡히네요. 되었습니다.
속이 뻥 뚫리는 기분이 들었다.
참나, 이건 신기한 걸 넘어서 신비롭다.
뭐 이런 사람이 있을꼬.

*　　　*　　　*　　　*

아침에 일어나면 베개 위를 덮은 수건에서 고름 냄새가 진동한다. 밤새 자면서 입을 벌리고 그 안에서 침이 나오고 침에는 종양 고름들이 섞여 있다. 역겨운 냄새를 지우느라 양치질을 하고 수시로 가글을 해도 내 몸이 닿은 침구에 냄새가 배어있는 것 같다.

떼어내려고 애쓸수록 더 심하게 나는 것 같다.
눈물이 났다. 명상하는데 그냥 막 뚝뚝 눈물이 났다.
냄새를 받아들이자.
냄새는 구암이의 또 다른 모습. 받아들여야 했다.
하루하루 지쳐가는 몸뚱이를 보며
고통으로 사느니 죽음을 택하겠다고
안락사를 한 사람들의 말들이 생각났다.
하지만 나는 또다시 눈물을 닦고 웃는다.

이제 시작인걸

구암이를 고향으로 돌려보내야지!

8월 26일 수

임파절 끝부분이 말랑해졌다.
턱 아래 뾰족하게 배를 불린 구암이의 가족이 턱관절 위를 타고
볼따구니 쪽으로 올라오고 있다.
입이 더 당기고 불편하다.
볼이 더 예민해졌다.

밤새 피고름을 뱉어내느라 잠을 자지 못하였다.
썩은 생선내 진동하는 종양 고름
냄새로 욕지기가 계속 올라오고
입안 가득 고름처럼 흉측한 모습으로
고름이 모습을 보이면
나도 모르게 금세 입을 닫는다.

이 고통이 언제 끝날 것인가,
구걸하듯 애닯아 말라
그저 고통 위에 손을 얹고
조용히 말하라
"이것 또한 지나가리라"

너무 아플 때 소리 없이 뚝뚝 떨어지는 눈물
아픔이 제 모습을 드러낸다, 눈물로.
남편이 보면 얼마나 마음이 아플까

소리도 내지 못하고
어두운 밤에 소리 없이 아우성치면
눈물이 결국 아픔의 모습으로 드러난다.
너무 아파서 차라리 죽고 싶다는
사람들의 말들이 콕콕 들어올 때

소화를 못 해 못 먹는 아내를 위해 죽을 끓여 준다며
금남의 집에서
숨죽이며 깨금발로 몰래 부엌에 왔다 갔다 하느라
피곤에 지쳐 떨어진 남편이 보인다.

그 너머에는 두려움을 넘어 배움으로 가는 사람
내 초상 속 학부모님들의 응원 소리가 와글와글,
아이들의 응원 소리 들리고
부모님들의 격려 포옹이 느껴져
아픈 마음 슬그머니 접는다.

몰래 아내의 아픔을 훔쳐본 남편이
차마 아는 척할 수 없었던 그 마음의 안타까움에
입 밖이 온통 부르텄다.

피고름 뱉어내느라 밤을 지샐 때
생선 썩는 내음으로 진동하는 입을 달고 다니며
말하고 먹어야 하는 역겨움

8월 31일 월

내가 감당할 수 있을 만큼의 고통이겠지.
네가 이만큼 강인하고 모진 사람이었나?
너무 아프고 힘들다.
끝이 없는 길이라면 차라리 포기하고 싶을 만큼.
그럼에도
가슴에 손을 얹고 말할 것은
"이것 또한 지나가리라"

9월 7일 월

새벽 1시 50분
6개를 먹은 지 이틀 저녁
여느 때처럼 고름 때문에 일어났다.
그런데 볼을 당기는 것이 예사롭지 않다.
마치 바다에 던져놓은 그물을 잡아당기는 것처럼
엄청난 힘으로 당겨지는 느낌이다.
부었다.
그래서 둥글둥글하게 많이 부었다.
입안의 고름은 진하지는 않으나
마치 어느 한군데 지하수 물길을 찾아내어
바닥에 구멍이 뚫린 듯 계속 나온다.
아프기도 하다.
많이 부으니 엄청 불편하다.

드라마틱하게 나으려는 몸부림일까?
객관적 사실과 무관하게 나는 이미 다 나았다!

통증이 심해지니 어깨마저 저민다.
어떤 자세를 취해도 불편하다.
볼따구니는 부어서 풍선처럼 빵빵하다.
조금 건드려도 터질 듯하다.
열이 마구 난다.
시한폭탄처럼 째깍 재깍 터질 시간을 기다리는 느낌이다.
턱에 앉아서 어깨 위 모든 힘줄과 선들이 날이 서 있고
그물에 꽉 찬 고기 건져 올리듯 당기고 있는 것 같다.
끊어질 것 같아 어깨를 펴지도 못한다.
빨대를 꼽고 공기를 불어 넣은 듯
눈 아래까지 부었다.
터질 것 같다.
안에서 무슨 일이 일어나고 있는 걸까
이빨들은 모두 공중에 떠 있는 것 같다.
잇몸 없이.

며칠 밤을 통증으로 지새우고
먹지 못해 움직일 힘조차 없는데,
계속 입안에 가득 고이는 고름을 뱉어내느라
화장실을 들락거려야 했을 때,
꼬박 새운 밤을 지나 창문으로 동이 터온다.
세상에, 또 아침이네...

난 오늘 하루 또 이 고통을 맞이해야 하나?
신이시여, 너무한 거 아니예요?

이런 말을 하는 스스로를 보며 나도 모르게 흐르는 눈물을 멈출수 없었어요. 자신이 이렇게 비참해지기는 태어나서 처음 이었죠.

내가! 아침에게 욕을 하다니!
너무 슬펐어요.

*　　　*　　　*　　　*

여기까지가 00의원에서의 일기이다.

나는 이런 일기장을 아내를 떠나 보낸 후 유품을 정리하는 과정에서 발견하였다. 무언가 가슴으로 솟구쳐 오르는 것을 가까스로 진정시켰다. 그 당시에 이런 내색을 내게조차 하지 않았던 아내를 생각하면 뜨거운 눈물이 흘러내렸다. 이 여인 도대체 성정이 어떤 여인이었다는 말인가!
치료하는 과정이 이러했다면 병에 걸리는 과정도 어떠했을까?

00의원의 막바지에서 상태를 좀 더 설명해야겠다. 이때 즈음에 아내는 음식을 거의 먹을 수 없는 상태가 되었다. 아내는 내게 조차도 자신의 신체 상태를 말하지 않았다. 몸무게가 40kg(몸이 정상일 때 43kg이었다.)에서 36kg으로 줄었다. 입으로 정상적인 음식물을 섭취할 수 없는 상태가 되었고 약물 처방을 받고서 내장기능이 매우 나빠졌기 때문이다. 제대로 먹지를 못하고 약을 투약하면서 이자까지 나빠졌다고 했다.

이 당시 00의원에서 주는 식사를 할 수 없어 매번 죽을 쑤어서 먹었다. 이때도 동물성 단백질과 쌀 등 탄수화물을 제한하고 깨죽 등 식물성으로만 죽을 쑤었다. 그런데 이때는 체중이 떨어지는 과정이었는데 고기와 밥을 충분히 먹지 않은 것이 체력을 떨어뜨리고 면역력을 떨어뜨린 결과가 되었다.

치료받을 때는 체중관리가 매우 중요하다. 이때는 고기고 밥이고 가릴 것 없이 잘 먹어야 했다. 결과적으로 이때 체중이 급격히 빠진 것이 암을 크게 성장시키는데 한몫을 한 것 같다. 아내나 나나 고기와 탄수화물을 제한함과 동시에 구강암으로 인한 저작기능의 저하 때문에 식사를 제대로 하지 못한 것이 00의원에서 실패한 주요 원인이라 생각한다. 약을 쓰면서 체중이 떨어질 때는 아미노산 보충제에만 의존할 것이 아니라 당기는 대로 아니 억지로라도 먹어야 했다. 체중관리가 이때처럼 중요하게 다가왔던 적은 없다. 이 이후로는 먹는 것에 대해 사실상 제한하는 음식은 거의 없도록 하였다. 그래도 마음 한구석에는 동물성 단백질에 대한 소원함은 없지 않았다.

그런데 이런 상황에서도 아내는 내가 걱정할까 봐 내게도 알리지 않았는데 체중이 36kg가 아니고 이보다 더 떨어졌다고 나중에 고백했다. 암으로 죽기 전에 굶어서 죽을 것 같았다고 했다.

아니 이런 상태가 되도록 참고 있었다니!
아내가 가엾다 못해 화가 나기 시작했다.

몸의 상태가 나쁘면 빨리 이를 극복할 방안을 찾아야 했는데 몸무게가 35kg도 나가지 않도록 참고 있었다는 게 도무지 납득이 가지 않았다.

이 당시 먹지 못해서 체중이 감소되고 더불어 면역력이 급격히 떨어져서 약을 써도 치료가 되기보다는 암이 더 번진 것이다. 넓적다리 살이 단기간에 빠진 탓에 탱탱하던 살이 쿨렁쿨렁하고 주름이 잡히도록 빠졌다. 볼수록 너무도 속상했다. 언제 정상으로 돌아오려나 아득하기만 했다.

이 당시 나는 집에 있었다. 아내는 나를 부르면 방해가 될까 봐 혼자 감당하려 했었다. 9월 중순쯤 어느 날 저녁 아내로부터 갑작스러운 전화가 왔다. 상태가 좋지 않다는 것이다. 집에서 경주까지는 4시간 거리였는데 전화를 받자마자 경주로 내달렸다. 도착하니 자정이 넘었다. 내려와서 상황을 보니 암이 턱까지 번지는 추세여서 보통 심각한 게 아니었다. 불과 며칠 사이에 턱까지 번지는 것을 보고 면역력이라는 게 이렇게 중요한 것이구나 하는 생각이 들었다. 이번에 확실한 경험을 한 것이다.

암은 몸이 건강을 유지하는 평상시에는 매우 천천히 자란다. 때에 따라서는 암이 더 커지지 않고 정지될 수도 있다. 면역력이 충분히 가동될 때에는 말이다. 그러나 어떤 이유로 체력이 떨어지면 (다른 말로 면역력이 떨어지면) 암은 급속히 성장한다. 이렇게 커진 암은 줄이기가 대단히 어렵다. 어떤 경우에도 체력을 떨어뜨려서는 안 된다. 입맛이 없다면 입맛을 살리는 일을 우선하고 입맛 당기는 게 있다면 가리지 말고 먹어야 한다.

자연치유는 정말 쉽지 않다. 암이 자신의 세력을 키우기 위해 호시탐탐 노리고 있기 때문이다. 자연치유로 진행성 암을 일단 정지시키고 다음으로 시나브로 줄어들게 만드는 일은 무척 어렵다.

자연치유를 선호하거나 자연치유가 현대의학보다 좋다고 여기는 사람에게 한마디 해야겠다. 자연치유의 어려운 점들을 들어본다.

첫째 자연치유는 암과 싸움의 한 복판에서 이게 지금 호전되는 것인지 악화되는 것인지 판단이 쉽지 않다. 어떤 때는 명현현상이라고 위안 삼고 또 어떤 때는 악화되었다가 호전되기 때문에 좀 더 기다려 보자고 한다. 무엇이 진실인지 알 수 없다. 암은 무한대의 변수가 있다. 어떤 자연 치료제가 듣는지 안 듣는지 확신이 어렵다. 이런 과정을 거치다가 호전되면 다행이지만 그렇지 않은 경우가 너무 많다. 이것에 운명을 걸기에는 부담이 크다. 치료되는 과정이라고 믿기 어렵다.

둘째는 자연치유는 섭생에 기대어 치료하는 경우가 허다하다. 때때로 자연에서 추출된 약제나 항암에 좋은 보충제를 섭취하기도 한다. 그러나 이런 것으로 눈에 띄는 효과를 기대하기가 쉽지 않다. 그리고 어떤 사람에게는 좋은 약재가 어떤 사람에게는 듣지 않는다. 이것이 치료를 어렵게 한다.

셋째는 자연치유에서는 환자의 통증 억제는 한계가 있기에 이것에만 매달리기가 어렵다. 통증 관리에 한계가 있다.

넷째 자연치유에서 그래도 성공적인 경우가 있는데 어떤 치유를 해서 암이 더이상 자라지 않고 성장이 멈추는 경우이다. 그렇게 암이 더이상 성장하지 않는다면 목숨을 위태롭게 하지 않기 때문에 성공이라 할 수 있다. 암은 있으되 더이상 성장하지 않고 멈춰 있는 것. 이런 상태를 만드는 것도 쉽지 않지만, 어렵게 이런 상황을 만들어도 불안하기는 매한가지다. 암이 현상 유지가 되더라도 순간의 사소한 실수에도 크게 악화될 수 있다. 암은 언제든 자신의 세력을 확장하기 위해 잠복하고 있기 때문이다. 그래서 이러한 상황을 유지하기 위해서는 부단한 노력을 들여야 한다. 조금이라도 방심하면 잠자던 암이 다시 깨어나 세력을 확장하려 들기 때문이다. 그래서 수술이고 방사선이고 하는 것이다.

자연치유만으로 암을 다스릴 수 있다면 그것만큼 좋은 치료가 없겠으나 거기에 모든 것을 걸기에는 아직 자연치유가 표준치료에 비해 더 우수하다는 증거는 없다. 그리고 사람에 따라 치료제의 변수가 너무 많이 작용한다.

마지막으로 표준치료에서는 암은 발병 부위에 따라 암 전문의사가 나뉘어 있다. 그러나 자연치유 의사는 만병통치 의사다. 수많은 암에 대하여 한두 명의 의사가 다 치료하고 있다. 자연치유에서도 각각의 암에 대하여 상태를 파악하고 시의적절하게 대처를 해주기를 기대하는 것은 어렵다. 게다가 암이 일단 성장세를 타고 있으면 자연치유로는 사실상 치유가 어렵다는 것이 결정적 한계이다. 말기 암 환자들은 자연치유에서도 특별한 대책이 없다. 이상이 자연치유의 한계이다.

이 같은 이유로 현대의학이든 자연치유든 어느 한쪽에 올인하면 낭패 보기 십상이다. 이 두 가지 치료를 적절하게 활용하는 것이 현명한 방법일 수밖에 없다. 그래서 통합치료가 답이라는 결론에 이른다.

지나고 보니 우리가 00의원에서 실패한 것은 영양에서 찾을 수 있었다. 영양 실패로 면역기능이 무너지면서 치료가 되지 않았던 것이다. 구강암은 먹는 것이 매우 어려운 암이기에 장기전에서 이기기 쉽지 않다. 단기전으로 승부를 갈라야 한다. 내가 의사였다면 구강암의 경우 장기적으로 요양을 해야 하는 자연치유를 극구 말렸을 것이다.

아내는 이렇게 이자가 나빠져 못 먹고 몸 상태가 부실해졌는데 약이 들을 리 만무했다. 상황이 최악으로 치닫고 나서야 콤비플렉스(정맥으로 맞는 영양제)를 처방해 주었다.

아내가 입소하자마자 잘 먹지 못하고 있는 걸 뻔히 알면서도 아내에게 떠밀려 집으로 온 것도 후회가 된다. 영양 문제는 암 환자에게는 결정적이라서 곁에 붙어서 먹을 수 있도록 환경을 만들어 줘야 했는데 그러지 못한 것이 아쉬운 점이었다.

아내의 평소 심성이 이번에도 고스란히 드러났다. 자신이 다 싸안고 감당하려는 자세가 병중에도 그대로 나타난 것이다. 이런 성향에 대해 나는 질책하고 나무랐다. 이 이후로 나는 아내 곁을 떠나지 않고 모든 행동을 같이하였다. 암이 줄어든 것이 아니라 더 커지다니 속으로 두려움이 밀려왔다. 이제 다른 방법을 찾아야 했다.

O원장과의 마지막 진료상담에서 치료에 휴지기를 가질 것을 권고 받았다. 그동안은 탄수화물도 제한하였고 고기도 많이 제한하였

다. 당분간 가리지 말고 먹으면서 체력을 보충하란다. 그리고 O원장은 급격한 체중감소에 대해 콤비플렉스 외에 아미노산이 주성분인 영양제 링거를 처방했다. 매일 한 병씩 여러 날 맞았다.

다른 치료방법을 문의하자 2주간은 치료를 중단하고 아미노산만 맞으란다. 그러면서 영화배우 차OO씨 동생 차OO씨도 아내와 같은 구강암으로 OO의원에서 한때 요양하기도 했다는데 2013년에 사망하였다며 사인이 암 때문이 아니라 치료하는 과정에서 패혈증이 원인이었다고 했다. 그곳을 벗어나 다른 치료를 하다가 그렇게 되었다는 것이다. 치료가 너무 과해서 신체가 감당하지 못할 정도로 약물을 투여해서 벌어진 일 이라며 치료가 과다하게 되지 않도록 당부하기도 하였다.

OO의원에서의 치료도 완전히 실패했다. 대체의학과 자연치유의 한계가 그대로 드러났다.

치료가 더이상 효과가 없자 우리는 원장의 추천으로 원주 소재의 자연치료사에게 보내졌다. 여기서 우리는 두 주간 모든 치료를 중단하고 수기(手技)에 의한 치료만을 하는 특이한 경험을 하였다.

2.8 전통인술에 의한 치료

전통의술의 박OO치료사는 약을 쓰지 않고 수기와 볼펜 한 자루로 주로 손을 자극하여 통증을 억제하는 재주를 지녔다. 암 환자에게 통증 관리는 아주 중요한 요소이다. 대부분은 진통제로 통증을 완화하고 암이 악화되면 의학용 모르핀을 사용한다. 상황이 더 나빠지면 양을 늘리는 것 외에 통증에 대해 다른 대처방법이 없다.

그런데 치료사는 약을 거의 쓰지 않거나 쓰더라도 아주 적은 양으로 견딜 수 있게 해주었다. 이것만으로도 그의 수기요법은 의미 있는 암 통증 대처법이 될 수 있다. 당시 아내는 통증이 점차 증가하고 있었다. 심을 뺀 볼펜으로 경혈을 자극하고 손으로 소금 뿌리듯 비벼대며 기를 뚫고 자신의 기를 불어넣어 통증을 감소시켰다. 놀라운 일이었다.

이런 탁월한 능력을 가진 이분에게 이 같은 좋은 의술을 자신만 가지고 있을 게 아니라 널리 보급해서 여러 사람들에게 혜택을 줄 것을 주문하였는데, 이 분의 한계는 수기에 의한 통증 완화에 대하여 자신만이 태생적으로 타고난 특별한 능력이라며 다른 방법이 없다고 했다. 일반화시키기는 불가능한 방법이다.

두 주 넘게 이 분과 숙식을 같이 하면서 지냈다. 며칠 안 되는 사이에 급속도로 가까워졌다. 시도 때도 없이 밀려오는 통증에 대해 바로 옆방에 자면서 한밤중에도 즉시즉시 대처해 주었다. 약 없이 통증을 억제시킴으로써 치료에 매우 많이 기여한 것이 틀림없어 보였다.

이 과정에서 그는 자신의 과거 이야기를 들려주었다. 40이 넘어서 직장을 그만두고 중국에 가서 의술 관련 각종 자격을 취득하였다고 한다. 그리고 중국에서 각 분야의 고수들로부터 직접 전수받은 이야기를 무협지 이야기하듯 흥미진진하게 풀어내었다. 그러면서 주류의학에서 접근하지 못하는 의술을 직접 선보이기도 했다. 그중 하나가 볼펜심 기법이고 다른 하나는 부항 요법이다. 부항은 한방에서도 많이 사용하는 방법이다. 부항 요법은 건부항과 사혈 부항이 있는데 특이하게도 이것을 암 환자에 사용했다.

암 환자에 사용할 때 두 가지 용도로 사용한다. 하나는 암을 직접 줄이는 데 사용한다. 모든 암에 사용할 수 있지는 않고 신체 밖에서 제어할 수 있는 부위의 암에 대해 사혈 부항으로 암을 다스린다. 유방암 환자의 경우 암이 상당히 진행된 경우에도 사용해서 효과를 봤다는데 그가 치료한 환자의 사진을 보여주었다. 암이 상당히 진행되어 유방의 겉표면까지 살이 시꺼멓게 죽어 있었는데 유방 주변에 사혈을 해서 정상적인 피부 살로 돌아오는 과정을 사진으로 보여주었다. 앞장에서도 설명했지만 암 조직 주변은 암과 정상세포 간의 전쟁터이다. 그래서 그 주변에는 암세포와 정상세포 간에 전투를 치르고 난 후 시체들이 쌓여있기 마련이다.

그런데 암에 걸린 환자는 몸속의 이 시체들이 잘 치워지질 않는다. 다시 말하면 체액 순환이 그렇게 원활하지 않다는 이야기이다. 사혈 부항은 이런 시체더미들을 인체 밖으로 빼내 주는 역할을 한다. 이같이 인체 내에서 면역세포와 암세포 간에 싸우다 죽은 시체들을 외부에서 사혈로 빼내 주면 그곳에 신선한 피가 채워져 암 주변에 면역세포가 포진하여 유리한 상황이 되는 것이다. 사진으로도 그렇거니와 아내를 통해서도 확인했지만 사혈만으로도 암이 축소되고 새까맣게 죽은 조직이 정상적인 새살로 살아나는 것을 확인할 수 있었다.

그런데 사혈을 한다는 것은 몸 안의 피를 뽑아내야 하는 문제가 있다. 잘 먹고 신체가 건강한 상태에서는 해 볼 수 있는 일이지만 영양 부족에 시달렸던 아내에게는 조금 무리가 따랐다. 그래서 그는 먹는 게 충실해야 자기 치료를 이겨낼 수 있다며 건너편 푸줏간에서 사골을 사다가 들통 가득 끓여 주면서 먹기를 권했다. 먹지 못하면 자신의 치료를 소화할 수 없다며 아주 소탈하게 음식을 만들어 같이 먹었다. 이때 먹는 것이 좀 충족되어 빠진 체중이 좀 늘었고 그나마 여기서 기력을 조금 보충하였다.

그러나 이 방법만으로 암 줄기세포까지 다 제거할 수 있는지는 의문이 든다. 그래도 몸을 극단적인 상태로 만들며 치료하는 표준 치료와 견주어 부작용은 매우 적었다. 이 같은 부항 요법은 매우 제한적이지만 상황에 따라 적절하게 시도한다면 부분적인 효과를 볼 수도 있을 것이다.

부항의 효용성은 이것보다 다음과 같은 것에 더 의미가 있다고 생각한다. 암 등 중환자들은 병이 깊어질수록 운동하는 것이 현실적으로 어려워진다. 체력저하 때문이다. 한번 체력이 저하되면 운동이 어려워지고 운동을 하지 못하면 입맛도 없어지고 먹는 게 원활치 못하게 된다. 점점 더 악순환되어 상황이 나빠지면 병에 굴복하는 결과가 된다.

그런데 건부항은 암 환자 같은 중환자들이 거동하기 어려울 때 근육을 강제로 단련시키고 체액을 순환시켜서 운동한 것과 같은 효과를 내게 한다. 이같은 효과로 입맛을 돌게 하고 체력을 회복시키게 되는 것이다. 이런 작용 때문인지 아내는 먹기도 잘 했고 점차 체력을 회복할 수 있었다. 이 건부항 요법은 활동이 어려운 중환자들에게 꼭 권해보고 싶은 요법이다.

이것은 온몸에 30여개를 붙이는데 붙이고서 20분간 유지한다. 누워서 목 부위부터 종아리까지 몸 전체에 붙이고 이것이 끝나면

엎드려서 등부터 종아리까지 온몸에 붙인다. 하루에 두 차례 했는데 이를 통해 아내는 입맛을 회복하여 고깃국이며 밥이며 먹게 되어 체력을 회복하는 데 큰 도움이 되었다.

필자는 부항 효과를 본 이후에 집에서 요양할 때 아내에게 건부항을 실시했다. 옆에 보이는 저 유리 부항기는 한국에서 생산이 되지 않아 지인의 도움으로 중국에서 50여 개를 수입해서 사용했다. 유리부항기는 제일 큰 사이즈와 그 다음으로 작은 부항기를 이용했다. 솜뭉치에 알코올을 묻혀 불을 붙인 다음

건부항 모습

유리 속에 넣었다 빼면서 재빠르게 살에 갖다 댄다. 그러면 아주 쎈 흡착력으로 달라붙는다. 압력이 무척 세다. 유리구 내에 불을 갖다 대는 순간 산소가 다 타므로 거의 진공상태가 되기 때문이다. 그래서 순식간에 살에 갖다 대지 않으면 살에 달라붙지 않는다. 이렇게 붙여놓고 20여 분이 경과하면 체액이 빠져나오기 시작한다. 마치 살이 불에 데었을 때 물집 잡히는 것처럼 맑고 투명한 체액이 나오다가 혈장과 같은 액체가 빠져나온다. 기력 회복을 위한 건부항은 이 액체가 나오지 않을 때까지만 해야 한다. 20분이 한도다. 피부만 혈흔으로 붉게 물드는 정도에서 그쳐야 한다. 체력소모도 크다.

우리는 여기서 전통의술에 의한 처치 외에도 암 치료를 완전히 중단할 수 없어서 그동안 알게 된 각종 보조제도 활용하였다. 캐나다에서 사온 살베스트롤, 유기 게르마늄, 비타민C 등을 복용하고

미슬토 주사도 맞았다. 통증이 심할 때는 진통제도 약간 복용하였다.

원주에서의 전통의술에 의한 치료는 한시적으로 했다. 거기에 머물면서 체력이 회복되기를 기다리는 과정으로 활용하였다. 이곳에 있으면서 이제는 현대의학에 몸을 맡겨야 할 차례가 되었다. 치료에 적절한 병원을 물색하였다.

2015년 10월 중순경에 원주 대체의학을 끝으로 더는 자연치료를 할 기회를 가지지 못했다. 표준치료가 끝나고 시도해볼 생각이었으나 그런 기회는 다시 오지 않았다.

2.9 현대의학 – 약간의 통합치료 시작하다.

항암과 수술 중 선택을 할 때가 되었다. 그때쯤 나는 구강암에 직접주사로 치료를 했다는 중국 사이트를 발견하였다. 그리고 그곳에 전화까지 했었다. 암 부위에 직접주사로 치료하는 것은 사용하는 약의 양이 적어도 되고 암에 직접 타격을 입힌다는 점에서 치료 효과가 매우 좋다는 답변을 얻었다. 그래서 국내에서 암에 직접주사를 하는 병원을 찾아보게 되었다. 항암제는 일반적으로 정맥을 통해 주사한다. 암은 전신질환이기도 해서 국부 주사로 암 치료하는 곳은 거의 없다. 그런데 국내에서 개발한 할미꽃 추출물인 SB주사는 국부 항암 주사를 한다는 것이다. 이것이다 싶었다. 항암제의 부작용이 최소화될 테니 시도해 볼만 하다고 생각했다.

임상시험의 마지막 단계인 3상 시험까지 하지는 않았어도 치료 효과가 인정되어 간략 승인된 신약이라 했다. 전국 세 군데 치료병원 중 수도권은 00서울병원과 군포00병원에서 시행하고 있었다. 두 병원 다 방문하여 상황을 파악하였다. 그중에서 집에서 가까운 군포00병원을 선택하기로 하였다.

이 병원을 선택하게 된 또 다른 이유는 다른 병원에서는 하지 않는 다른 대체 암 치료가 있었기 때문이다. 예를 들면 동맥 내 항암치료, 복강으로 암이 전이 되었을 때 하는 복강내 온열 항암 치료(HIPEC), 고주파 온열치료, 고압 산소치료 등이 있어서였다.

서울에서 강원도 화천으로, 화천에서 경상북도 경주로, 경주에서 다시 강원도 원주로 옮겨 다녔다. 그런데 이제 원주에서 다시 수도권인 군포의 병원으로 옮겨야 했다. 암 난민이 따로 없었다. 짐을 꾸리고 옮기면서 이제까지 그리 성공적이지 못한 치료였는데 여기에서는 어떤 결과가 나올지 매우 착잡한 심경이었다. 더구나 체중도 많이 빠지고 체력도 떨어져 있지 않은가? 처음부터 방향을 잘 잡았더라면 전국을 떠도는 암 난민 신세는 면할 수 있었을 텐데, 두려움 반 기대 반으로 집 근처 병원으로 옮겼다.

입원하고 SB주사를 담당하는 의사와 상담을 했다. 방사선과 의사를 주선해주고 동맥 내 항암을 권했다. 방사선과 의사는 구강암이 더 진행되면 입을 벌리는 것도 더 어려워진다며 방사선치료를 해야 한다고 했다. 이때에도 방사선치료에 대해 잘 알지 못했다. 방사선치료를 해야 할지 어떨지 판단이 서질 않았다. 우리나라에서 몇 군데 안 하는 동맥 내 항암이라는 것도 이 병원에 와서 자세히 알아보기 시작했다. 그리고 암 진단 초기에 뽑아두었던 혈액으로 면역세포치료를 검토했다. 이런 치료들은 매우 비싼 치료들이었다. 내 주머니에서 모두 나간다면 선뜻 응하기 어려운 치료들이다. 치료비를 보전해주는 실손보험을 들었기에 가능했다.

제일 처음 SB 직접주사를 실시했다. 이는 혈관 조영술과 함께 하는 시술이다. 암 부위에 직접주사로 여러 군데 약물을 주입한다. 그런데 이 시술을 하는 도중 혈압이 떨어져 거의 중단할 정도가 되었다. 아내는 평소에도 혈압이 다소 낮았다. 그래서 더 그랬겠지만 담당의사는 위험하다며 두 번 다시 시술은 어려울 것 같다고 했다. 아내도 이 치료는 다시는 하지 않겠다고 했다. 주사가 들어가는 부위마다 통증이 너무 심하다고 했다. 통증 관리가 제대로 안 된 채 시술을 한 게 혈압을 떨어뜨린 원인이지 않나 생각되었다.

시술 효과가 천천히 나타나기도 하지만 아내의 경우 시술 후 거의 아무런 반응이 없었다. 더 재고할 필요가 없어 한 번 시술로 끝냈다. 직접주사에 의한 암 치료를 기대했었는데 너무 허무하게 끝났다.

이 주사를 포기하자 담당 주치의가 바뀌었다. SB 항암을 전담하는 의사에서 혈액종양내과 의사로 바뀐 것이다. 의사가 바뀌고서 그와 상담을 했다. 여러 가지 이야기가 있었으나 이제까지 우리가 가졌던 생각에 반하는 충격적인 이야기를 들었다.

"암 환자가 먹어야 하는 음식 중에 무엇을 조심해야 하나요?"라는 아내의 질문에 이 선생은 단박에 "우리 몸에는 항상성이라는 게 있다"면서 앞서의 혈당 문제를 거론했다. 정상적인 사람이라면 혈액 내 포도당은 항상 일정 수준을 유지하므로 가릴 음식이 없다고 했다. 탄수화물 섭취를 줄인다 해도 저혈당이 되면 간에 저장된 글리코겐을 분해해서 혈당을 즉시 정상상태로 유지시키기 때문에 아무런 의미가 없다는 것이다.

지금껏 탄수화물(즉 포도당)을 제한해야 된다는 생각을 가졌던 우리에게, 이를 읽어내기라도 한 듯 단숨에 이런 답변을 했다. 치료 초기에 차가원에서 암은 포노낭을 주식으로 성장한다는 말을 듣고 이 말에 사로잡혀 밥, 빵 등 탄수화물을 극단적으로 줄인 것을 아는 듯하였다. 이 이후로 우리는 고기며 밥을 멀리하던 것에서 완전히 자유로워졌다.

SB 주사에 이어서 이뮨셀로 알려진 면역세포치료를 했다. 녹십자에 동결해 놓았던 혈액을 사용했다. 동결된 혈액을 녹여 이를 배양하는데는 2주가 걸린다. 정맥을 통해 이렇게 배양된 면역세포를 주입했다. 신체에 뭔가 반응이 나타나야 하는데 아무런 반응이 없었다. 이에 대한 효과도 기대 이하였다. 면역세포 중 T세포만을 강화하여 주입해서 그런 건지 사람마다 효과가 다른 것인지 전혀 알 길이 없었다. 우리가 주치의로 여겼던 00대 치과 000교수로부터도 "이뮨셀 주사는 영양제 정도 이상으로 암에 치료 효과가 없다"는 말을 들었다. 이러한 점을 종합하여 우리는 이에 대한 기대도 접었다.

이 병원에서 시도하는 치료가 그렇게 효과적이지 않아 당황했지만 혈액종양내과 의사는 표준 항암치료를 하자고 하였다. 여러 차례 경험이 있는 듯하였고 자신이 있어 보였다. 구강암에 쓰이는 표준 항암은 시스플라틴이라는 항암제이다. 이것은 독성이 매우 강한 항암제인데 5-FU라는 항암제와 병용하여 치료한다. 그러나 이 약은 효과가 있으면서도 부작용도 많은 약이다. 이 약 투여에 관하여 결정을 내리지 못한 채 동맥 내 항암을 하자고 하였다.

발병한 해 10월 말쯤 해서 슬픈 소식들이 밀려 왔다. 00의원에서 만났고 용인에서 시의원과 시민활동을 열심히 했던 00씨의 부음이 전해졌다. 이밖에도 차가원에서 함께 투병했던 대부분은 거의 다 사망했다.

이 당시는 00병원에 입원과 퇴원을 되풀이했고 통원치료도 했었다. 이런 과정에서 투병 생활을 함께했던 사람들의 우울한 소식들로 아내는 매우 침울해 있었다. 그럼에도 이러한 사실들이 아내의 투병 의지를 꺾지는 못했다. 근처 동네에 살고 있는 언니네 집에 기거하면서 치료를 이어나갔다.

물론 00병원에서 현대적 치료를 받으면서도 그동안 알게 된 자연치유를 동시에 해 나갔다. 특별히 악화되는 것 같지는 않았다.

그러면서 이제 본격적인 현대의학에 의한 치료에 들어갔다. 00병원에서의 동맥 내 항암은 처음 접하는 치료였다. 아직 표준치료로 정착된 것은 아니었으나 의사들이 권할 정도로 내심 치료 효과가 있을 것이라고 소개했다. 동맥 내 항암은 간암에서의 동맥 색전술 같은 개념의 치료이다. 이것은 일종의 국부 항암으로 사타구니의 동맥에 카테타를 삽입하여 영상 조영술을 통하여 암 근처까지 위치시킨 다음에 약물을 투입한다. 이것은 다음과 같은 특징이 있다.

암 조직은 정상조직보다 매우 빠르게 증식하는 세포이며 이를 위해 스스로 영양을 공급하는 혈관을 만들어내는데 이것이 신생혈관이다. 동맥 내 항암은 간암 치료와는 다르게 암 조직에 대한 치료와 함께 암 신생혈관을 동시에 치료 대상으로 한다. 따라서 약물의 종류와 혼합방식과 주입방식이 간암 색전술과는 다르다고 한다.

즉 암 조직은 혈관을 급속히 만들기 때문에 혈관 자체가 약하고 내피세포 간 간극이 더 넓어 혈관 자극 물질을 직접 주입했을 때 혈관의 허탈(혈관 내강이 유지되지 못하고 좁아져 막혀버리는 것)이 쉽게 발생한다는 사실에 착안하여 신생혈관을 허탈시키는 약제를 사용하여 암으로 가는 영양분을 차단하는 치료법이다.

이것의 장점은 소량의 항암제와 항대사물질을 이용하기 때문에 전신 부작용이 적다는 것이고, 동맥 내로 직접 약물을 주입하기 때문에 종양 내 약물 농도를 효과적으로 높일 수 있다. 그리고 입원 기간도 대단히 짧다.

일본에서 개발되었고 OO병원에서 도입하여 치료하고 있다. 우리가 2015년 10월경 그곳에 갔을 때는 이 치료를 바로 받을 수 있었으나 2017년에는 한 달 이상 대기해야 했다. 그만큼 이 치료에 대한 효과가 알려져 대기시간이 길어진 것이다.

치료 효과는 좋고 부작용이 적어 좋기는 한데 비용이 비싸고 반복 치료할 경우 효과가 줄어드는 단점이 있다. 이 치료만으로 근치에 이르기는 어려운 듯 보였다.

아내는 이 처치를 받았다. 며칠간 약간의 울렁증이 있고 밥맛을 잃었다는 것을 빼고는 큰 부작용은 없었다. 나중에 정식 표준 항암을 할 때와 비교하면 부작용 축에도 끼지 못할 정도였다. 동맥 내 항암과 동시에 세툭시맙이라는 표적항암제도 동시에 맞았다. 세툭시맙은 편평상피세포암에 최적화된 항암제이다. 이 항암제는 독성이 강하지는 않았다. 암을 결정적으로 다스리는 것 같지는 않았으나 효과는 있는 것 같았다. 이것도 건강보험 적용이 안 돼서 비용이 많이 든다는 단점이 있다.

이 두 항암제의 처치가 끝나고 며칠 있다가 고열에 시달리기 시작했다. 39-40도를 오르내리는 고열상태에 빠졌다. 아마도 암이 약물에 반응하여 죽은 시체더미가 혈관으로 쏟아져 들어오면서 몸의 시스템이 이를 처리하느라 반응하면서 나는 열인 것 같았다. 의사들은 암을 치료하면서 두려워하는게 폐렴과 패혈증이다. 몸의 처리 능력을 넘어서 치료가 될 경우 신체가 이를 감당하지 못해서 일어나는 증상이지 싶다.

의사는 즉시 항생제 처방을 하였다. 항생제 처방은 보통 2주간 실시한다. 피를 채취해서 배양하고 검사를 하는데 1주일이 소요된다. 이 기간은 혈액 내에 균의 존재 유무와 상관없이 항생제를 맞아야 하는 게 탐탁지 않았다. 의사는 며칠 전에도 80이 넘으신 노인분이 암이 아니라 폐렴으로 사망했다며 항생제 처방에 대해 실행을 독촉했다. 의사에게 우리는 까다로운 환자로 비칠까 봐 부담스러웠으나 하루 이틀 미루어 보자고 했다. 이에 동의해 주긴 했으나 종국에는 항생제 처방을 받아들였다. 이후로 열이 오를 때마다 자동으로 항생제를 투여했다. 내키지는 않았으나 의사는 큰 피해(사망)보다 작은 피해(항생제 내성)가 더 낫다고 판단하여 기계적으로 이를 적용하였다. 불만이 적지 않았으나 의사의 생각도 틀린 것은 아니어서 수용할 수밖에 없었다.

이 처치로 암이 단번에 30%가량 줄어든 것을 MRI 상으로 확인할 수 있었다. 한 번도 쎈 항암을 한 적이 없었기 때문에 나타난 효과인 것 같았다며 의사도 반가워했다.

동맥 내 항암은 1달을 주기로 MRI로 평가를 해서 계속 치료를 할 것인지 중단할 것인지를 결정한다. 경과가 좋았으므로 계속하기로 하였다. 계속하여 세 번에 걸쳐서 동맥 내 항암을 하였다. 두 번째와 세 번째의 치료에서는 암 사이즈 크기는 약간만 줄어들었다. 남낭 의사는 이 치료는 효용이 다한 것 같다며 수술이든 다른 치료를 해야 한다고 하였다.

2015년 12월 8일 화요일

한 달 넘도록 공책을 펼쳐보지 않았다.
아버지 조끼를 완성하느라
변화무쌍한 얼굴을 마주하느라
아버지 옷을 완성.
돗바늘 마무리 작업이 확실하게 진행되니
그 기쁨이 말로 할 수 없다.
성취감이란 이런 것이다.
만일 옆에서 누가 방법을 가르쳐 주었다면
쉽게 배워서 이렇게 기쁘지는 않으리라.
몸으로 확실히 배우지 못했으리라.

동맥 내 항암과 세툭시맙으로 한 달 반 만에
내 느낌으로 80% 항암이 이루어진 것 같다.
구암아 고맙구나, 고향으로 갈 채비를 해주는 것 같아서
동맥 내 항암의 효과가 큰 것은
그동안 다른 치료를 받지 않아서란다.
내성이 없는 암이라 그렇단다.

두 번째 동맥 내 항암이 끝나고 식욕이 돌아온 것 같았다. 아내가 맛있는 것을 먹으러 가잔다. 이런 때가 없었는데 듣던 중 반가운 소리였다. 그래서 병원 근처에 있는 고깃집을 찾았다. 오랜만에 숯불에 소고기를 구워 먹었다. 처음에는 잘 먹는 것 같았다. 그런데 갈수록 씹기가 힘들다고 한다. 몸에서는 요구하는데 입이 문제였다. 억지로 고기 몇 점을 먹었다. 그런데 그날 자려고 눕는데 턱이 고정되지 않고 움직인단다. 자신은 전혀 턱을 움직이려고 하지 않았는데 턱을 잡고 흔드니 좌우로 흔들린다. 그리고 그다음 날부터는 갑자기 턱에서 통증이 밀려온다고 했다. 도대체 알 수 없는 일이었다.

2015년 12월 14일

운동을 위해 걷다가 입안이 어긋나더니 고착화된 이후 심한 통증이 왔다. 도무지 입을 움직이거나 음식을 넣을 엄두가 나지 못할 만큼 아프다.

잇몸 위아래가 그나마 반쪽일지언정 맞아 주어서 그냥저냥 씹어 먹기도 했건만 이젠 서로 이혼하려는 부부처럼 딴 쪽을 바라보는 것처럼 어긋나 있으니 이제 기본적인 저작기능을 상실하고 만 것이다. 담당 주치의가 보더니 골절이 되었을지 모른단다.

아뿔싸 골절이라니!
자연스레 물었다.
"만일 골절이라면요?"
그러면 원래 암이 없어진 후 하려고 했던 수술을

해야 할 것입니다.
머리가 한순간 새하얘지면서 나도 모르게
신음처럼 한숨 소리가 나왔다.
"수술 안 하려고 여기까지 왔는데 이제 와서 수술이라니 . . .
연거푸 깊은 한탄이 나왔다. 골절에 대한 대처는 수술밖에 없다.

혼자 있는 시간
울었다. 그냥 하염없이 눈물이 흐른다.
멈출 수도 없고 멈춰지지도 않는다.
그런데 신기하게 잠시의 허공 상태가 지나니
다시 세상이 보인다.

턱 뒤쪽 멍울이 점점 커지고 있었다. 병원에 돌아올 무렵 제법 많이 커졌다. 보기에 염려가 컸던 남편의 제안으로 주사기를 사용하여 고름을 빼냈다. 두 번째 구멍이 생겼다. 보이지 않는 바늘구멍이었다. 하지만 구멍인지라 자꾸 그곳에서 고름이 나오니 신경이 쓰였다. 반창고를 작게 오려 붙였다. 구멍이 절로 막히길 기대하며 몇일 지나 반창고를 떼어내는데 구멍에 막혀있던 고름이 말라붙어 반창고와 함께 떼어졌다. 소리 없이 구멍이 커졌다. 첫 구멍보다는 작았지만 제법 커졌다. 걱정이 되고 귀찮음도 커졌다. 양쪽에서 나오는 고름을 받아내느라
　神은 견딜 수 있는 만큼 고통을 주신다니 내가 감당할 만큼 주시겠지.
　남편은 당신이 언제나 괜찮아하니까 신께서도 괜찮으려니 생각하고 계속 구멍을 내시잖아,

그러면 안 되니 무조건 괜찮다고 하지 마.

2015년 12월 15일

어제 갑자기 걷기 운동을 하다가 잇몸이 어긋났다. 턱이 스스로 어긋났다 돌아 왔다를 계속 반복했다. 아파서 움직이기도 힘들다. 왼쪽 입술은 마비되었다. 아래위 잇몸이 부정합 되니 어떤 것도 씹을 수 없다. 물도 마시면 줄줄 흘러 버린다.

그런데 입이 활짝 열리는 놀라운 일이 생겼다. 이런 아이러니라니 하루 이틀 자고 일어나니 움직임이 더 어렵다. 입을 움직이는 것 자체가 괴로움이다. 그래도 아침에 일어나니 입술 마비가 풀렸다. 음식물은 끝까지 씹기가 안 되어 훌훌 마신다.

진통 때문에 3시에 일어났다.
IR코돈(속효성 마약 진통제) 3알을 먹었다.
그저 숨 하나 들락날락하는 공간을 여는 것조차
숨을 멈출 만큼 아픔을 가져왔다.

그런데 참 이상했다.
아침이 아름다웠다.

경주에 있을 때 가장 슬픈 경험을 했었더랬다.
아침 동트는 그때 그 밝음이 큰 창 하나 가득
들어오기 시작하는데,
세상에, 해가 뜬다는 사실이 슬펐다.

또 다른 아픔이 시작된다는 사실이,
또 그 아픔 속에서 온몸을 오그리고 끙끙대야 한다는 사실이
세포 끝까지 아파오는 사실이 나를 괴롭혔다.

그래서 아침이 싫었다.
그 아픔이 싫었다. 발병한 후 처음이었다.
밤새 뱉어내야 하는 누런 고름과 잇몸을 갉아 먹으며
돌아다니는 구암이네 가족의 대이동에서 오는 정말 센 아픔.
남편은 마누라의 아픔을 바라보느라
면역력이 떨어지면서 얼굴 반쪽에 대상포진까지 번졌다.
진물까지 나는 이 얼굴을 바라보아야 하는 안타까움

그런데
그에 못지않은 통증인데 슬프지 않다.
아침이 다시 즐겁다.
골절이 아니라는 진단 때문인 줄 알았다.
그런데 골절과 상관없이 수술받지 않으리라는 믿음을
나 스스로 확인했기에

이미 골절 여부를 떠나 있었으므로
마음이 그리도 편안했는데
수술 고민을 하지 않으리라는 마음이 그리된 것 같다.
움직일 때마다 오는 통증이 괴롭지만
마음은 즐거운 아침이다.

2015년 12월 16일

일 년의 마지막 달도 반이 훌쩍 넘어간다. 인위적으로 정해놓은 마지막 달이라고 하는 금 긋기가 우습기는 하지만, 장사익 노랫말처럼 하늘은 여전히 그 하늘인데 마치 습관처럼 마지막 달, 마지막 날, 시간에 의미를 부여하며 세어본다.

삶은 되돌아보아야 할 특별한 의미가 없어도 왠지 12월은 자꾸 돌아보아야만 할 것 같다.

새벽 4시 30분 모르핀을 맞았다. 침대에서 일어나는데 아픔에 저려서 뒤로 넘어간 배춧잎처럼 몸이 휘청였다. 움직인 입을 벌리는 것 자체가 힘겨운 고통, 모르핀 덕에 입을 움직이기 시작했을 때 침대 아래 비닐봉지 속에 있던 커다란 배가 "나 여기 있노라"고 말하는 소릴 듣는다.

남편에게 말한다. 나 배 갈아서 먹고 싶어.
갑자기 주문, 그러자 즉각적인 응답.

녹즙은 하루도 빠짐없이 만들어주는 면역증강제이다. 전혀 음식을 입에 대지 못하는 날들이 꽤 오래 지속될 때도 그 녹즙 덕에 기초 영양이 제공되어 몸을 그래도 가눌 수 있었다.

어디를 가나 남편이 매일 짜주는 녹즙은 모든 사람의 부러움의 대상이었다. 이렇게 누리는 행복으로 주위 사람들은 경탄스러워하고 부러워하는 눈길을 나는 감각적으로 느꼈다.

2015년 12월 19일 금

내가 보기에도 MRI상 암 상태는 호전되었는데(70% 이상 준 것으로 보인다.) 너무 빨리 호전되어 다른 문제들이 많이 생겼단다.

암에 의해 녹아버린 잇몸들, 그 때문에 얇아진 잇몸과 그 때문에 뼈에 금이 생겼다. 골절이 아니고 금이 갔다. 수술해야 하는데 지금은 안 되고, 한다 하더라도 암 부위를 최소화한 후에 해야 한다고 했다.

대상포진까지 생겼다. 연이어 생기는 이런저런 아픔들. 잠도 앉아서 자야 하는 통증, 입을 다시 봉해버린 통증, 물 한 모금 삼키기에도 온갖 상을 찌푸려야 하는 통증.

2015년 12월 22일 화요일

주말이면 일이 생기는 징크스. 금이 간 것이 아니고 뼈가 부러진 것이다. 3D 영상으로 멋지게 찍힌 내 두개골, 하악골 왼쪽은 처참하게 부러졌다. 잇몸에 가득 차 있던 암세포들이 항암 치료를 하면서 암이 사라지고 얇아진 잇몸을 지탱하던 뼈가 부러진 것이다. 통증은 갈수록 험악해진다. 마약중독자가 되고 있다.

마약은 나를 과거의 한 점, 때로는 공포스럽고 때로는 너무 웃기는 그런 곳에 나를 잡아 놓는다. 자꾸자꾸 나를 '지금'으로부터 멀어지게 한다. 멀어질수록 돌아오는 데 시간이 걸린다. 이게 지금인지 과거인지 헷갈리는 시간들이 늘어난다. 지금 이 순간 나를 볼 수 없을 때 나는 이미 내가 아니다. 지금을 붙잡기 위해서 무엇이 필요할까?

2016년 1월 3일 일요일

잠의 왕국에 입성했다. 골절된 턱뼈의 통증으로 인해 잠 속에 있는 시간이 밖에 있는 시간보다 훨씬 많다. 정말 반짝 정신 차리는 그 순간 어느 때는 위기의식을 느낀다. 잠의 왕국이 너무 편해서 그냥 눈을 뜨고 싶지 않을까 봐. 평화롭고 편안하고 시간이 그냥 정지해있는 무중력 상태 같다.

진통제를 높이면서 잠의 왕국도 위력이 커졌다. 그래서 진통제의 용량을 약간 낮추었다. 마약성 진통제 100mg에서 80mg으로, 이곳으로 오기 전에는 하루 3번 10mg이었는데 무려 10배나 높아졌다. 신경계통은 비몽사몽의 지시로 재정비된 듯하고 내 의지의 영역은 점차 그 속에서 작아지고 있다.

2016년 1. 4. 월요일

부산스러운 소리가 들린다. 남편이 일어나 주변을 정리하고 아침 주스를 만들기 위해 내는 소리이다. 한 눈, 두 눈 멀찍이 떠보고 눈꺼풀의 무게를 재어 본다. 오늘은 반짝 떠진다. 어제 100mg에서 80mg으로 줄인 진통제 탓일까 정신이 평소보다 더 깔끔하다.

지금 또 가끔씩 졸립다. 꾸벅댄다고 할까. 어느 정도 시간이 지나고 보면 내가 졸고 있다.

남편이 수영 갔다 돌아왔다.

2016. 1. 8

도무지 한 번에 제대로 되는 일이 없다.

너무 힘들다. 자꾸 지쳐간다.

00병원에서 방사선과 의사가 수술용 방사선 시술을 못 하겠다 한다. 수술을 염두에 둔 방사선치료는 방사선량을 줄인다고 하는데 100% 다 하면 섬유화가 빠르게 진행되어 수술할 수 없기 때문이란다.

뭔 얘긴지 하여간 머리가 아프고 괴롭다. 울었다. 그냥 눈물이 흘렀다. 남편이 위로해 주었다. 뻔한 내용이지만 진실한 말이 큰 위로가 되었다. 그래, 어떻게 되겠지.

그래! 어떻게든 되겠지. 새로운 상황에서 맞이한 미래의 상황이 궁금해진다.

나 이러다 정말 도사 되는 거 아닌가 몰라 ^ ^

모카번 빵 하나를 다 먹었다. 입맛이 돌아왔다.

2016. 1. 15

우물우물 꿀꺽
죽, 물 종류만 먹다가
이 없으면 잇몸으로 산다더니
시간이 지나니 부러진 턱 골절도 어느 정도 제자리를 잡고,
내 입도 어느 정도 음식 먹는 방법을 터득했나 보다.
딸기도 그냥 우물우물 씹어 먹고,
밥도 그냥 국 말아서 우물우물 꿀꺽.
빵도 집어넣고 우물우물 꿀꺽

2016. 1. 22. 금요일

어제부터 노니 세트를 먹기 시작
한 달에 150만원이라는 돈이 들었지만
다른 것 모두 끊고 이것만 먹자고 결심.
OO언니가 라이펙으로 고치지 못하는 복수를 노니 먹고
좋아졌다는 소릴 보고.

이틀째 아침
요 며칠 입술 건조증으로 밤에 자다 일어날 정도로 갈라졌다.
오늘 아침 건조증이 싹 사라졌다.
노니 때문일까?
혈압이 계속 70대에 머물렀다가 심지어 67까지 떨어졌는데
노니 먹고 나서 95로 올라갔음.
노니 때문일까?
혈압이 올라갔고, 건조증도 없어지고, 턱 구멍도 많이 줄었고,
걷고 운동하는 데 힘이 난다.

2016. 1. 23 일요일 새벽 4시

내 몸은 그럭저럭 좋아진다.
부러진 턱뼈도 나름 자리를 잡아 가고,
덕분에 아주 딱딱한 것이 아니면 대충 우물우물 씹어 먹을 수 있다.
운동도 지장 없고 기운도 좋다.
이대로 암이 없어져 그냥 턱관절 수술만 하게 되면
얼마나 좋을까?

키트루다 80mg 투약한 지 11일
신약, 면역항암제,
특별히 부작용은 없다.
며칠 전 턱 주변이 화끈거리고 격렬하게 부딪치는 현상이 생김.
무언가 작용한다는 면에서 기분 나쁘지는 않았다.
잘 들으면 잘 들어서 좋고, 안 들면 돈이 안 들어서 좋다.

* * * *

아내는 수술을 받을 수밖에 없는 상황이 되었다. 부러진 턱뼈를 달리 치료할 방법은 없었다. 수술을 회피하려고 발버둥 친 상황이 도로아미타불이 되었고 처음보다 더 악화된 채 수술을 받을 수밖에 없게 된 것이다. 아내는 그 상실감으로 너무도 큰 충격에 빠지게 되었다.

어제 수술을 위해 OO대 치과병원 OOO의사를 만났다. 수술만이 유일한 치료였기 때문이다. 우리는 처음 발병을 하고서 이 병원에서 필요한 상황이 되면 수술을 받기로 하였던 터였다. 지금껏 미루어 왔던 수술을 이제는 시행할 시점이 된 것이다. 그간 매달 한 달에 한 번 정도 진료상담을 하면서 상황을 공유하기도 했기에 우리는 이 병원에서 수술받기로 했다.

우리가 수술받으러 갔을 당시 담당 의사는 수술하기에 병변이 너무 크다며 방사선치료 후 암 사이즈를 줄인 후 수술을 하자고 했다. 그러면서 방사선과 동시에 항암 치료를 해야 한다며 관련과 의사들에게 협진을 요청하였다.

　우리는 여기서 기가 막힌 현실에 직면하였다. 대부분의 대학병원은 협진을 요청하면 통상 며칠 내에 진료상담이 이루어진다. 그러나 대한민국 최고의 대학병원인 00병원은 치과병원과 대학병원이 분리되어 있다. 그러한 이유로 전산도 통합되어있지를 않아서 종이에 써준 협진의뢰 요청서를 들고 담당 의사를 찾아갔다. 방사선과는 쉽게 진료가 가능했고 대처도 매우 빠르게 진행했다. 그러나 항암 치료를 하는 종양내과 의사는 일정 잡는 것도 수월치 않았다.

　문전성시!
　그 의사가 상대하는 암 환자들이 차고 넘쳤기 때문이다. 그래서 간호사의 문턱에서 접수조차 쉽지 않았고 사정사정해서 겨우 2주 후에 의사를 만나볼 수 있었다.

　방사선치료를 위해서는 항암 치료를 동시에 해야 효과가 있다. 표준치료로 정해진 치료였다. 항암제는 세포독성항암제인 시스플라틴과 5-FU 항암제가 동시에 사용되거나 편평상피세포암에 표적치료제인 세툭시맙을 맞든지 해야 했다. 군포의 00병원에서는 항암 치료가 다 끝나서 시간을 지체하면 암이 더 커지는 상황이었다. 그런데 대학병원의 협진체제의 불비로 시간을 지체하고 있었다.

　혈액종양내과 의사는 좀 이상한 의사였다. 당시 크게 주목을 받고 있던 '키트루다'라는 면역항암제를 3회 치료받았다는 것을 확인하고서 돈이 얼마가 드느냐는 질문을 하였다. 당시 이 치료는 암 치료의 새로운 패러다임으로 막 치료에 적용되기 시작했던 시점이었다. 치료하는 의사가 새로운 면역항암제 치료 액수나 운운하는 것을 보면서 나는 그 의사의 처신이 이상해 보였다. 너무도 황당한 경험을 한 것이다. 이런 의사에게 목숨을 내놓고 치료해야 하는 현실이 암담하였다. 이런 일로 인해 이 의사에게 항암 치료를 받지 않았다. 방사선치료는 이 병원에서 했고, 항암 치료는 그때 입원해 있던 00병원에서 하였다.

2.10 아내의 방사선치료

00대병원 방사선과 전문의는 상대적으로 젊은 의사였고 개성이 뚜렷해 보였다. 자신감도 넘쳐 보였다. 최초 진료상담시 아내 없이 혼자서 방문하여 방사선치료에 관하여 물어봤을 때 이 의사는 나를 심하게 나무랐다. 군포00병원에서 보낸 소견서에 자연치료를 해왔었다는 내용이 적혀있었기 때문이다. 이때 이 의사로부터 구강암은 수술과 방사선 이외에 근치된 환자가 세계적으로 단 1건도 보고된 적이 없다는 말을 들은 것이다. 그동안 치료를 해오면서 2중, 3중으로 확인하며 치료해왔는데 그렇게 해온 치료가 처음부터 잘못된 접근이었다는 말에 할 말을 잊었다. 이런 무식한 짓을 하고 돌고 돌아 마침내 처음 자리로 온 것이다.

그래도 그 의사는 항암과 같이하는 세기조절 방사선치료인 CCRT 치료는 근치를 목표로 한다는 말에 조금은 위안이 되었다. 30회 치료를 한다고 하였다. 이 치료를 받으며 소회를 적었던 아내의 일기를 덧붙인다.

2016. 1. 29 금요일

00대 방사선과 의사를 만났다.

아침 7시부터 부산을 떨며 일어나 병원에 가서 9시에 만났다.
수술이 먼저냐, 방사선이 먼저냐 고민 중이던 우리에게
방사선과 의사는 한방에 일사천리 해결책을 주었다.
"당장 들어갑시다."
아침 7시에 녹즙을 먹은 탓에 금식 7시간.
있을 곳이 없어 치과병원 한구석에 앉아서 대기.
얼굴 마스크를 제작하고 CT를 찍었다.
매우 따듯하고 큰 플라스틱을 얼굴에 대고
내 얼굴 모양 그대로 본을 떴다.
의사 만난 그날
마스크에 CT까지 찍는 유래 없는 초스피드 진행에
그저 "네" 밖에는 할 말이 없게 만드는 매우 효과적이고
강력한 화술을 가진 제법 젊은 의사
자존심과 카리스마로 무장한 방사선과 의사에게
고마움이 느껴졌다.
병원으로 오는 길
남산터널이 꽉 막혀 하릴없이 앉아 있는 고통까지 감수하고
과천에 와서 둘째를 만나 찜닭을 먹고 병원에 오니 저녁 8시.
옆 병상의 환우들이 얼마나 걱정을 해 주었는지
참 마음이 따뜻해졌다.
다음날 일어날 수 없을 만큼 몸이 힘들었다.

2016. 1. 30 토요일

무거운 몸에 만사가 귀찮았는데

10시 30분경 가족들이 모였다.
참 신기하다.
그냥 누워만 있고 싶었는데
막상 가족들을 만나 이야기하고 안아 보니
몸에서 힘이 난다.
가족이란 최종 종착역이라는 아나운서의 멘트가 생각난다.
가족의 중요성과 소중함이 구암이로 인해 절실함으로 다가왔다.
둘째 반 부모들도 의리 있게 왕창 와서 위로해 주었다.
반갑고 고마운 사람들.

승0와 나00도 왔다. 이쁜 녀석들
아이들이 오면 영혼이 청소되는 기분이다.

2016. 1. 31 일요일

00이 힘내!
한해의 첫 한 달이 훌쩍 지난다.
턱뼈가 부러진 채로 이렇게 살아갈 수 있다니
참, 사람의 몸이란 신비로울 따름이다.
전절제로 위가 없어도 살고 간을 잘라내도 살고,
그런 걸 보면 죽는다는 게 얼마나 심각한 상태에 이르러서
그런지,
우리 몸이 얼마나 치유력이 대단한지
병원에서 정말 생생하게 느낀다.

2016. 2. 3 수요일

방사선 시작
1일 차, 2일 차 다니느라 힘들다.
얼굴에 마스크를 쓰는 느낌은 행성에 붙잡혀
우주 감옥에 수감되는 느낌.
SF영화처럼 때로는 며칠 동면시키는 작업 같기도 하다.
그래 마음을 바꾸자. 우주여행을 하는 거야,
하느님 손 붙잡고 우주 나들이 가는 거야!

3일 차, 몸살이 나서 가지 못함. 설 연휴로 약 1주일 쉬었다.
4일 차, 입이 붓기 시작
5~9일 차 드디어 입 안쪽이 벗겨지기 시작. 입안이 엄청부어
아래 이빨을 누르게 되니 그 부분이 계속 벗겨진다.

이OO교수 : 아주 많이 좋아졌네요.
김 교수 : 좋아지면 안 되죠. 없어져야죠.

10-17일 죽을 맛. 그예 오늘 "사는 게 귀찮다"며 울었다.
입안 고름이 끊이지 않게 차더니 입안이 만신창이 피부까지
벗겨지고 있다. 배는 꼬르륵 전혀 먹을 수 없는 괴로움.
고열에 복통까지. 혀 아래 연결된 곳은 아예 흐물거리며
형체가 없어졌다.
입은 벌리는 것만으로도 고통인데 수시로 가글을 해야 한다.
차오르는 고름 때문에.
이OO교수 (손으로 만져보더니) 아이구, 한 70%는 없어진 것

같은데요. 속으로 암이 없어지기 전에 사람이 죽을 판인데!
방사선 끝나면 한 달 있다가 사진 찍어 관해되었으면 수술을
최대한 연기하고 병소가 있으면 빨리 수술해야 한단다.
아! 앞으로 3주 동안 내가 살아있을 수 있을까?
이 교수 말로는 남편 잘 두어서 살았다는데 ^^!!

2016. 2. 18

방사선이 막바지다.
아래턱 살은 방사선으로 익어서 붉어졌고, 가려워서 긁으니
겉피부가 뜯겨 나와 쓰리다. 턱에 붙여놓은 거즈 테이프를 뜯다가도
피부가 같이 뜯겨 나온다. 마치 X-File의 주인공이 된 것 같다.
의사 말로는 그곳은 화상을 입은 것과 같고
피부에 손상이 있으므로 평생 직사광선을 쬐면 안 된단다.
평생? 썬크림을 바르고 다녀야 하고 조심해야 한다.
피부가 뜯어지는 이 무시무시한 방사선

2016. 3. 4 금 한 밤 중

입안 가득 부어 자꾸 혀에 이가 짓눌리니 아프다. 그렇다고 입을 벌리고 있을 수도 없고, 이렇게 종합적인 고통이 내게 온 이유가 분명히 있을 터, 회복된 후 내 삶은 정말 새 삶이 될 것인가? 세상에는 생각만으로 저절로 되는 일은 없는 법.
'사는 게 귀찮다'며 울었던 아침. 그래도 난 또 옷을 입고 00대 병원에 갔다. 방사선 17회째. 이제 13번밖에 안 남았건만 고통이 나

날이 커지고 있다. 앞으로 13번 어떻게 견디지? 라는 생각만 든다.
요즈음처럼 힘겹고 괴로운 날들이 없었던 것 같다.

방사선이란 얼마나 독한 것인지. 내 얼굴을 통째로 구워버리는 것 같다. 그래도 끝이 있다니 그것만으로도 행복하다고 말할 수 있을까?

고통이여 내게서 무얼 원하는가?

* 우리 엄마는 마약쟁이 *

둘째 아들은 나보다 더 촌스러운 개그를 한다.
남들이 웃어주지 않아도 떠오르는 대로 한다.
턱뼈가 골절되고 통증으로 모르핀을 맞을 때
학교에서 학부모나 교사들이 엄마 어떠냐고 물어보면
"어머니는 현재 우리 집에서 최초의 합법적인 마약하는
사람이 되었습니다. 중독자가 되지 않기를 바랄 뿐이죠."
사람들이 속사정을 알고 나서는 그 말을 듣고 그저 웃고 만다.

동주, 동주, 윤동주.
순수, 절대 순수의 표상, 윤동주
힘겹고 찌들고 지치고 도망치고 싶을 때 부르고 싶은 이름 동주.
시(詩)란 이름으로 우리에게 슬픔, 연민, 사랑을 불러일으키고
이유 없이 눈물을 떨구게 했던 그.

사랑하는 둘째
함께 있는 것만으로도 행복하게 해주는 살찐 동주
게으른, 문제투성이면서, 동주만큼 순수한 청년 아들.

둘째는 그 내면의 무한한 가능성을 아직 믿지 않는 것 같다.
카리스마도, 리더쉽도, 그렇다고 똑 부러지게 말을 잘하거나
행동이 민첩한 것도 아닌, 그저 밋밋한 별 볼 일 없을 것 같은 청년.
그 이면에 숨겨져 있는 보석 같은 예쁜 마음, 착한 심성,
아름다움과 학문에 대한 열정, 예술에 대한 탐구심,
어떤 것이든 파고들어 그 속에서 배움의 바다에서
헤엄칠 줄 아는 주체성 있는 아름다운 청년.

세상 그 누가 뭐라 해도 변하지 않을 심성, 착하고 고운 내 아들.
'소유'보다는 '나눔'을 더 좋아하는 몇 안 되는 평화주의자.
작은 배려에 감사할 줄 아는,
사람을 좋아하는 귀여운 청년.
손가락 발가락 모두 합쳐도 부족한 것보다 좋은 점이 많아
다 셀 수 없는 청년. 너는 그런 아이다.
내 아들이라서가 아니라 너는 우주에서
세상에 빛이되려고 온 별이라 그런 거다.
너를 믿거라.

2016. 3. 5 새벽

잠이 안 온다. 아니 못 온다.
입에 고름이 괴어 있어서. 불편해서...
뭐 이유야 많으련만 자는 것도 귀찮다.
자고 나면 목구멍이 더글거리고 붙어있는 가래 뱉느라
피고름을 뱉어내야 하고, 입술 부르틈으로 입 열기도 힘든데

입을 억지로 악 소리 내며 열어서
고름을 닦아내고 소독해야 한다.
아주 아주 졸리워 그냥 잠에 곯아떨어질 때까지
기다리는 심정이 비참스럽다.
그래도 새벽은 온다.

배는 잔잔한 바람에서만 아니라
높은 파도 속에서도 앞으로 나아간다.
아무리 큰 어려움이 있어도 시간은 앞으로 가고
인생은 나아가고 어려움은 해결되게 되어있다.
겨울지나 반드시 봄 오고
몸살 뒤에 몸이 개운해지듯
그러나 나중에는 자아를 허물고 흐름에 맡겨야 한다.
자아! 이마저 놓을 경지가 된다면 어떤 경지가 될까?

아프리카 속담처럼
"잔잔한 바다는 노련한 뱃사공을 만들지 못한다."
내가 얼마나 노련한 뱃사공이 되려고 그러려나 싶기도 하다.
난 노련한 뱃사공 원치 않는다.
잔잔하면 잔잔한 대로, 거칠면 거친 대로
자연을 읽을 줄 아는 여유로운 뱃사공이 되고 싶을 뿐이다.
이 고통의 시간들이 분명히 나를 성숙시켜줄 것임이
틀림없다는 사실을 믿는다. 그것은 나의 특권이다.
그렇다고 다른 사람보다 우월하다는 망상에는
이르지 않아야겠지.

2016. 3. 6 토

먹고 싶은 거 있으면 말해...
시시때때로 남편이 하는 말.
뱃속이 꼬르륵, 먹고 싶은 게 어디 한두 갠가.
그 어떤 것도 입이 받아들일 준비가 안 되었다는 것이 문제지.
주말에만 영양제를 한두 개 맞기로 한다.
영양제는 아미노산에 비타민 추가.
아미노산이 세포재생 조혈작용을 하니 더 필요할 밖에.

큰오빠에게 줄 조끼를 시작했다.
스위티라는 실인데 한 타래 50g에 14,000원.
실은 모두 14타래 정도 소요.
40% 정도 세일 해도 비싸다. 10만 원 넘는 조끼라면 아주
예쁜 것 많을 텐데, 정성이라는 가치가 그 어떤 상품에 비견될까.
12mm 아주 굵은 바늘을 사용한다. 어디 한번 시도해보자.
시간 빨리 보내는 것도 내겐 중요한 임무.
고마운 오빠에게 예쁘게 떠주어야지.

큰오빠
언제나 어려운 존재였다.
어릴 때 오빠에 대한 기억이 그다지 많지도 않지만
내게 장난치는, 그러나 감히 덤빌 수 없는 존재였다.
무섭기도 했고, 멀었다.
가깝게 대화한 적도, 고민을 이야기해 본 적도 없는 장남이었다.

결혼, 박사, 교수...

어떤 과정을 거쳐서 지금의 오빠가 되었는지는 알지 못하지만 적어도 오빤 양심적 지식인 축에는 들어가 보였다. 자식들에게 지나친 치맛바람 없이 스스로의 힘으로 자신의 길을 가도록 이끌어 주었고, 무엇보다 골프 대신 삽을 든 농군이 된 것이 내가 오빠를 다시 보게 만들었다.

큰 오빠하면 여러 생각들이 꼬리에 꼬리를 문다.

그중 '인정(人情)'이란 말이 오빠에겐 가장 어울리지 않았다. 그러나 아프고 나서부터 오빠가 보여준 모습에 나는 적잖이 감동받는다. 보내오는 문자들과 보여주는 감정선들이 모두 의외다. 보기보다 훨씬 따듯하고 깊은 곳에 인정의 샘을 심고 있었다. 아파하는 모습을 보고 울면서 가는 오빠를 보며.

그래...
우린 가족이었어.
결코 미워할 수 없는 사랑하는 가족이었어.
오빠와 다 큰 어른이 되어 새롭게 가족이 된 느낌이다.
새로 얻은 오래된 가족. 어찌 귀하지 않을 것인가.
그저 이 느낌대로, 가족으로서, 사랑하고 고마운 마음으로
조끼를 뜰밖에.

2016. 3. 8 오전

하늘나라로 가신 리타 선생님께

그리운 리타 선생님
처음 컴퓨터를 접한 제자들에게 연락이 왔을 것 같아
오랜만에 들른 인터넷 공간이 저를 자꾸 부르는 것 같아
들어와 보니 선생님의 우주여행 소식이 있네요.

선생님은 제가 가장 사랑하는 시인
동주의 시를 닮으셨습니다.
절대 순수의 표상인 동주의 시는
성경보다 더 저를 맨 사람으로 보게 해 주고

언제나 편하고 고요하면서도
마음에 돌멩이 하나 던져
나를 돌아보게 하는
천 개의 바람 같은 존재입니다.

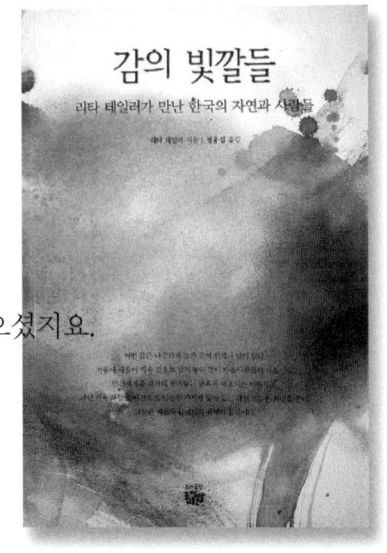

선생님 삶의 여정은
조용하면서도 거침없고
침착하면서도 거침없이 발길 닿으셨지요.

그렇게 맑고 순수하게
그러면서 찬 우물 바닥만큼
깊이 있게 사셨으니

아마 은하수 안에서
멋진 춤을 추고 계시겠지요?
저는 요즘
아주 많은 죽음을 매일 경험하고 있습니다.
시작은 정해져 있으나
끝은 정해지지 않은
그 길을 맞이하는 모습도
참, 가지각색입니다.

하지만
선생님처럼
자신이 가진 모든 힘을
다 쏟아내고 평화롭게 가는 사람은
흔치 않습니다.

죽음은 또 다른 삶의 고리일 뿐이라 생각하며
선생님 생각으로 고요히 명상합니다.

그런데 왜
눈에서는 눈물이 흐르는지 알 길 없습니다.
제게 이 눈물은
부러움과 그리움을 다 끌어안고 있어 보이지만
바람과 구름과 별과 시 속에
선생님은 영원히 살아계심을 믿습니다.

선생님 그동안 애 많이 쓰셨습니다.

그곳에서 평화의 춤
원 없이 추시기 바랍니다.
사랑합니다.

     *   *   *   *

리타 선생님은 한때 영남대학교에서 녹색평론의 김종철 선생님과 같이 젊은이들을 가르쳤었다. 리타 선생님은 발도르프 교육에 대한 애정이 남달라서 한때 청계 자유 발도르프학교에서도 영어 선생님으로 아이들을 가르쳤었다.
그러다 이 선생님도 암으로 운명을 달리하셨다.
국내에 출판물도 있다.

2016. 3. 10 화

키트루다 맞다, 오후에

2016. 3. 11 수

약을 먹어도 거의 일주일째 대변 못 봄.
턱 아래 구멍에서 피가 나옴.
키트루다 때문일까?

근육의 양은 면역의 양과 비례한다.
먹지 못해 힘들고 힘도 없는데 남편은 마구잡이로 나를
끌어내어 걷기를 시킨다. 허벅지 근육을 강화시킨다는 것은 면역력을 강화시킨다는 것과 동급이다.
근육이 많을수록 탄수화물을 암세포에게 빼앗기지 않을 수 있고
그만큼 나는 에너지가 생기고 그만큼 움직일 수 있으니, 더 먹을 수
있고 그만큼 면역력은 더 높아지는 것이다. 끊임없이 움직여라.
계속 걸어라. 앉았다 일어났다를 하여라. 면역력이 오를 것이다.

오늘로 방사선 22회째.
이제 8회 남았다. . . .
아픔과 불편함이 일상이 되어가듯 굶주림도 일상이 되어가고 있다.
잇몸에 조그마하게 잡힌 허옇게 생긴 물집이 온 입안에
생겼으니, 아무리 가글 해도 금세 고름인지 콧물인지
가래인지 꽉 차버린다.
아랫니 앞쪽 잇몸 사이에 이를 닦아도, 물로 된 것만 먹는데도
자꾸 허옇게 무언가 낀다. 면봉을 사용해 세척해 보니 그 허연 것
자체가 잇몸이다. 잇몸도 그렇게 짓물러버린 것이다.

2016. 4. 2

방사선을 끝낸 지 1주일이 지났다.
그래도 밥은 여전히 못 먹고, 아프고,
식감은 커녕 맛도 못 느끼고 있다.
입안에 허옇게 고름 같은 덩어리가 돼지비계처럼 두텁게
내려앉아 있다.
혀 왼쪽과 입 벽은 마치 단열벽처럼 견고하게 있다. 그러던 것이
조금씩 벽이 엷어지고 있다. 통증도 덩달아 가시려니 기대했다.

그런데 혀 입술 포함 전체 내부에 곰팡이 낀 듯한 허연 것들이
포진하기 시작하더니 뭘 먹어도 똑같은 맛이 나오게 만들고,
뭘 먹어도 맛이 없게 만들고,
뭘 먹어도 다시 먹고 싶지 않게 만들고 있나.

입안 저쪽은 천장과 혀뿌리 쪽에 피부에 큰 구멍이 생긴듯한
부분이 무엇이든 거치기만 하면 아리고 쓰리게 만든다.
물조차도. 참 먹기 힘들다. 먹어야 하는데
영양제를 계속 맞았더니 부종이 생겨 아침이 되니
헐크가 되어버린다. 몸무게가 하루에 1-2kg 늘어버린다.
영양제를 끊었으니 더 많이 먹어서 보충해야 하는데 먹기는 힘들고.
면역력이 떨어질까 걱정이다.
퇴원해야 하는데, 기를 쓰고 움직여야 별수 있나.
나를 다시 다독거려야지!!!
온몸이 간지럽다. 목 주위를 긁으니 약해진 피부에
그냥 상처가 나버려 긁기도 무섭다.

2016. 4. 14

　입안은 조금 나아진다. 허옇게 층을 이루던 고름이 엷어지더니 거의 사라져간다. 입안에 자라던 온갖 궤양들도 가짓수가 줄어들고 있다. 단지 목구멍이 붓는 정도가 가셔지질 않는다. 한 번에 무엇인가 삼키질 못한다. 여전히 입안이 꽉 차 있어 힘들다.
　입 벌리기도 여전히 힘들고 미감이 아직 돌아오지 않고 있으나 조금씩 개선되리라 생각은 든다.

2016. 5. 9 월

몸무게가 다시 36kg대로 내려갔다. 많이 나아졌다고 생각 드는 데도 입안은 사정없이 궤양으로 아프다. 진통제는 더 세게 들어간다. 짜증날 때가 많은 아침이다. 입 벌리기가 힘들고 지친다. 그냥 먹지 않고 말도 없이 입 다물고 그대로 있었으면 좋겠다. 힘들다 보니 몸은 게을러지고, 풍욕도 건너뛰고 산책도 자주 건너고, 자꾸 자고 또 자고, 계속 잠의 삼매경에 빠져든다. 기운을 내야 한다. 학부모님들은 나를 위해 새벽기도에, 108배에, 가족이라도 쉽지 않은 일들을 해 주시는데 정작 나는 게을러지고 있으니 송구스럽기도 하고 많이 부담스럽다.

부항 하다가 허벅지와 배에 발포가 되었다. 그냥 잠이 들어 30분이 넘었던 것 같다. 얼른 떼어놓고 보니 흉측하게 살들이 뽀록 뽀록 부풀어 올랐다. 불편하긴 했으나 아프진 않았다. 2주가 지나니 딱지가 지고 저절로 떨어졌다.

* 청계사는 청계 자유 발도르프학교로부터 불과 3km 정도 떨어져 있다. 학부모들이 이즈음 청계산에 있는 청계사에서 아침 일찍 모여 108배를 드리며 아내의 쾌유를 기원하고 있었다. 학부모들의 절실한 기원이었다. 어디에서도 찾아보기 힘든 학교 구성원들의 노력이 절절히 아내에게 전달되었다.

4월 26일

방사선과 교수를 만났다. 5월 말에 점검,

6월 말에 다시 한번 사진 찍고 상태를 보자고 한다.
그래서 수술은 또 언제가 될지 모르게 되었다.

2016. 5. 16

입속 궤양이 너무 오래 간다.
아픔이 지속되니 일상이 귀찮고 피곤해진다.
턱이 너무나 저려온다.
계속 붓고 이 느낌의 아픔이 참으로 지겨워진다.
만일 이 상태로 계속 살아야 한다면 나는 어쩔 것인가?
그런 생각은 말자
그나마 입속 상처들이 조금씩 나아지고
작은 김밥 말이도 제법 먹기 시작했다.
밥맛! 식욕이 찾아왔고 배변 활동도 원활하다.

2016. 5. 24

오랫동안 턱밑 구멍이 막혀있었는데
첫 번째 구멍에서 조금씩 고름이 나온다.
그 냄새가 너무 지독해서 괴롭다.
양은 적은데 냄새만이 아니라, 나온다는 것 자체가 부담스럽다.
왜 여태 안 나오다가 나오는 걸까?
좋은 증상일까? 구암이 발호한다는 뜻일까?
남편은 계속 긴장하면서 주시한다. 물론 분석하면서.
턱이 많이 저린다. 움직이기만 하면 저린다.
오늘은 몸 움직이기가 싫었다.

아주 급작스럽게 첫째가 왔다.
큰애는 힘이 생기고 밝아졌다. 제발 그 힘이 긍정적 기운으로
작용하길, 자신을 강건하게 세울 수 있기를,

아들아 사랑한다.
네 꿈을 찾거라.
혹시 잊었다면 다시 기억하고,
혹시 버렸다면 다시 끄집어내고,
혹시 없었다면 다시 찾거라.
꿈이 없는 순간 우리는 늙은이란다.

이 이후에 일기는 한동안 중지되었다.
2016. 7. 20에 수술을 받았기 때문이다.

2.11 마침내 수술

    수술을 둘러싸고 우리에게 벌어졌던 일들을 생각하면 지금도 감정을 억누르기가 힘들다. 방사선치료가 끝나고 수술을 받아야 했는데, 수술 시기를 둘러싸고 적기에 치료를 받지 못해 사달이 벌어졌기 때문이다. 종국에는 수술 시기를 놓치기도 했고, 수술로 암을 다 제거하질 못해서 아내가 잘못되었다는 생각을 깊이 가지게 되었다. 이를 좀 더 상세히 설명해야겠다.
    수술 의사는 방사선으로 암 병변을 줄여서 하는 수술 치료방침을 정하였고 우리는 이에 따랐다. 따라서 수술은 당연한 수순으로 생각하고 있었다. 암을 진단받은 초기에는 암 부위가 크지 않아 방

사선치료만으로도 근치가 될 가능성이 높았으나, 자연치유 실패로 암이 매우 많이 진행된 상태에서는 방사선과 수술을 동시에 할 수 밖에 없게 되었다. 초기 방사선치료와는 다르게 방사선 이후 수술을 언제 할 것인가 하는 문제는 중요하게 다가왔다.

일반적으로 고용량 방사선치료는 통상 그 약효가 3개월까지 간다고 한다. 그 이후 암이 완전관해 되었다면 수술은 부차적인 치료방법이다. 그러나 완전관해되지 않았다면 살아있는 암세포는 독성이 더 강해져서 수술을 바로 해야 한다. 이 경우 수술날짜를 잡는 것은 대단히 중요한 문제이다. 수술 시기를 둘러싸고 우리에게 벌어졌던 일을 복기해 본다.

우리는 초기부터 여태껏 진료상담을 받아왔던 OO대 치과병원 이 OO교수한테 수술받기로 하고 방사선 종료일인 2016년 3월 22일 이후 한 달 간격으로 외래진료를 받았다. 6월 7일 외래 진료시에는 수술날짜를 잡아야 했다. 3월 22일부터 3개월이면 6월 22일인데 6월 7일 정도에는 수술계획이 세워져야 했기 때문이다. 보통 대학병원은 수술날짜를 잡는 게 쉽지 않다. 마침 이때는 방학이 가까워지고 있어서 환자가 늘어나는 시점이었다. 더구나 명의로 알려진 OOO교수에게 수술받기 위해서는 한 달 이상 걸리기 때문이었다. 사정이 이러한데도 6월 7일에 수술날짜를 잡아주지 않았다.

수술날짜를 잡아야 하지 않느냐는 우리 요구에 이 교수는 영상자료상에 암과 염증이 잘 구분이 안 되고 방사선 기운이 몸에 남아있어서 시간이 더 필요하다는 이유를 들면서 수술계획을 세우지 않았다. 그러면서 6월 7일 진료시 한 달 후 외래진료를 오라고 했다. 외래 진료가 한 달 후면 수술은 그로부터 한 달 후인데 턱의 악화상황을 고려하면 이를 수용할 수 없었다. 본인이 느끼는 몸에서의 부정적인 신호들로 인해 수술을 더는 미룰 수 없었다.

악성으로 변한 암세포들은 지난 1년 2개월간의 암 성장 속도보다 한 달 사이에 성장 속도가 이루 말로 표현할 수 없을 정도로 빨라졌다. 6월 말에 턱의 누공 진행 정도를 사진으로도 찍어 놓았다. 이 교수가 수술에 반응을 보이지 않자 우리는 수술을 위해 다른 병원으로 갈 수밖에 없었다. 암이 하루가 다르게 커지고 있었기 때문이다.

이 같은 이유로 이비인후과 구강암 수술로 유명한 삼성서울병원 OO교수를 2016년 6월 22일 찾았다. OO대 치과병원에서 장기간에 걸쳐 진료받았음에도 방사선 종료 후 수술을 적시에 진행하지 않음을 호소하고 의견을 청취했다. OO교수는 이날 진료시에 즉각 수술해야 한다고 진단하였다.

6월 28일 두 번째 외래진료시 삼성서울병원에서 수술을 받고 싶다고 했다. 이날 바로 수술을 위한 각종 검사를 받았다. 그리고 수술날짜를 한 달 후인 7월 28일로 잡았다.

우리는 다시 7월 4일 삼성병원에서 외래 상담을 받았다. 수술날짜를 당겨달라는 호소를 하기 위해서이다. 아내의 좌측 하악골 누공은 예전과 달리 너무나 빠른 속도로 커갔기 때문이다. 이를 보고 삼성병원 OO교수는 7월 28일까지 수술을 늦추는 것은 위험하므로 최대한 앞당길 필요가 있다며 다른 병원을 추천했다. 자신은 수술 일정이 꽉 차 있어서 앞당길 수 없다는 것이다. 암 제거 후 복원을 위한 미세혈관 수술은 난이도가 높아 병원 잡기도 어려울 것이라며 아산병원은 그래도 의사가 많으니 그곳을 알아보라는 것이었다.

이 같은 조치 속에서도 그동안 진료상담을 받아오던 치과병원의 이 교수에게도 미련이 남았다. 나는 오전에는 삼성병원에서 진료를 받았고 7월 4일 같은 날에도 00치과병원에서 진료상담도 했었다. 아내의 누공 진행 상황을 보여주고 빠르게 수술날짜를 잡아달라고 간청했음에도 반응이 없었다. 지금 와서 생각해 봐도 000교수가 왜 그렇게 수술을 늦추었는지 이해가 안 된다. 그렇다고 우리가 납득할 수 있는 설명이 뒤따른 것도 아니었다.

우리는 하루라도 빨리 수술을 받아야 했다. 아산병원은 다행히도 7월 20일로 수술날짜를 잡아줬다. 삼성병원보다 불과 8일 앞당기는 결과였지만 그 당시는 이것이 얼마나 고마운지 몰랐다.

그래도 그간 00대 치과병원에서 진료를 장기간 받아오던 터라 수술을 그곳에서 하는 것이 좋을 것이라는 생각에 마지막으로 7월 13일에 000교수를 찾아갔다. 이때 이 교수는 아내를 치과 체어에 앉혀놓고 입술 아래턱을 만졌다. 그러면서 최근 6월 29일에 찍은 CT에서는 안 보였는데 입술 아래턱으로 암이 진행되고 있다며 촉진으로 설명하며 내게 만져보라고까지 하였다. 뽈록뽈록하게 직경 수mm 안팎의 돌기들이 여러 개 만져졌다. 그러고 나서야 그는 수술날짜를 잡았다. 그러나 수술은 7월 25일밖에 안 된다는 것이다. 아산병원과는 5일 차이가 났다. 보통의 경우 수술날짜가 5일 나는 것은 별것 아닐 수 있다. 그러나 아내 턱의 누공은 하루가 다르게 커갔고 그 고통으로 인해 모르핀을 서너 시간 간격으로 20-30mg씩 맞는 상황이었다. 이렇게 아내에게는 하루하루가 지옥 같고 긴 시간이었다. 닷새가 평소의 닷새가 아니었다. 그간의 경과를 잘 아는 치과병원 000교수에게 수술받고 싶었는데 암이 빠르게 진행하고 있어서 고민이 매우 깊어졌다.

그러나 아내는 지금과 같은 통증을 5일씩이나 견디는 것이 너무 힘들며 누공이 얼마나 더 커질지 모르는 불안 때문에 수술이 5일 빠른 아산병원에서 받자고 했다. 썩 내키는 것은 아니었지만 환자의 의견에 따를 수밖에 없었다.

수술받기로 한 2016년 7월 20일 하루 전날은 아산병원에 입원하기로 한 날이었다. 제주에 가 있던 큰아들이 달려왔다. 아내를 옆자리에, 두 아들은 뒷좌석에 태운 채 집이 있는 의왕에서 병원까지 외곽순환도로를 달렸다. 무거운 분위기가 감돌았다. 큰아이가 분위기를 누그러뜨리려고 노래를 부른다. 전인권의 노래 "걱정말아요 그대"를 차 속에서 목청껏 불러댄다. 엄마를 위로하려는 듯, 자신의 걱정을 덜어내려는 듯. 아들의 마음이 가슴에 와 닿으며 목이 꺽꺽 막히고 눈물이 한없이 흘러내렸다. 흐르는 눈물을 아내에게 보이지 않으려고 고개를 외면한 채 가까스로 운전했다. 이제 앞으로의 운명이 어찌 될런지, 또다시 행운의 여신에 아내를 맡겨야 하는 우리 가족의 처지가 처연했다. 모두의 절실함이 아들의 노래가 되어 터져 나왔던 것이다.

아내의 수술은 두 과의 의사들 손을 거쳐야 했다. 암 제거를 목적으로 하는 이비인후과 수술에 이어 복원 수술을 해야 하는 성형외과 수술이다. 12시간이나 걸리는 대수술인 데다 두 과의 의사 손을 빌려야 했기에 절차도 두 번을 거쳐야 했다. 대학병원의 암 병동은 눈코 뜰 새 없이 바빴다. 수술 중 죽을지도 모른다는 서약서에 동의했다. 수술이 끝나더라도 복원수술 부위의 혈관이 터질 경우 조직이 괴사되어 사망할 수 있으므로 수술 직후는 몸을 움직여서는 안 된다는 등 주의사항이 이어졌다. 종아리 뒷부분의 살과 뼈를 이식해야 했기에 다리 쪽 수술 부위를 펜으로 표시하였다. 수술 준비는 밤 11시가 다 되어서야 끝났다. 비장감이 감돌았다.

수술 전날은 수술 준비로 이렇게 수련의들과 씨름을 벌였다. 이런 가운데 나는 일주일 전 치과병원에서 OOO교수가 촉진으로 만져보게 했던 턱부위 상태, 그리고 6월 29일 찍은 CT에서는 보이지 않았지만 아래턱에 암이 성장하고 있다는 사실도 그들에게 알려 수술에 참고하도록 부탁하였다. 너무도 바쁘게 돌아가는 병원에서 이런 부탁이 어떻게 받아들여질지 의구심이 들기도 했다. 수술 의사에게 직접 전달하고 이에 관해 확인받고 싶었는데, 수련의에게만 전달했던 게 못내 아쉬웠다.

밤새 뒤척이던 아내는 아침 일찍 잠도 제대로 못 잤는지 부스스한 얼굴로 수술방으로 들어갔다. 그간의 과정을 돌이켜볼 때 수술을 회피하려고 했던 지난 1년 3개월에 걸친 노력이 파노라마처럼 펼쳐졌다. 그런데 이제 다시 처음의 자리로 돌아온 것이다.

표준치료를 벗어난 치료를 그 누구보다도 열심히 했건만 모든 노력이 수포로 돌아 갔고 이제 어쩔 수 없이 원점으로 돌아온 이 상황이 매우 참담하였다. 나에게도 한없는 회한이 밀려왔다.

수술이 끝날 때까지 12시간이라는 긴 시간 동안 처가 식구들과 가까운 친구들로부터 지지와 격려의 문자 메시지가 있었지만 무거운 마음은 돌덩이 같았다. 두 아이도 같은 심정이었을 것이다.

 수술 시작 후 아홉시간쯤 지나서 수술을 집도한 이비인후과 의사가 입원실로 올라왔다. 수술은 잘 끝났다고 하면서 암을 깨끗이 제거했다고 했다. 그동안 끈질기게 몸에 달라붙어 떨어지지 않고 있던 암들을 깨끗이 제거했다고 하니, 안도가 되면서도 일말의 걱정이 사라지지는 않았다. 나머지는 성형외과 의사가 다리뼈와 살을 떼어서 암을 제거한 부위에 복원하는 수술을 한다고 했다. 암이 제거되면 얼마나 다행인가, 얼굴이 좀 보기 흉해지고 저작기능이 좀 떨어져도 어떤가 하는 생각으로 마음을 추스르고 있었다.

 밤 9시가 좀 넘어서야 수술이 끝났다. 회복실로 올라와 중환자실에서 안정을 취해야 하는 상황이었으나 중환자실이 만실이었다. 이로 인해 입원실에 딸린 방으로 안내되었다. 안정을 취하기 위해서는 중환자실이 적당한데 환자가 차고 넘친다는 것이다. 대형병원의 눈코 뜰 새 없이 돌아가는 시스템이 한편으로는 놀랍기도 하고, 수많은 환자를 치러내야 하는 의료진이 실수 없이 처리할지에 대한 의구심을 떨쳐낼 수 없었다.

 병실로 돌아온 아내의 얼굴은 흉측하기 그지없었다. 왼쪽 아래턱 살이 모두 잘려나가고 다리에서 떼어낸 살이 그 부분을 채워 넣고 있었다. 나중에 다 아물었을 때는 덧붙여 있는 종아리 살이 매끈한 모습이었으나 수술 직후의 모습은 마치 가죽과 가죽을 구두처럼 실로 꿰매어 붙여 놓은 것 같았다. 살과 이어붙인 살은 다른 종류의 살처럼 꿰매어진 실에 의해 간신히 붙어있는 모습이 황당하기도 하고 저게 과연 제대로 붙을까 하는 의심도 들었다. 얼굴도 평소의 모습과는 다르게 턱이며 얼굴 전체가 한배 반 정도 커진 것처럼 부어버렸다. 마치 헐크가 된 것처럼.

그러면서 몸은 꼼짝 말고 뒤척이지 말아야 한다고 했다. 자세의 불안정으로 수술한 혈관이 끊어지면 살이 괴사되어 위험에 처하기 때문이다. 나중에 아내에게 들은 바로는 사흘 동안 몸도 제대로 뒤척이지 못하면서 헛것이 보이기까지 했다고 한다. 참으로 처절한 사투의 과정이었다.

수술이 끝나고 한 달 뒤에 수술을 한 번 더 해야 했다. 두 번째 수술을 위해서 병원에 입원했을 때 우리는 이상한 경험을 하였다. 사실 퇴원이 불필요한 하루만의 재입원이었다. 이해가 되지 않는 정책이었다. 퇴원하고 하루 만에 재입원하게 된 것은 진료 과가 달라서란다. 그런데 재입원하려는데 병실이 없단다. 1인실조차도 없었다. 그러면서 제시된 게 하루 입원비가 80만원 하는 초호화 병실이었다. 수술날짜는 정해졌고 입원실은 이것밖에 없으니 어쩌랴! 울며 겨자먹기식이다.

수술날짜가 뒤로 밀리지 않도록 하기 위해 어쩔 수 없이 80만 원짜리 병동에 입원하였다. 병실이 주는 편안함과 담당 환자가 몇 명 안되어서 특화된 서비스를 받을 수 있는 그런 병동이었다. 부자라면 매우 좋아 할 것 같은데 우리에게는 부담스러웠다. 그래도 며칠 밤의 호사는 누릴 수 있었다.

두 번째 수술받게 된 것은 첫 번째 수술이 완전치 못했기 때문이다. 목과 턱밑의 피부가 괴사되었던 것이다. 수술 집도의는 수술때 열어놓았던 피부가 혈액순환이 잘 되지 않아서 검게 변해 괴사되었다고 했다. 수술시간이 길어져서 생긴 일이라는 것이다.

이것을 설명하면 이렇다. 두 번째 수술은 암 조직을 완전제거시킨 1차 수술이었음을 전제로 한 단순한 성형수술이었다. 따라서 우리는 매우 가벼운 마음이었다. 그러나 수술 후 하루 이틀 지나면서 이상증세가 보이기 시작했다. 수술하지 않았던 오른쪽 턱까지도 너무 아파했던 것이다.

이런 증상은 아내가 첫 번째 수술을 하고서 회복하는 과정에서 수차례 통증을 호소했던 곳이기도 했다. 그리고 이곳은 첫 번째 수술 전 00대 치과병원 의사가 CT상에서는 안보였지만, 암이 만져진다며 촉진으로 내게 가르쳐 주던 곳이기도 했다. 헌데 수술 직후 보니 수술 부위와 근접한 그곳은 수술이 되어있질 않았었다. 나는 그곳을 매우 의심스러워했었다. 그런 그곳을 아내는 두 번째 수술 후 너무 아파했던 것이다.

아내는 아침 회진 시간에 성형외과 의사에게 그곳에 대한 통증을 알렸다. 그러자 그는 장갑을 끼고서 입속에 손을 넣어 이곳저곳을 만져보았다. 놀란 표정으로 CT를 다시 찍자고 하였다.

CT를 찍고서 우리는 수술 집도의와 같이 컴퓨터 화면을 통해 그곳을 보았다. 이때 그는 CT상으로 볼 때 암 조직은 통상 정상 조직과의 경계가 뚜렷한데 경계가 모호하다며 암일 리 없다고 하였다. 일단 안심이 되었으므로 나로선 암이 더 번지질 않기만을 간절히 기도했다.

그러나 그다음 날 CT 판독 의사들은 암 소견이 있다며 조직검사를 하자고 하였다. 확진을 위한 것이다. 조직검사 후에 성형외과 의사가 심각한 표정으로 찾아와 나를 복도로 불러내었다. 이런 일은 흔치 않은 일이라며 오른쪽 뺨의 조직검사 결과 암이라는 것이다. 첫 번째 암 제거수술 후 겨우 한 달 만에 다른 쪽 뺨으로 옮아가 버린 암! 청천벽력이었다.

첫 번째 수술에서 암이 다 제거되지 않았던 것이다. 이렇게 다 제거되지 않은 곳을 성형외과 의사가 두 번째로 수술을 하자, 남은 암들이 자극을 받아서 급속히 아래턱에서 오른쪽 뺨으로 번져버린 것이다.

이비인후과 수술 집도의는 재수술하자고 하였다. 그러나 다음날 찾아온 그 의사는 불과 며칠만인데도 수술이 불가할 정도로 번졌다며 수술 불가 판정을 내렸다. 암을 다 들어내지 못하고 암 조직을 어설프게 건드려서 불과 며칠 사이에 암이 급속히 커져 버린 것이다.

나는 첫 번째 수술을 하고서 의심의 눈으로 지켜보고 있었다. CT상에서는 안나타났지만 수술 직전에 내게 만져보라고 했던 아래턱까지 번진 암이 걱정되었기 때문이다. 아내는 이것이 우려되어 몇 번이고 의사에게 통증을 호소하고 대처를 요구했었다. 그랬던 것이 마침내 사달이 나게 되어버린 것이다. 비운의 암 환자였다.

아산병원 측에서 다학제 상담을 주선해주었지만 이미 뻔한 내용만을 이야기할 수밖에 없었다. 구강암에 표준항암제인 시스플라틴과 5-FU에 대한 치료 처방이 마지막 남은 치료라는 것을 앵무새처럼 이야기하였다. 피하려고 했던 최악의 상황이 마침내 도래하고 말았다.

　상담을 끝내고 돌아오는 길에 운전대를 잡고 아내와 함께 나는 펑펑 울고 말았다. 그리고 일본에서 시행된다는 면역세포치료를 한 번 해 보자고 하였다. 돈 걱정이 되었던 아내는 거부하는 듯한 의사를 밝히다가 강력한 내 주장에 더는 부정 못 하고 응낙해주었다.

　아내는 형제들에게 문자로 자신의 심경을 전했다. "자신은 시지프스 같다고, 힘겹게 돌을 굴려서 언덕 위로 올려보내면 굴러떨어지고 다시 굴려서 올려보내어도 또다시 굴러떨어지는 시지프스 같다고" 점점 힘이 빠져나가는 듯 자신의 처지를 이렇게 묘사하였다.

　수술을 담당했던 아산병원 이비인후과 의사는 암이 줄어들어 수술할 수 있는 범위 내로 들어오면 재수술을 하자고 하였다. 그러면서 그렇게 꺼려했던 항암제 치료에 들어갔다. 3주 단위로 6차례가 표준인 시스플라틴과 5-FU에 더해 편평상피세포암 표적치료제인 세툭시맙을 동시에 맞았다.

　치료가 시작되면서 면역세포치료를 받기 위해 혈액을 채취하러 일본에 갔다 오기도 하였다.

2016. 12. 3

　12월이다. 글을 쓴지 반년이 지나가 버렸다. 너무 많은 일들이 있었고, 그중 적지 않은 일들을 그냥 흘려버렸다. 그냥 집중이 안 되기도 했고 안되는 척하기도 했다. 아팠고 아픈 것을 핑계 삼기도 했고, 우울하기도 했다. 우울 속으로, 점점 더 나만의 세계로 들어가고 싶기도 했다. 언제 다시 이런 시간이 있으려나, 언제 다시 이렇게 망가져 볼일 있으려나 호기심도 생겼다.

합법적으로… 누구도 뭐라 할 수 없기에…

내 몸이 양파라고 생각했다. 오늘 걷는데, 갑자기 양파 한 꺼풀이 벗겨져 나가는 느낌이었다. 맥이 탁 풀렸지만 벽에 붙어있던 손잡이 덕에 넘어지지 않았다. 신체적으로 힘들어서였을까?

공식적으로 입을 통해 음식이 목구멍을 건너 여러 여행을 겪으며 최종 종착역인 화장실까지 오는 과정을 나흘 동안 하지 않았다. 그런데도 몸무게는 전혀 줄지 않고 있다. 영양제 덕이다. 어찌 되었건 병원은 사람을 그냥 죽게는 내버려 두지 않는 게 확실하다. 이런저런 장치에, 이런저런 약에, 응급조치로 생명을 유지하게 한다. 질(質)에 문제가 있기는 하지만,

2016. 12. 8

내 음력 생일이네!

아이들이 19일에 나를 위한 행사를 했다고 한다. 하O이가 제안하여 동의가 되었는데 하다 보니 일이 커졌고 다행히도 모두 즐겁게 과정을 하나 만들고 진행하고 다듬어 마침내 열었단다. 판매도 하였는데 농사지은 파도 팔고, 밤새 쿠키도 구워 팔고 남학생들은 떡볶이를, 하O이와 효O이는 오뎅을 팔았는데 엄청 잘 팔렸다며 아이들이 면회 와서 떠들어 댔다. 약 200만 원 정도 되는 돈을 모아 내 통장으로 송금해 주었다.

공연도 했단다. 주O이의 기타와 리코더 합주, 노래, 시 낭송... 아이들의 마음이 그 선생님을 위한 마음이 고스란히 전해졌다. 눈물이 났다. 내가 그 정도의 사랑을 받을 만큼 좋은 교사였나? 자꾸

뒤가 밟혔다.

　적어도 최선을 다했지. 못난 점을 극복하지 못한 것도 알았지만 그 선에서 최선을 다했다. 내 못난 점을 감추려고 그런 줄 알았는데…
난 알아버렸다. 정말 아이들을 사랑해서였음을!

　00가 백두대간을 다녀와서 나무밖에 안 보이는 산길을 걸을 때, 좋았던 점에 대해 깨달은 걸 얘기한다. 혼자 생각할 시간을 준다는 것이 좋았다고 한다. 주로 후회되는 일과 기뻤던 일을 생각하거나 독일어 단어를 외웠단다. 아울러 산에만 집중하므로 엄청 빨리 걷게 된다는 것이다.

2016. 12. 8

　기분이 나름 좋았는데 다시 다운 중
　면역수치(백혈구)가 900대란다.
　산삼약침도 맞았는데 왜 이럴까,
　이렇게 낮아 본 적이 없는데…
　또 오르겠지. 평소 그랬던 것처럼.

　그래도 산삼약침 때문인지 고름이 많이 나왔다.
　턱 아래 피부색도 많이 피부색다워졌다.

　아프긴 해도 그 효과를 보니 아픔이 그 값을 하는 거 같아 기쁘다. 힘겹고 아픈데 효과마저 없을 때처럼 허무하고 허탈할 때가 없다. 살면서 만나는 일들엔 이런 일이 없는데 아픈 몸에선 이런 일이 자주 일어난다.

강00이란 이름으로 8십만 원이 입금되었다.
재능기부란 이름으로 따스한 마음들이 모여 송금한 돈이다.
가족들도 등 돌릴 법한 2년이 다 되어가는 시점에
마음을 또 모아주는 것은 보통 일이 아니다. 정말!
고마워해야 하고, 또 사랑해야 할 사람이 너무 많아 이생을
마감할 수 없나 보다. 그럼 또 이생에 빚을 남기게 될 테니
잔디님.. 정말 심지 깊고 따뜻한 사람
무조건 사랑하게 될 사람. 고마워요.

그리웠던 연둣빛 만년필
추억이란 그저 빛깔 한 자락, 냄새 한 웅큼,
느낌 한소끔 만으로도 훅 내게 들어오는 것.
거의 일 년 만에 쥐어보는 만년필 속에 녹아있는 수업준비들.
아이들 웃음소리, 교실의 활기찬 기운...
이 작은 손아귀에 있다.
오늘 하루 이 시간.
나는 또 다른 추억을 만들었으려나?!

* 이때 아내는 강남의 어느 한의원에서 산삼약침에 의한 치료를 했다. 산삼 추출액을 주사로 암 부위에 직접주사로 맞았다. 담당했던 의사는 산삼은 면역력을 올려주는 것으로 많은 논문에서 밝히고 있다고 설명해주었다. 우리는 00병원에 입원해 있으면서 이것을 일주일에 두세 차례 맞으러 외출했었다. 아직까지는 외출할 수 있을 정도로 체력은 남아있었다.

2016. 12. 8

눈이 확 떠진다.
아무리 찾아도 안보이길래

머리카락 떨어져 가는
늙은 노인네의
얄궂은 표정만
거울 안에 갇혀 있다.
내가 어디에 있는 거지?

마음이 확 떠지니
낙엽 같은 머리카락 대신
따스한 삶의 에너지가 퍼지며
활짝 웃는 청년이 보인다.

저기 있네, 내가 – – –

지금 나의 곁에는 누가 있는지?
나의 마음 깊은 곳엔 누가 있는지?

2016. 12. 19 월요일

둘째가 일 끝나고 와서 저녁을 같이 먹었다.
하루 중 가장 행복한 시간이다.
일 없을 때는 그렇게 만나기 어려웠는데
막상 취직하고 나니 주중에는 매일 만나 저녁을 먹는다.

저녁 후에는 항상 오일 마사지를 해준다. 다리, 팔, 등,
낮에는 노가다, 밤에는 마사지 봉사다.
군소리 없이 즐겁게 하루를 마치고는 차로 데려다준다는 것도
마다하고 음악을 들으며 버스로 집에 간다.

오늘은 닮아가는 부부에 대하여 옹알옹알 떠들다 갔다.
나와 남편은 참 이상한 부부라며...
서로 부족한 부분을 잘 보완해 주며 사는 거 같다면서
그래, 내가 생각해도 그렇다.
각자에 비어있는 부분을 잘 메꾸어 준다.
남편은 나에 대해 초기부터 사랑했지만
나는 시간이 흐르면서 더 사랑하게 되었다는 차이가 있을지언정.

2016. 12. 20 화

새벽이다. 7시인데 컴컴한 새벽이다.
병실에는 아직 아무도 일어난 사람 없이 잠자는 소리만 있다.
나는 갑자기 일어난다. 화들짝,
무언가에 놀란 사람처럼.
요즈음은 이런 식으로 깬다. 불현듯
턱 드레싱을 시작한다.
아파서 진통제 한 대 맞고 시작한다.
식염수에 적신 소독된 솜으로 먼저 턱 맨 아래쪽을 닦아낸다.
그곳에서 고름이 나오기 때문이다.
역시 고름이 나온다. 참으면서 고름을 짜낸다.

다 나왔다 싶으면 솜으로 다른 부위를 깨끗이 닦아낸다.
마지막으로 빨간약으로 소독한다.
소독을 마치면 눕는다.
남편은 제일 작은 1mm 주사바늘에 한의원에서 가져온
산삼액을 넣어 상처 난 턱 주변 구멍에 주사한다.
주사가 조금이라도 턱 주변 피부를 찌르면 아프다.
특히 암이 있는 부분이 건드려지면 아파 죽는다.

그렇다. 특히 오늘은 그랬다.
내 의지와 상관없이 눈물이 났다. 너무 아파서.
아프다는 소리 대신 눈물이 났다.
의연하고 멋지게 참아가는 모습을 보이고 싶었는데,
자존감을 드높이며 폼나게 맞고 싶었는데 그냥 쪽팔리게 됐다.
자존심을 완전히 구기고 말았다.

. . . 뭐 이까짓 거 가지고 그래. 순간 아프면 되는데. . .
라며 몇 차례 핀잔을 주던 남편은 괜히 미안해한다.
무슨 잘못이라도 저지른 사람인 양.
졸지에 마누라를 울린, 환자를 울린 못된 사람이 됐다.
환자는 참, 여러 번 나쁜 일을 한다. 별일 아닌데 괜스레
사람들을 미안하게 만든다. 때로는 미화되기도 한다.
웬만하면 좋은 점만 이야기한다.
환자에 관한 한 마치 나쁜 점은 잊어버리기나 한 듯.
그래서 어느 점에서 환자는 좋은 점도 있다.
몸은 아파도 잘못은 반쯤 넘겨주는, , ,

2016. 12. 21

아이들에게 편지라도 써 주는게 계획이었는데
벌써 내일이 개학식이다.
짱이다.
편지하나 못 쓴 내가 한심하기 그지없다.
생일카드 하나 완성 못 하고 …

작은 오빠가 돈을 부쳤다. 해 줄 것이라곤 이것밖에 없다며...
오빠 부부의 사랑이 전해지는데 왜 이렇게 눈물이 흐를까?

남편은 집에 가서 죽을 쒀온다며 없고 나는 홀로 울고 있다. 턱이 돌아가서 물을 삼키는 것도 편치 않다. 자꾸 입이 무언가 잘못 틀어지고 있다. 동시에 통증도 커진다. 물을 삼키면서 또 울음이 난다. 이렇게 오래, 이렇게 여러 가지 이유로 마음과 몸이 상하리라고는 생각지 않았다. 아니 내 계획에 없었던 거겠지. 이미 내 몸은 내 계획과 상관없이 자신의 계획대로 가고 있는 데 난 발악하고 있다. 내 뜻대로 가고 있지 않다고. 난 어떻게 해야 하냐구. 그러면서 손님들이 오면 난 괜찮다며 달래준다. 이상한 것은 그 모든 것이 다 진실이라는 것이다.

부모님들을 만나면, 아이들을 만나면,
좋은 사람들을 만나면 나는 완전히 괜찮아진다. 아니, 좋아진다.
혼자 있으면 내 거실의 창문은 닫히고 나는 홀로 고독해진다.
요즈음 들어 생긴 새로운 병이다.
병, 안 그래도 고쳐야 할, 병이 많은데,

난 새로운 병을 만들어내기까지 하고 있다.

나만이 고칠 수 있는 그런 병,
어떻게 고칠까? 세상만사가 다 귀찮아지는 이 병을,,,
세상만사와 다 멀어지고 있는,
멀어지게 만드는 이 병을! 어떻게

왼쪽 귀가 멍멍해졌다. 이비인후의 문제다. 구강까지 합쳐.
쓰나미가 이런 걸까. 한순간 외로움이 이렇게 벅차게 밀려오는 거.
온몸을 때려서 보이지 않는 생채기를 내고,
생채기 속을 눈물로 채워 한없이 통곡하게 하는 거.
슬픔에 슬픔을 보태어 끝없이 절망의 늪으로 끌고 가게 하는 거.
더이상 쓰고 싶지도 않게 하는 거.

이 겨울 지나면
숲 좋고 물 좋은 곳으로
이사 가야지.

저세상 길동무하며
밤마다 소매 끄는
하얀 집 하얀 침대에서
하루바삐 떠나야지
아주머니 저승길 준비하시느라
밤새 불을 지핀다.
가족들 돌아가며
숨소리 듣는다.

2016. 12. 22

은0 샘이랑 하00 샘이 다녀갔다.
주0 샘은 두툼한 봉투까지 가져왔다.
그 따뜻하고 안타까워하는 눈빛 바라보는 게 쉽지 않았지만
참 고마웠다. 좋은 사람들이다.

출판 관련해서 서두만 떼었다.
설레었다
정말 내 이름의 책이 나오는 건지,,,

2016. 12. 25 크리스마스

세상은 중심과 구석으로 이루어진다.
마구간 구석에서 이루어진 역사.
보다 크리스마스의 본질에 다가선다는 뜻이겠지.
어른이 되면서 덜 설레고 덜 들뜨는 크리스마스.

중심만 쳐다보는 사이 구석진 곳이 늘어난다.
구석진 곳을 살피느라 중심을 잡지 못하면?

된장 고추장 맛 들라고 얹어 놓은 누름돌.
희생과 사랑으로 아픈 시절 견디었을 때
어르신들의 가슴속에 누름돌 하나쯤 있었으리라
쉽게 상처받지 않도록,
쉽게 감정 깨지지 않도록 누름돌 하나 품고 싶다.

들 만큼 나이 들었어도
성미 팔딱거리는 당돌함을 다스리기 위한
누름돌 하나 간직하고 싶다.

2017. 1. 4

2017년이다. 항암 5차 끝나고 회복기에 들어섰다.
말은 회복기, 실제는 고통기.
차마 죽지 못해
편안히 저승길 가고 싶은 욕구가 불끈거림을
속일 수 없다.

둘째가 매일 온다. 너무 예쁘고 소중해서 보기가 아깝다.
사랑이란 눈물이다.
쳐다만 봐도 눈물이 난다.
생각만 해도 너무 좋아 눈물이 난다.
좋은 음악 들으면 감명받듯 너무나 뭉클하여 눈물이 난다.
내가 이렇게 이쁜 아들을 낳았다니
그나마 스스로 자랑스러운 일이 있어 다행이다.

* 옆 침대 남자 *

그 남자의 손을 잡았다.
자신의 사랑을 떠나보낸 사람
손을 꼭 잡은 끝에서 눈물이 나왔다.

손과 눈물샘이 연결되어 있었다.
눈물샘으로 침샘의 모든 물기들이 빨려들어 왔는가?

침샘암이라더니
텅 비어있는 그 남자의 빈 구석이 느껴졌다.
푸석푸석한 웃음으로 대답한다.
"건강하세요"

딸내미 옆에서 억지웃음 건강하게 짓는다.
"전 괜찮아요. 엄마가 사랑한다고 사랑을 듬뿍 주고 가셨거든요."
아이의 얼굴을 쓰다듬어 주었다.

그 빈 구석. 엄마 없는 텅 빈 공간을 그 아인 어떻게 채우려나.
말이 이어지지 않았다.
아직 어린 그 아이의 야무진 목소리가 가슴에 쿵쾅 못을 박았다.
다시 눈물샘을 자극하더니 못이 마구 찔러댔다.
눈물이 나오는데 그냥 나오는 대로 두었다.
그저 아무 말 없이 주책없어 보이듯이.

– 그날 생을 마감한 옆 침대의 여인은 의료협동조합운동을 해오던 나의 동지였다. 안산의료복지사회적협동조합을 이끌어 오던 맹렬 여성이었다.
  우연히도 서로의 치료과정이 일치했다. 우리와 시간은 달랐지만 경주치유센터에서도 치료를 했었고 같은 시간에 같은 이곳 병원에서도 치료했다. 그리고 이렇게 그녀의 마지막을 같은 병실에서 보게 되었다.

하늘이 그녀의 마지막 길을 같은 병실에서 같이하게 했다.

둘째가 왔다. 계속 우울하게 눈물이 났다.
아들이 걱정을 많이 한다. 이마를 대고는 연신
"엄마 사랑해"를 내뱉는다.
그 순간만은 진실하고 온몸이 짜릿할 정도로 감성이 넘치도록
엄마를 사랑한다고 한다. 그게 둘째다.

2017. 1. 13 금

아침 6시 13분
통증도 없고 식욕도 생겼다.
주스 한잔 마시고 오랜만에 글을 쓴다.
한방치료 2주 만에 생긴 변화이다.
치료비가 비싸다는 단점이 있기는 하지만
이 정도면 좋다는 생각이 든다.

아산에서 두 번째 수술 불가 판정을 내렸다.
수술하기 너무 예민한 부분이라 예후가 좋지 않다며.
차라리 잘 되었다. 아예 수술을 제외하고
치료하게 되니 마음이 편하다.

날씨가 몹시 추워졌다.
둘째가 쓸쓸해 보인다. 왜 마음이 짠 ~ 한지
내 마음 한구석으로 찬바람이 밀려왔다.

순수하고 착하기 그지 없이 속 깊은 청년.

그렇게 멋진 청년이건만,
빨리 빨리를 외치고,
성과 위주의 일 처리에 급급한 이 사회에서는
바로 인정받기가 힘든 청년이다.
어디서건 마음에 맞는 사람 찾기 힘든 둘째.
그래서 늘 한 구석이 텅 비어있는.
그래서 나도 항상 텅 비어 쓸쓸한 엄마다.

기차는 새벽공기를 가르며 어제처럼 달린다.
시간이 흐르니 여지없이 겨울이 되어 추위가 온다.
무엇이든 자연의 섭리를 거르지 않건만
몸속의 암은 섭리를 거스르며 끊임없이 성장하려 한다.

아직까지도 나는, 구암이를 미워하지 않는다.
그게 신의 섭리다. 그게 내가 신에게 한 약속이다.
구암이와 함께 산다. 눈에 보이든, 눈앞에서 사라지든
구암이는 나를 이끌고 있다.

행복 뉴스

부는 바람도 공짜.
하늘의 흰 구름도 공짜,
초록으로 물들어가는 나무도 공짜,
눈 부신 햇살도 공짜였다.

화사하게 피어나는 꽃의 자태도 공짜,
그 꽃이 풍기는 향기도 공짜였다.
우연히 만난 아이의 환한 웃음도 공짜,
갑자기 내리는 소나기도 공짜였다.

세상에 아름다운 것들은 다 공짜다.
사랑, 우정, 의리, 신뢰 등은
천만금을 주어도 살 수 없다.

아침의 시린 공기도,
숲길을 걷는 것도,
아이들의 뛰노는 소리도,
책방에서 뒤적이는 책들도,
시원한 미인의 몸매도,
아무 바람 없는 친절도,
시원한 나무의 그늘도,
인생에서 진실로 좋은 것은 다 공짜다.

돈으로 살 수 없고,
숫자로 헤아릴 수 없고,
무엇으로 대체할 수 없는 것
진정 존엄하고 아름다운 것
삶에서 정말 소중한 것은 다 공짜다.
대신 시간을 들이고 온 마음을 쏟아야 가질 수 있는 공짜이다.

인생이 무조건 즐거워야 하는 것은

우리에게 두 번째 인생이란 없기 때문이다.
나에게도 마찬가지. 즐겁게 살아야 한다.
비록 구암이와 함께일지라도.
아니 구암이와 함께이니 더욱 즐겁게 살아야 한다.

가장 훌륭한 어머니는
자식 앞에 눈물을 보이지 않는 어머니.

가장 훌륭한 아버지는
남몰래 눈물을 흘릴 줄 아는 아버지

가장 겸손한 사람은
자신이 처한 현실에 대하여 감사 할 줄 아는 사람.
때로는 이렇게 유치해지고 싶을 때가 있다.

2017. 1. 15 일요일

작은 오빠가 왔다.
얼굴이 안돼 보이는 동생이 안쓰러워
많이 슬퍼했다.

옆 침대에는 할머니들이 모여 쓰담쓰담 해주고 있다.
그것도 큰 힘이 되는 걸.
서로 이야기만 해도.
헤어지기 전에 오빠와 깊은 포옹을 했다.
온몸이 적셔있었다.

선천적으로 건조한 오빠의 몸이 적셔있었다,
스펀지처럼 몸에 빨려있던 눈물이 쿨렁쿨렁 몸 밖으로
내뱉고 싶은 욕구를 참고 있다.

집으로 돌아가는 길.
차 안에서 울겠지?
몸에 스며있던 물기들이 아마 소리 내어 운전대를 울리겠지?
나도 울었다.
괜스레 흘러내리는 눈물이 속절없이 나오는데
슬펐다. 오빠가 슬펐고 나 자신이 슬펐다.
자꾸 슬픔의 길이가 길어져 간다.

늙어지고 바람기 빠진 공 같은 얼굴이
거울 속에 보이는 게 싫다.
속도 거북하고 턱관절이 계속 아픈 내가 괴롭다.
고통들은 새로운 옷을 입고 계속 나타난다.

다 낳았다 싶으면 다른 곳이 아프고,
괜찮아졌나 싶으면 다른 이유로 새로운 통증이 생긴다.
마치 복면 마술처럼 계속 다른 얼굴로 나를 괴롭힌다.
복면 마술의 끝이 있긴 한 걸까?
두려움보다 두려운 것은 지루함.
언제 끝날지 모르는 이 시련의 끝을 기다리는 지루함.

생과 사는 한 몸이라는 것을 배웠고
외로움을 탈 때는

아픔이 커진다는 것도 알게 되었다.
그래서, 누군가 옆에 있다는 사실을 깨달을 때
아픔이 줄어든다는 것을 알게 해주는 사람들
그들은 모두 힐러(Healer)들이다.

누군가의 눈물 속을 걷는 소녀
눈물이 비가 되는 도깨비 신랑을 그리워하며!

2017. 1. 21 토요일

엄청난 눈발이 미친 듯이 흩날린다.

이틀 전에 동맥 내 항암을 했다.
후유증이 심하다.
두통에, 턱은 갈기갈기 찢기는 고통을 감수해야 한다.
어깨도 결리고 목은 뻣뻣하여 들고 있기가 힘들다.
매일매일 찾아오는 새로운 고통
그 고통 앞에 발가벗은 채 서 있는 나.
언제 이 병원을 벗어날 것인지. 스스로 질문해도 답은 멀다.

눈발이 창문에 와 부딪히고 달아난다.
숨바꼭질하려는 듯.
뒤이은 눈송이가 잽싸게 날아와 덥친다.

눈이 너무 오길래
남편에게

... 길 조심해... 라고 했더니
... 그런 말이 무슨 뜻인 줄 알아?...
...
... 사랑하는 말
보통은 잔소리라고 생각하지만, 그건 사랑하는 말이래.
남편이 떠날 때 손을 다시 한번 잡고
... 길 조심해... 라고 했다.
남편은 잡은 손을 굳게 잡아주더니 웃어준다.

불지 않으면 바람이 아니고
늙지 않으면 사람이 아니고
가지 않으면 세월이 아니지.

세상에 그 무엇도
무한하지 않으니
이 아픔도 언젠가는
끝장이 나긴 나겠지

잡아야 할 것과 놓아야 할 것을 깨닫는 나이
눈으로만 아니라 가슴으로도 삶을 볼 줄 아는 나이
자신보다 자식의 미래와 소망을 더 걱정하는 나이
뜨거운 커피를 마셔도 가슴에 한기를 느끼는 나이
먼 들녘 한 줌 바람에도 괜스레 눈시울 붉어지는 나이
겉으로는 많은 것을 가진 것처럼 보이나,
 가슴속은 텅 비어가는 나이가 됐음을 실감하는 나이

017. 1. 28(토) 설날

작은 언니네, 작은 오빠네
선0네 가족이 왔다 갔다.

통증은 사람을 갉아먹는다.
사람의 희망을, 웃음을, 미래를, 사랑을 사로잡는다.
사람의 육신을 통해 영혼을 피폐하게 하고 고사시킨다.
나아지려면 아파야 하는 건지,
아프면서 나아지는 건지,
필수 코스처럼 통증은 육신에 언제나 들러붙어 있다.

이제라도 생각을 바꿔야 한다.
필수라면 반드시 거쳐야 하는 법.
우울에 빠져 허우적거리지 않으려면
현실을 받아들여야 한다.
통증을 받아들여 적당한 통증이 올 때면
명상과 호흡을 하자.

큰 통증이 오면 더 빨리 나으려고 몸이 애쓰고 있으니
나도 함께 노력해야 한다. 함께 겪어야 한다.
엄마처럼 함께 곁에서 보살피는 남편이 있듯이
나도 스스로 내 육신과 함께 겪어야 한다.

나로 인해 고통받는 육신에게 미안한 마음과
사랑하는 마음을 가져야 한다.

짜증과 괴로움과 신경질을 속아버리고
함께 겪어 나가야 한다.

내 몸이다. 내가 사랑해야 할, 내가 책임져야 할 내 몸이다.
웃어주어야 한다.
쓰다듬어 주어야 한다.
훨씬 더 많이 사랑해 주어야 한다.
아프고도 고열에도 다시 일어났으니
이제 힘을 내고 다시 웃자.

2017. 1. 29

생사가 궁금한 사람들이 있다.
목사님 부인이었던 여인.
남편을 암으로 보내고 홀로 자식 둘을 키우다 암에 걸린 여인.
그런데 연락을 못 하겠다.
혹시라도 하늘나라에 갔을까 봐

두려워서, 무서워서, 슬퍼서, 아쉬워서 ~ ?
그리워서
참 좋은 사람들인데

며칠 고열로 고생했다.
두통이 오는데 밤송이들이 바늘을 달고 애무하고 있다.
날 사랑하는 마음 알겠는데 떠날 줄 모른다.

2017. 1. 31(화) 1월의 마지막 날

새로 옆방 침대로 이사 왔다.
계속 신음소리에, 사는 게 힘겨운 소리를 하루 종일 내는 앞사람.
그사이 나는 한의원에 가서 산삼 약침을 맞고
몸도 마음도 좋아졌다.

반에서 만들어 준 편지 책을 둘러보았다.
언제나 힘을 준다.
사랑한다는 말, 존경한다는 표현,
따듯한 격려의 말들은 언제나 힘을 주고
또다시 일어날 수 있게
에너지를 몸 어디선가에서 찾아와 주기도 하고,
몸에 심어주기도 한다.

마주 보는 침대, 71세 먹은 언니가 며칠 전에 왔다.
50대처럼 보인다. 멋지게 늙었다.
나는 요즘 폭삭 늙어서 60대처럼 보인다.
그런데 다 우울하기가 지속되니 더 나이가 들어 보인다.
남편이 없으면 불안하고 외롭고, 그렇기까지 하다.
"천하의 강혜란이 웬일이야!..."
남편이 은근히 걱정이면서 기분 좋은 목소리로
손을 잡아주며 말한다.

나보다 열 살 넘게 나이 많은 언니, 그 언니의 명랑함이 좋다.
손가락 걸며 언니 동생 하기로 했다.

기분이 좋다.
나이와 상관없이 젊은 청춘으로 사는 사람과 연을 맺는 것은.

사랑하는 아들 큰아이가 왔다.
남편은 늘 걱정하고 근심만 하는 아들
나는 그것이 못내 아쉽다.
그럴수록 더욱 신뢰하고 사랑해 주어야 하거늘

아직 우왕좌왕이기는 하다.
하지만 어쩌겠는가. 그 아이의 운명 삶이 있는걸.
스스로 자신의 밭은 일구어야지.
삶의 농사를 지어야지.
아버지가 이것저것을 하란다고 할 수 없는 노릇
나는 큰아들을 믿는다. 그 아이의 착한 심성과
내면에 차 있는 열정과 집념이 언젠가 불타오를 것을!

친구 만나러 잠시 나간 엄마가 걱정되어 자다 말고 깨어
밖에까지 나와 동동거리던 10세 때 찬0 어린이

찬0!
학구적인 것과는 거리가 멀었지만
아빠는 경험 때문인지 먹고살 일을 걱정한다.
안정이라는 이름의 안정성과 함정을 모두 보아야 한다.
그야말로 안정적이어서 앞을 향해 나가지 못하고
자리 깔고 누울 수 있다.
찬0는 그렇게 살 아이가 아니다.

2017. 2. 1 수요일

2월 시작 날이다.
새로 생긴 언니가 사진을 보여주었다.
젊었을 때 사진, 멋쟁이 사진. 패셔너블한 사진. 돋보이는 사진,,
그나마 순수하고 맑은 마음이 남아있어 호감 가는 언니,
즐겁고 건강한 기운을 전해주어 기분 좋게 해준다.
자꾸 힘이 빠지고 간혹 우울해지는 요즘
나에겐 비타민 같은 사람. 그거면 충분하다.

    *   *   *   *

그래서 내 전화기 사진을 보았다.
불과 2년 전 사진 참 고왔다. 내가 보아도 곱고 예쁜 얼굴이다.
부럽다. 그 시절이 막 밀려온다.
내가 나를 보고 예쁘다고 하다니!
예쁘다고 생각했던 적이 한 번도 없는데,
남들이 예쁘다고 해도 입치레려니 하고 생각했는데,
진짜로 난 예뻤었다.

그런데 못생겼다. 머리도 빠지고,
흰 머리도 머리통을 다 차지하고, 그것도 중환자 얼굴...
나이보다 나이 들어 보일 날이
나에게 오리라고는 생각지 않았는데...
이 어리석음을 어찌하리.

나만 홀로 영원히 젊어 보이리라 생각했던 이 어리석음을.
그러네. 새로운 언니는 나에게 또 한 번 어리석음을
방망이로 두드려 주려 오신 거였네

가장 소망하는 것은 계속 바뀐다.
입이 벌려지지 않은 경주 시절에는
포도알 하나 그냥 고통 없이 꿀꺽 씹어먹을 수 있는 것.
수술하고 나서는 목구멍에 뚫린 기도 삽관을 빼내는 일.
스스로 내 힘으로 숨 쉬는 일.

기도 관을 빼내고 나서는 새로운 고통이 계속해서 나오고,
계속해서 소망하는 것이 바뀐다.
그래서 이젠 소망을 바꾸려 한다.
여태껏 기도 차원으로 올려놓았던 것들.
사람들에 대한 편견이 사그라들고,
나를 이해하고 이해의 폭을 넓히기 위해,
주변을 부드러운 눈으로 보는 법을 배우기 위해!

2017. 2. 7

견디지 못하고 스테로이드제를 맞았다.
옵디보의 고통은 온몸을 쑤시는 것뿐 아니라
머리와 턱이 특히 아프고, 그중 얼굴이 퉁퉁 붓는다.
얼굴 중에서도 입안이 부으니
입안이 꽉 차 침 삼키기가 고통스럽다.

여기까지가 아내 일기이다.
아프기는 했어도 그래도 활기찼던 아내는
옵디보의 병용으로 고용량 비타민C를 맞은 지 한 달 만인
급작스럽게 3월 9일, 저세상으로 갔다.

나는 아내를 떠나보내고 오랫동안 심한 마음의 우울을
겪어야 했다.
한동안 이런 과정을 거치며 아내의 투병과정을 하나하나
돌아보았다.
마음의 극복을 위한 인내의 시간 속으로 들어갔다.
그리고 그 과정을 추적하면서 하나씩 풀어내기로 했다.
무엇이 문제였을까?

아내의 암 투병과 교훈

제2부

암, 그 근원에 대하여

제2부 암, 그 근원에 대하여

　인류가 암의 고통에서 벗어나는 것은 앞으로도 지난한 세월이 걸릴 것이다. 그런데 우리는 암에 대해 그것의 실체를 파악했다고 이야기할 수 있을까?
　그렇지 못한 것 같다. 그러니 그에 관해 설명을 하기는 더 어려운 일이다. 나는 치료를 이야기하기에 앞서 암의 원인과 성장하는 과정을 상식적인 차원에서 접근해보려고 한다. 그 실체를 들여다보는 것은 암에 어떻게 대처할 것인가에 대한 방향을 제시할 수 있기 때문이다.
　암을 이해하면 할수록 우리가 여태까지 알고 있던 상식과는 다르게 다가온다. 그래도 암의 베일을 벗기려는 노력은 다양하게 발전해왔기에 그동안 의과학자들이 이뤄낸 성과를 바탕으로 소박하게 접근해보려고 한다.

　지금까지 암의 원인과 성장은 여러 갈래에서 발전되어왔다. 1920년대의 세포 산소 부족설부터 최근에는 암의 줄기세포설까지, 나아가 유전자 돌연변이에 의한 것이라는 것도 밝혀지고 있다. 암 연구의 발전은 전문가 영역에서 많이 발전해 왔지만 아직도 완성되지 않았다. 그래고 그 나름 치료에 도움을 주고 있다. 환자 입장에서도 이를 이해하는 것은 자신의 치료에 뒷받침이 된다.

　대부분은 암의 발병에 대해 이렇게 설명한다. "암의 발생 원인은 술 담배 등을 포함한 발암물질, 세포의 산화, 바이러스, 자외선, 방사선 등 외부 환경적 요인과 유전적 요인 및 그 사람의 생활 속에서 결정되는 생활적 요인으로 식생활, 스트레스, 운동 등 건강상태에 따른 인체 내부의 면역력, 호르몬의 이상 등에 의해 발생한다"라고 설명한다. 이것은 그냥 사전에 나와 있는 말이 아니다. 우리나라를 대표하는 한 대학병원에서 공식적으로 한 설명이다.

이것으로 암의 원인에 대한 설명이 충분할까? 원인에 대한 설명은 치료와 한 쌍을 이루는데, 이런 원인에 대한 설명으로 암에 제대로 대처할 수 있을까?

한편 어떤 자연치유 의사는 이렇게 진단한다. "암에 걸리는 이유는 몸을 산화시키는 여러 원인을 억제하지 못했기 때문이다. 그래서 암의 주된 원인을 활성산소와 염증이라고 보고 있다. 활성산소가 주로 생기는 원인은 스트레스, 환경오염물질. 그리고 포화지방산, 육류나 생선을 자주 섭취하는 분들. 그리고 중금속 이런 것들이다. 이런 것들이 유전자 변이를 일으키는 원인이 되는 거다. 그리고 과도한 활성산소가 세포를 파괴하면서 유전자가 들어있는 핵까지 변이를 시키고 산화시켜서 암을 만들게 된다."라고 한다. 이것은 대학병원에서의 앞선 설명과 차이가 크지 않다.

최근에는 암의 발생이 인체 내외의 환경 때문이 아니라 DNA가 무작위적인 돌연변이를 일으켜 발생하는 것이 대부분이라고 주장하고 있다. 유전자 차원에서 암을 들여다보고 있는데 많이 진보한 것은 사실이지만 아직도 암에 대한 이론이 정립되지 못한 것을 보면 끝은 아직도 먼 것 같다.

이렇듯 암에 대한 설명이 여러 갈래이고 앞으로도 의과학이 더 발전해야겠지만 현재까지의 성과를 바탕으로 이들이 어떻게 전개되어왔는지 살펴보고자 한다.

1. 암의 원인 – 세포와 산소

암의 원인에 대해서 오래전에 이를 다룬 의학자가 있다. 1931년 노벨 생리의학상을 수상한 오토 바르부르크에 의해서다. 암의 발생은 세포 차원의 산소결핍 때문이라는 점을 밝힌 게 수상 이유다. 그에 의하면 세포에 산소가 35%이상 감소하면 세포가 죽든지 암세포로 변한다는 것이다. 발암인자라고 하는 것들은 세포에 산소가 부족하게 하는 2차 원인 제공자들이고 직접적인 원인은 세포에 산소가 부족해서 생겼다는 것이다.

오토 바르부르크가 제기한 암 발생 원인에 대하여 좀 더 들여다보자. 그는 인체생리학을 충분히 이해 해야만 정확하게 해석할 수 있다고 했다. 암 발생 원인을 한마디로 표현하면 '세포에 산소가 적어서'라는 것이다. 아주 단순하다. 앞서 주장된 것처럼 환경적 요인이나 생활적 요인이라든지 활성산소나 염증, 스트레스 등이 암의 원인이라고 하는 것이 틀리지는 않으나 근원적인 것은 아니다.

그리고 바르부르그 박사의 1925년 암 연구 저널에 게재했던 『암세포의 대사』 라는 논문에서 '암성 종양은 포도당을 아주 좋아하고 기본적인 특성상 호흡이 매우 저하되어 있다.'라고 하였다. 또한 그는 '암성 조직은 포도당을 주요 연료로 사용하는 근육보다 8배나 더 많은 젖산을 생성한다.'라는 연구결과를 발표했다. 결국

암성세포들은 대사 효율이 매우 비효율적이어서 정상세포보다 5-10배 더 많은 포도당과 부족한 산소를 사용하므로 대부분 젖산으로 전환하는 경향이 있다. 그래서 말기암 환자의 경우 대부분 수면 시간이 매우 늘어난다. 하루 종일 자는 경우도 발생한다.

과도한 탄수화물 섭취도 암 발병률을 높일 수 있다고 『암의 비밀을 밝히다(The Hidden story of Cancer. Brian Scott Peskin/ Amid Habib 공저 푸른숲)』의 저자 퍼스킨은 설명한다. 이유는 이렇다. 탄수화물은 포도당인데 체내에 포도당이 많아지면 인슐린 분비가 많아지고 이 자체가 암에게 유리하다.

토론토의 마운트 시나이 병원의 파멜라 굿원은 암세포는 인슐린 수용체의 수가 정상 세포보다 6-10배 더 많다고 했다. 이로 인해 암에 있어 인슐린은 불에 휘발유를 붓는 격이라는 것이다.

또한 혈액 내 과도한 포도당은 점도를 높여 혈액을 끈적끈적하게 한다. 이것은 혈류의 흐름을 방해해서 결과적으로 세포에 산소 공급량을 저하시키는 결과를 가져온다.

이같이 세포에 부족해진 산소와 혈액 내 과도한 포도당이 암의 원인이라면 암을 극복하는 과정도 이와 관련되어야 한다. 즉 과도한 탄수화물 위주의 식사법은 회피되어야 하고, 정맥혈에도 산소가 충분해지도록 혈중 헤모글로빈 농도도 높여야 한다. 따라서 암으로 진단받은 환자는 아주 소박하게 접근하면 고단백질/저탄수화물 다이어트를 즉각 따라야 한다.

바르부르크는 1928년 록펠러 의학연구소에서 발표한 논문 『체내 종양의 대사』에서 "종양세포는 정상세포보다 더 다재다능하다.

종양세포는 발효와 산소호흡 간 선택을 할 수 있는 반면, 정상세포는 산소호흡에 국한한다." 이러한 결론에 따르면 암세포는 정상세포보다 사멸시키기가 훨씬 어렵다. 그러니 암은 예방이 무엇보다 중요할 수밖에 없다.

그리고 종양은 양성종양에서 정상적인 조직으로 이행할 수도 있고 악성종양으로 변할 수도 있다. 결론적으로 양성종양은 산소결핍의 지속시간에 따라 정상세포가 되기도 하고 암이 되기도 한다.

따라서 암에 걸리지 않기 위해서뿐만 아니라 걸린 후에라도 세포에 여하히 산소공급을 증가시킬 것인지 하는 문제가 중요한 관건이 된다. 나아가 암세포가 포도당 대사를 방해하도록 하는 데 성공하면 암의 성장을 멈추게 하거나 사멸시킬 수 있다. 이완 관련된 연구를 3부에 소개한다.

그렇다면 암의 예방이나 치유에 있어 어떤 관점을 지녀야 할까? 일반 의료계에서는 이에 대해 대부분 환경적 생활적 요인 및 식생활을 개선하고 운동과 스트레스 등을 지적하고 이를 바꾸어낼 것을 요구한다. 자연치유 의사도 대동소이하다. 맞는 것 같긴 한데 뭔가 핵심포인트가 빠진 것 같다.

이에 대해 바르부르크에 의하면 "암 발생의 일차적 원인이 세포에 산소가 부족한데 기인하므로 암을 치료하기 위해서는 세포에 산소공급을 증가시키는 것이 가장 좋은 방법이다. 여기에는 필수지방산(EFA : Essential fatty acid)이 중요하게 작용한다." 라고 하였다. EFA는 생체막을 구성하는 주요소이다. 오메가-3, 오메가-6, 아라키돈산 등이 이에 해당한다.

이를 다시 살펴보면 "질 좋은 공기, 운동, 과산화수소를 마시는 것, 이런 것들은 세포에 산소를 공급하기 위한 필요조건은 되지만 충분조건은 아니다. 즉 미토콘드리아는 세포발전소인데 하나의 세포에는 수백에서 수천 개의 미토콘드리아가 있고 이들은 세포질의 25%를 차지한다. 미토콘드리아는 내막과 외막이 있으며 각 미토콘드리아는 필수지방산으로 채워져 있다. 이렇게 세포에 산소를 공급하기 위해서는 미토콘드리아에 충분한 필수지방산을 제공할 때 가능해 진다." 라고 정리하고 있다.

이렇게 질 좋은 산소를 공급하는 외에 필수지방산으로 세포 하나하나에 산소를 운반하게 하고 미토콘드리아에서 사용하게 해야 하는 것, 이것이 암 치료에 일차적으로 중요하다.

EFA와 관련해서 더 살펴보면 바르부르크는 "세포의 막 지질에 EFA가 높으면 막이 더 유동적이다. 그러나 포화지방이나 고 콜레스테롤 기반 구조는 덜 유동적이다. 막지질이 보다 유동성을 띤다는 것은 산소와 기타 생화학 물질 전달이 더 쉽다."는 것이다. 그런데 필수지방산은 동물성 식품에 많다. 따라서 『암의 비밀을 밝히다』 의 저자 퍼스킨은 채식 만능이 결코 암을 예방하지 못한다고 강력히 경고하고 있다. 이점은 그간 여러 암 관련 서적과 매스컴에서 이야기하던 바와 다른 주장이다.

세포에 산소를 공급하는 것을 더 살펴보자. 세포에 산소를 운반하는 전달체는 헤모글로빈이다. 헤모글로빈은 철분과 단백질에서 얻어진다. 퍼스킨은 식품에서 단백질과 철분 섭취를 극대화하는 방법은 간단하다며 계란, 가금류, 육류, 치즈, 요구르트, 생선과 같은 동물성 단백질을 섭취하라고 이른다. 반면 식물에 함유된 철분 같은 미네랄은 섬유질과 영구적으로 결합되어 있어서 인체가 잘 대사할 수 없기에 채식이 만능이 아니라는 것이다.

바르부르크 박사는 오직 동물성 단백질만이 비타민B 복합체를 충분한 양으로 함유해 이를 섭취할 때만 산소 전달을 높게 유지할 수 있다고 했다. 비록 두부 등 콩류에서 단백질을 얻을 수도 있지만, 더 중요한 항암 영양소인 비타민B12는 동물성 공급원에서만 얻을 수 있다.

이에 반해 대부분의 자연치유나 대체의학 전문가들은 극단적이게도 육류 섭취를 줄이고 채식을 할 것을 권고한다. 그 이유는 육류는 소화 과정에서 요산과 질소 산화물 등 독성물질을 발생시키기 때문이고 단백질은 콩류에서도 얻을 수 있다는 이유에서다.

이들이 보다 더 중요하게 여기는 점은 췌장 효소가 동물성 단백질의 소화작용에 관여하지만, 동시에 암세포의 벽을 깨는데도 역할을 하기 때문이라는 이유를 든다. 즉 동물성 음식의 섭취는 췌장효소를 소모시키므로 암을 파괴할 수 있는 여력이 사라진다는 이유를 들어 동물성 단백질의 섭취를 극도로 제한한다.

비록 이것이 사실이라 하더라도 완전채식에 동의하기 어렵다. 앞서 밝힌 대로 암의 원인을 정확히 인지하고 있다면 세포에 산소를 공급할 수 있는 조건을 만드는 것이 더 중요하지 않을까? 그리고 만약 췌장 효소가 부족하다면 경구로 이를 섭취하면 된다. 췌장효소는 시중에 많이 나와 있다.

또한 동물성 단백질로 인해 대사과정에서 독성물질이 생성되더라도 장의 대사를 유산균 등으로 원활히 하고 장 운동을 적절히 하여 이를 배출시킨다면 실보다 득이 더 많으리라 생각한다.

우리의 경우도 대체로 채식 위주의 생활을 했고 필자도 40대 이후에는 육류 섭취를 많이 제한하였다. 아내는 큰아이를 가졌을 때부터 빈혈에 시달렸는데 지금 와서 생각하면 육류 섭취를 늘렸더라면 빈혈로부터 자유로웠을 것이라 생각이 든다. 더구나 빈혈이 세포에 산소를 공급하는데 필수적인 헤모글로빈이 부족해서 발생한 것이었는데 그것도 모른 채 채식 위주의 생활을 고집했었고 암에 걸려 치료하는 과정에서도 대체의학 의사들의 권고만 믿고 육류 섭취를 제한했었다.

놀랄만한 사실은 채식주의자가 육식주의자보다 암도 덜 걸리고 더 건강할 것 같은데 그렇지 않다는 연구결과가 있다. 오스트리아 그라츠 의과대학 연구팀이 실시한 조사에서 채식주의자들이 암 발병률이 높으며 기타 질병에도 취약하다고 했다. (The study used data from the Austrian Health Interview Survey to examine the dietary habits and lifestyle differences between meat-eaters and vegetarians. Medical University of Graz)

이 조사에서 1,320명을 330명씩 4개의 그룹 즉 순수채식, 채식 위주와 약간의 육식, 채식과 육식의 조화, 육식 위주의 식사로 나누어 조사한 바에 따르면 순수채식 그룹이 암이나 기타 유병률에서 더 나쁜 결과를 얻었다는 것이다. 지나친 육식도 건강하지 않지만 순수 채식주의자라 해서 더 건강하지 않다. 채식과 육식의 조화로운 식사그룹이 가장 좋은 건강상태를 보였다 한다.

이렇게 육류에 많이 포함된 필수지방산(EFA)은 암 예방 외에도 다음과 같은 유리한 점들을 선사한다. EFA가 충분하면 산소공급이 증가하고 에너지가 증가하여 운동 지구력이 증가한다. 집중력과 피로회복에 도움이 된다. 세포막의 유동성이 증가하므로 생화학적 기능성이 증가한다. 따라서 효과적으로 인슐린을 흡수한다. 이 때문에 EFA는 당뇨병 예방과 조절을 돕는다. 또한 탄수화물 갈망을 억제하고 식욕을 감소시킨다. 그리고 EFA는 내분비계의 원료가 된다.

이렇게 육류는 EFA를 제공하는 장점은 많으나 콜레스테롤이 많으므로 육식에 대해서는 주의할 필요가 있다. 최근에 우리나라는 육류소비가 가파르게 늘어났으며 대장암도 증가하는 추세에 있다. 지나친 육류 섭취는 당연히 경고할만하다. 잘 알고 있듯이 고기에 항상 딸려오는 포화지방 때문이다.

그리고 우리나라는 동물 사육에 항생제를 너무 많이 사용하고 있고 성장촉진제도 문제다. 소나 돼지고기의 붉은색 육류는 제한하고 조류나 어류에서 단백질을 구하는 지혜가 필요하다. 암 환자라면 자연에서 얻어진 식재료나 친환경적으로 사육된 유기농 매장에서의 육류 구입이 필수적이다. 가공된 육류는 더 말할 나위 없이 제한되어야 한다.

한국영양학회에서 추천하는 단백질 하루 섭취 추천량은 체중 1kg당 0.8g 정도이다. 하지만 이것은 정상인에게 추천되는 양이고 암 환자가 치료과정에 있다면 이보다 높아야 한다. 암과 싸우는 면역세포는 단백질로 구성되어 있고 싸우는 과정에서 이를 과다하게 소모하기 때문이다.

아라키돈산(AA)도 필수지방산 중의 하나이다. 아라키돈산은 세포막 성분의 중요 요소이다. 신경세포 기능을 향상시킨다. 즉 치매를 예방히고 뇌의 회춘에 도움을 준다. 학습, 기억, 인지능력, 면역력 향상, 기분을 고양시키고 의욕을 높이는 데 기여한다. 아라키돈산은 체내에서 생성되지만 50대 이후에는 그 양이 감소하므로 식품에서 섭취할 필요가 있다. 이것은 계란, 생선, 육류 등에 많이 포함되어있다.

채소도 필수지방산(EFA)을 함유한다. 그러나 인간은 소와 같은 내장기관을 갖고 있지 않다. 따라서 몸이 요구하는 EFA 및 비타민B 복합체를 채소 섭취만으로 충당하긴 어렵다. 따라서 암의 예방 및 치료를 목적으로 채식을 고집하는 것은 결코 추천받을 일이 못 된다.

바르부르크는 인체 세포가 산소를 이용하기 위해서는 비타민과 미네랄이 필요하다고 했다. 그러나 대부분의 농사는 화학비료에 의존하므로 이렇게 생산된 채소는 비타민과 미네랄 결핍이 우려된다. 암 예방을 위해서는 비타민보다 미네랄이 더 중요하다. 특히 동물성 단백질에는 항암비타민인 비타민B 복합체는 물론 미네랄도 풍부하다. 채소로부터 미네랄을 보충하려면 유기농 농산물을 이용해야 하고, 양 또한 적지 않은 양을 먹어야 한다. 과일과 채소 1일 권장량은 WHO에서는 270~400g, 일본 후생성은 채소 350g, 과일 200g 이상을 권고하고 있다. 그러나 암 환자라면 그보다 훨씬 많이 먹어야 하는데 실생활에서 이를 실천하기는 쉽지 않다.

이를 대체하려는 노력이 녹즙이다. 그런데 녹즙 또한 주의할 필요가 있다. 맛을 위하여 당분이 많은 과일을 사용하면 해로울 수 있다. 과일 당분은 단순당이 아니라 과당이라 해도 포도당 과다를 일으킬 위험이 있다. 그리고 녹즙기는 대부분 채소에 있는 유용한 미네랄 성분을 잘 분리해내지 못한다. 녹즙기 선택에도 주의를 기울여야 한다.

2. 최근 암에 관한 연구 - 암 줄기세포

암의 발생 원인에 대하여 앞서 산소결핍설을 제기한 바 있다. 그런데 지금부터는 이보다 더 발전한 이론을 소개한다. 바로 암 줄기세포에 관한 이론이다. 암 줄기세포가 무엇인지 알아보자. 암 치료에서 이 관점을 빼놓으면 허깨비하고 싸우는 격이 된다.

일반적으로 줄기세포란 한 개의 세포가 여러 종류의 다른 세포를 생성할 수 있는 다중분화 능력을 갖춘 세포이다. 태아의 발생과정 중에 모든 조직에 존재하고 성인에서는 골수, 상피조직 등 일부 조직에 존재한다. 줄기세포는 수정란이 첫 분열을 할 때 형성되는 전능성 줄기세포(totipotent stem cell), 여러 장기로 분화되기 전 단계의 세포인 만능성 줄기세포, 제한된 장기로만 분화가 가능한 다능성 줄기세포 등으로 구분된다.

암 줄기세포란 암의 발생과정 중 특정 세포에 유전자 변이가 초래되어 줄기세포처럼 무한히 분열 증식하고 다양한 표현형을 가진 암세포를 끊임없이 만들어내는 능력을 가진 세포이다. 즉 암 줄기세포는 줄기세포의 일반적인 특징을 갖는데 자기재생과 분화능력을 통하여 종양을 발생시키는 세포이다.

암 줄기세포는 조직 내에서 적은 양으로 존재하지만, 항암제나 방사선치료에 대한 내성을 갖는 중요한 특징이 있다. 이는 또한 재발과 전이를 일으키는 세포이다.

조직검사를 통해서 이를 알 수 있다. 즉 조직분화도를 통해 암 줄기세포를 알 수 있는데 분화가 잘된 암은 일반적인 암세포이고 분화가 되기 전의 암세포, 즉 미분화된 조직이 암 줄기세포이다.

암 줄기세포 이론에 대한 기원은 다음과 같다.

- 네덜란드 후브레흐트 연구소의 한스클레버스 박사는 정상 줄기세포에서 유전자 변이가 충분히 축적되어 악성종양이 될 만큼 변이가 축적되면 종양을 일으킨다는 것으로 **정상 줄기세포가 암 줄기세포로 전화(轉化)**한다는 이론.
- 미국 MIT 화이트헤드 연구소의 로버트 와인버그 박사는 암의 성장 과정에서 미세환경의 변화로 **일반 암세포가 암 줄기세포의 성질을 획득**할 수 있다는 이론.

이 같은 두 이론 중 의학자들 사이에서 더 지지를 받는 이론이 후자이다. 이 가설에 입각하여 치료에 이용되고 그 효과가 인정되고 있다고 한다. 조기 암이 치료가 용이한 것은 줄기세포가 없거나 줄기세포의 성질을 획득하지 못한 상태이기 때문이라는 것이다. 후기 암으로 발전하면 치료가 어려워지는 이유가 이 때문이다.

암 줄기세포를 밝혀낸 이론은 20년 정도의 역사를 가지고있다.
- 1994 캐나다 토론토대학 존딕 박사는 혈액암인 백혈병에서 최초로 발견하여 조혈모세포로부터 유래한 $CD34^+CD38^-$ 표식인자를

보고했다.

그 이후 수면 아래 잠재해 있다가 2003년 미국 미시간대학 종합 암센터 클락 박사 연구팀이 고형암에서 이를 발견하여 보고하였다. 유방암에서 발견한 $CD44^+CD24^{-/low}$ 표현형을 갖는 유방암세포가 암 줄기세포임을 규명한 것이다.

그 이후 여러 암 조직에서도 암 줄기세포에 대한 바이오마커가 보고되었고 점차 연구가 축적되면서 치료에까지 사용되고 있다. 암의 전이와 재발에 중대한 영향을 미치는 암 줄기세포를 조절하는 기전을 밝혀낸다면 새로운 치료를 기대할 수 있음을 그간의 연구 성과가 뒷받침하고 있다.

가. 암 줄기세포에 관한 연구 동향

암 줄기세포에 대한 연구는 많은 발전을 이루었다. 미국의 세계적 분자생물학자이자 암 유전학의 대가인 로버트 와인버그 박사(『The Biology Of CANCER』의 저자)는 자신이 이룩한 연구 성과를 바탕으로 2010년 베라스템이라는 회사를 설립하여 사람들의 이목을 끌었다. 와인버그는 악성종양에 암 줄기세포의 증거를 제시하고, 암 줄기세포를 조절하는 후보물질을 일부 밝혀냈고 치료에 적용하는 실험을 진행중이라 한다.

이 외에도 미국 암학회 발간 학술지 『Cancer Research 2015. 2.』에서

1) 암 줄기세포는 윈트(Wnt)가 높게 관여하고 있음을 규명하였다.

(윈트란 세포에서 분비되는 당 단백질로 주변세포의 수용체를 통해 유전자의 발현을 조절하는 물질이다)

2) 저분자 윈트 신호전달 억제제가 효과적으로 암 줄기세포를 사멸시킴으로써 암 재발이 억제됨을 확인하였다.

또한 암 줄기세포에 대해 2017. 3. 29. 『네이쳐(Nature)』지 '암 줄기세포'에 관한 논문에서 Roche 그룹의 Genetech의 연구자들이 특정 유전자(Lgr5 : Leucine-rich repeat-containing G-protein-coupled receptor 5)가 발현하는 직장암 줄기세포에서 이를 제거하였을 때 암의 성장 속도는 제한되고 전이는 막아주었다. 또한 특정 암 줄기세포를 제거하는 것은 항암제에 저항성이 없도록 하여 암을 치료하는 것이 용이해짐을 확인하였다.

스페인 바로셀로나 과학기술연구소의 살바도르 아즈나 베니타 박사는 『Nature』 2017년 1월호에서 암세포 일부에서 CD36이 과잉 발현되고 있었는데 Anti-CD36을 이용하여 CD36을 저해한 결과 기존 종양의 성장에는 영향을 주지 않았지만 전이를 강력하게 막아낼 수 있었다고 보고하고 아래와 같이 정리하였다.

- 암 줄기세포는 암세포를 지속적으로 만든다.
- 암 줄기세포는 분열이 왕성하지 않으나 약물저항 유전자의 발현이 높다.
- 기존 항암제나 방사선치료는 암 줄기세포를 죽이지 못한다.
- 항암제를 투여해도 매우 적은 암 줄기세포가 살아남아 암을 다시 형성한다. 즉 암 줄기세포는 단백질 복합체가 있어 항암제를 배출하는 작용을 하고 암 조직을 보호한다.

- 암 줄기세포는 암 조직에서 0.1-5% 사이로 추정된다.
- 암이 전이하는 역할을 한다.

암 줄기세포에 관한 이론은 아직도 좀 더 연구가 더 필요하고 유동적인 부분도 있다고 하는데
1) 발현되는 바이오마커는 암 환자에 따라 다양하고.
2) 암 환자마다 암 줄기세포가 각기 다른 특성을 가질 가능성이 있기 때문이다.

이를 바탕으로 설명하면 암을 치료하기 위해서는 기존의 치료방법으로는 충분하지 않으며, 특히 후기 암에서는 이를 완치하기 위해서는 암 줄기세포를 제거해야 한다는 결론에 이르게 된다.

나. 암 줄기세포 바이오마커

우리 몸에 다양한 장기가 있듯이 암 줄기세포의 표지자, 즉 바이오마커도 다양하게 있다. 종양의 유형에 따라 바이오마커는 다르다. 현재까지 발견된 바이오마커는 다음과 같으며 바이오마커를 찾는 연구가 활발히 이루어지고 있다.

"암 줄기세포 연구에 대한 동향 및 개념" 재인용

암 종류	마커	암 종류	마커
유방암	$CD44^+ / CD24^-$ ALDH1	췌장암	$CD44^+ /$ $CD24^+ /$ ESA+ CD133

뇌종양	CD133	폐암	CD133 ALDH1
대장암	CD133 EpCAM CD44	간암	CD90
두경부암	CD44 BMI1	피부암	ABCB5 CD20

(출처 R&D systems, Cancer stem cell markers)

암 치료는 암세포와 암 줄기세포를 동시에 공략해야 근본적인 치료를 했다 할 수 있다. 현재는 암 줄기세포 치료용으로 신약후보물질 6-8개 정도가 개발되었고 임상 중에 있다고 한다.

암 줄기세포의 바이오마커는 앞으로도 더 밝혀질 것이다. 바이오 분야의 괄목할만한 성장으로 다양한 분석기법들이 개발되었으며 이를 이용하여 전체 유전자를 분석할 수 있게 되었다.

이미 인간 유전체 프로젝트(Human Genome Project)가 완성되어 이 정보를 바탕으로 차세대 염기서열 분석(Next generation sequencing)과 전체유전체 분석(Whole-genome sequencing)을 통하여 더 많은 정보와 신뢰성을 바탕으로 바이오마커 발굴이 가능해 질것으로 기대한다.

다. 암 줄기세포가 생기는 환경

(1) 저산소 구역

암은 어떤 원인에 의해 암세포가 생겨서 1개, 2개, 4개 등 기하급수적으로 증가하여 암세포가 400만 개 정도가 되면 신생혈관을 만들어낸다. 이 신생혈관으로부터 150㎛ 이상 떨어지면 저산소 구역이 생기는데 이곳에서 암 줄기세포가 생긴다.

(2) 영양결핍

엽산, 콜린, 메치오닌 이런 영양소가 부족하면 암 줄기세포가 만들어진다. 암 원인의 80%가 후성적이고 태어난 이후의 원인, 즉 환경, 먹거리, 스트레스 등에 의해 유전자 발현이 좌우된다. 부모에게 받는 유전성은 20% 정도이다.

암 줄기세포는 정상 세포로도 분화될 수 있고 암세포로도 분화될 수 있다. 이 같은 관점을 고려하면 몸의 환경에 정상적인 산소와 영양을 공급하면서 특정 항 대사물질을 공급하면 암세포가 정상세포로 분화될 수도 있다. 줄기세포가 정상세포로 분화할 수 있도록 몸의 환경을 만드는 것이 암 치료의 근간을 이룰 것이다.

암 유전자분화를 조절해서 암을 치료하는 것을 유전자분화요법이라 한다. 특정한 물질이 암 줄기세포의 유전자를 끄거나 켜는 것에 의해서 암 줄기세포의 작용을 조절할 수도 있다. 이렇게 암 줄기세포유전자를 조절하여 암세포를 정상세포로 분화되도록 유도하여 치료하는 것이 최근의 암 치료법으로 등장하고 있다. 이것을 쉽게 표적치료제라 이름 붙일 수 있는데 이것의 개발은 매우 많은 시간과 비용이 들어간다. 현재 암에 걸려 고통받는 환자들에게는 이 같은 치료법에 의지하기가 어려울 수 있으나 이 같은 과학적 근거를 바탕으로 음식이나 약초 등 천연물을 잘 활용한다면 치료에 도움을 받을 수 있다. 유전자분화요법이 암 치료의 새로운 패러다임으로 등장하고 있는 것이다.

일부 대체의학계의 의사들은 다소 시간이 걸리는 암 줄기세포에 대한 표적항암제를 대신하여 현재 암으로 고통받고 있는 환자들에게 즉각적인 도움을 주고자 암 줄기세포 바이오마커에 영향을 끼치는 식물들을 암 치료 보조제로 사용하고 있기도 하다. 이렇게 유전자분화요법에 입각한 치료를 고려하고 있는 것이다. 유추컨대 말기암 환자들이 산속에 들어가 약초를 캐 먹고 기적적으로 나았다는 말들이 전설이 아니라 가능할 수도 있겠다는 생각이 든다.

3. 암과 유전자

암의 원인이 이제는 완전히 다른 관점에서 조명되고 있다. 암은 환경적 요인이라기보다 DNA가 문제라는 것이다. 암은 2/3가 DNA의 복제 과정에서 잘못되어서 발생한다는 것이다. 그간의 관점과 다른 방향에서의 접근이다.

현대는 어렵지 않게 개개인의 유전자 염기서열을 분석해서 유전자 지도를 그려 낼 수 있다. 이런 유전자 분석 토대 위에서 암의 원인을 밝혀 이에 대처하여 치료한다는 것이 이 분야 과학자들의 설명이다. 이것은 맞춤형 치료의 출발점이 될 수도 있을 것이다.

세포의 증식, 분화, 죽음을 조절하는 것이 유전자이다. 현재까지 인간의 유전자는 약 25,000여 개로 밝혀졌고 이 중 암 관련 유전자는 400여 개라 한다. 발암 유전자는 51개이고 종양억제 유전자는 24개라 한다. 유전자 발현이 잘못되었을 때 암세포가 된다는 암 발생에 관한 새로운 발견을 분자생물학과 후성유전학에서 밝히고 있다. 이에 따라 암 관련 유전자 중에서 잘못 복제되거나 발암 유전자의 스위칭으로 암이 발생하면 이의 인과 관계를 밝혀서 치료한다.

유전자 발현을 조절하는 것이 3가지가 있다. 히스톤(Histone), DNA 메틸레이션(Methylation), Micro RNA이다. 이 유전자의 발현으로 정상 세포가 정상적으로 분화되기도 하고 잘못되면 암세포가 되기도 한다.

이외에도 연구된 논문들이 다수 있다. 영국 케임브리지대 연구팀이 『셀(Cell 2016. 8. 26.)』에 게재한 논문에서
1) 암은 줄기세포 복제가 많을수록 DNA 결함비율이 증가하여 발생한다.
2) 암은 암 유발 유전자의 돌연변이 축적으로 발생한다.
3) 암은 줄기세포에 퍼펙트 스톰(perfect storm)이 있어야 발생한다.

이같이 유전자와 암과의 관련성을 말하고 있다. 암과 관련된 유전자에 대해 살펴본다.

3.1 무작위적 돌연변이

존스홉킨스대의 연구진은 2015년 1월 2일 과학저널 『사이언스』에 발표한 논문에서 암은 무작위적 돌연변이에 의한 것이라 발표했다. 건강관리를 잘하거나 유전적 요인이 없더라도 무작위적으로 암이 발생한다는 것이다. 한마디로 운에 의한 것이 암 전체의 2/3나 차지한다는 것이다.

이 논문에서 존스홉킨스대학의 토마세티 박사는 대장암은 줄기

세포와 깊은 관련이 있어서 암 발생비율이 높지만, 뼈에 발생하는 골육종은 줄기세포분열과는 상관없어서 암 발생률이 낮다고 한다.

인체의 각 조직 부위는 조직 부위 특성에 맞는 줄기세포가 있는데 이런 줄기세포가 평생동안 세포분열을 할 때 DNA 복제 과정에서 무작위적으로 오류가 발생하고 이런 오류가 쌓이면 돌연변이 암세포가 생겨서 암에 걸린다는 게 요지이다.

생물통계학자 크리스티안 토마세티와 종양학자 베르트 보겔슈타인 교수는 이 논문에서 기존의 의학과 생물학에서 나온 결과와 광범위한 데이터를 활용한 수학적 분석을 통해서 이 같은 결론에 도달했다고 한다. 이에 따른 결론은 줄기세포가 평생 동안 세포분열을 하는데, 세포분열횟수가 많은 부위일수록 암 위험도도 높아진다는 것이다.

암은 어린이들에게는 비교적 적은데 나이를 먹어갈수록 암 발병률이 높아지는 것에서 이런 추론이 가능하다. 나이를 먹을수록 줄기세포의 분열 횟수가 그만큼 많아지기 때문이다. 장수하면 할수록 암이 발병할 확률은 높아진다.

이 분야의 연구가 암 치료에 실제 적용되기 위해서는 가야 할 길이 아직 멀 테지만 암이 이러한 무작위적 돌연변이에서 비롯됐다는 이론을 정설로 받아들이기까지는 검증이 더 필요하다.

3.2 종양 억제 유전자와 발암 유전자

정상 세포는 세포분열을 통해 재생과 성장을 하고 세포가 수명을 다하면 사멸한다. 그러나 암세포는 그렇지 않고 무한 성장을 한다. 이 과정에서 DNA와 관련된 세포들을 간단히 살펴본다.

가. 종양 억제 유전자

종양 억제 유전자는 정상 세포에서 무분별한 세포의 분열과 성장을 억제하는 기능을 갖는 유전자이다. 이 기능이 상실되면 세포의 과잉성장이 일어나 암이 유발될 수 있다. 종양 억제 유전자는 유전성 암과 밀접한 관련이 있다.

p53은 대표적인 종양 억제 유전자라고 한다. p53은 세포의 비정상적 분열과 증식을 억제하며 세포 DNA가 손상되었을 때 이를 정상으로 복구하고 DNA의 무제한적 증폭을 방지한다. 그런데 p53은 암을 억제하기도 하지만 p53에 이상이 생기면 암을 촉발한다. 현재 거의 대부분의 암에서 p53의 돌연변이 혹은 p53의 활성 조절에 관여된 유전자 변이가 관찰된다. 인체에서 p53이 돌연변이가 되는 확률이 50%에 이를 정도로 암의 발생과 억제에서 핵심적인 역할을 한다.

미국 국립암연구소(National Cancer Institute)의 보고에 따르면 p53은 항암제와 방사선치료의 민감성에도 영향을 미친다고 한다.

암은 일개 종양 억제 유전자 변화만으로 암을 일으키는 것은 아니고 긴 시간에 걸쳐 여러 개의 암 관련 유전자의 변화가 누적되어야 한다.

나. 발암 유전자와 전(원)암 유전자

발암 유전자는 암으로 변이를 일으킬 수 있는 유전자이다. 전암 유전자는 발암 유전자가 될 수 있는 정상 유전자를 말한다. 전암 유전자가 DNA에서 돌연변이가 일어나면 발암 유전자가 될 수 있다. 이때 종양 억제 유전자가 정상적으로 작동하면 세포가 사멸되어 암이 되지 않지만, 이상이 있으면 암으로 발전한다. 발암 유전자는 원래 종양을 유발시키는 바이러스에서 발견되었다.

후성유전학(또는 후생 유전학)은 암이 유전자에 의한다는 가설에 입각해 있다. 유전자 발현과 억제 기전에 문제가 생기면 발암 유전자를 활성화시키거나 종양 억제 유전자를 침묵시켜 암을 초래할 수 있다는 것이다.

암 유전자가 활성화되는 것은 세포분열을 조절하는 신호 스위치가 고장 난 것과 같다. 후성유전학은 유전자의 발현과 억제 기전을 이용해 암의 발생을 추적하거나 암을 치료하는 것을 목표로 한다. 지금까지 밝혀진 물질은 히스톤이라는 단백질과 메틸기, 아세틸기라는 화학물질이다. DNA를 감고 있는 히스톤에 아세틸기가 붙으면 복제가 잘되고 메틸기가 붙으면 유전자의 발현을 억제한다. 주로 표적항암제를 개발하는 데 이용된다.

다. DNA 수선 유전자

세포는 일정 조건이 되거나 시간이 경과 하면 생성, 성장, 분화 과정을 거쳐 세포 스스로 자살을 하게 된다. 이 과정 중 정상 세포가 복제되는 과정에서 이상이 생기면 인체는 병에 걸리거나 늙거나 암에 걸리기도 한다. 그러나 DNA가 복제되는 과정에서 이상이 생겨도, DNA 수선 유전자가 이를 원래대로 복원시켜 건강한 상태를 유지한다. 그러나 나이가 들어 늙으면 이 유전자도 손상을 입어 수선율도 떨어진다.

DNA 손상은 항상 일어난다. 이러한 손상은 발암물질에 의하거나, 자외선이나 방사선과 담배 등에 의하여 발생하지만 자연적으로도 일어난다. 인간 몸에서 하루에 수백만 번 일어나는 세포 분열과정에서 자연스럽게 발생한다. 이렇게 DNA 손상이 누적되면 질병에 걸리고 노화되며 암에 걸리기도 한다.

그러나 우리 몸은 이런 손상을 스스로 고쳐주는 메카니즘을 내장하고 있다. 항상성이라는 신체의 능력이다. 유전자 이상은 항시 일어나는데 항상성 능력이 이를 복구시켜서 건강하게 생명을 이어가게 한다. 2015년 노벨화학상 수상자들이 이것을 발견했다.

1) 염기절제 복구

린달은 '염기절제 복구'란 방법을 발견했다. 이것은 DNA에서 손상된 염기만을 떼어내고 해당 부위를 복원시킨다.

2) 부정합 복구

폴 모드리치는 '부정합 복구'를 발견했다. 염기서열이 쌍을 이뤄야 하는데 엉뚱한 염기들이 결합했을 때 이를 고쳐줘서 제대로 된 쌍을 이루게 한다.

3) 뉴클리오타이드 절제복구

아지즈 산자르는 '뉴클리오타이드 절제복구'란 방법을 발견했다. 염기, 당, 인산 등이 결합한 뉴클리오타이드 전체를 뜯어내 고치는 방식이다. 자외선 등에 의한 손상을 복구한다. 피부암이나 대장암은 이런 복구과정과 관련된 질병이다.

또한 DNA 복구에는 효소(enzyme)가 관련되는데 피부암은 UVRA, UVRB라는 효소에 이상이 있을 때 걸린다고 한다.

3.3 암 유전자의 진단에의 활용

이제 인체의 유전자 지도를 그려낼 수 있게 된 오늘날 유전자 검사를 통해 암을 진단할 수 있는 단계에까지 온 것 같다. 대단히 비싼 비용이 들었던 유전자 검사가 최근에는 그리 큰 비용부담 없이 유전자 지도를 그려낼 수 있어서 암과 관련된 유전자를 추출하여 암에 대해 예방하고 대처도 할 수 있다.

인간의 혈액이나 객담에는 암에서 유리된 유전자가 존재한다. 이를 검사하여 암을 조기 진단한다. 검출한 유전자에서 발암 유전자, 종양억제 유전자, DNA 수선 유전자가 제대로 작동하고 있는지 여부를 검사할 수 있다.

DNA 메틸화(methylation)라는 개념이 있다. 아래는 질병관리본부에서 발간한 논문을 발췌 요약한 것이다. 이에 따르면 DNA 메틸화는 유전체에 일어나는 가장 대표적인 후성적인 변화(epigenetic change)로서, 암의 조기 진단, 예후, 약물 반응성 예측을 위한 새로운 표지자로서 기존의 암 검사를 보완할 수 있다.

DNA 메틸화는 cytosine pyrimidine 링의 5번째 탄소에 메틸기(CH3)가 공유결합으로 첨가되는 현상이다. DNA 메틸화는 정상적인 개체의 발생과 다양한 생명현상에서 중요한 역할을 하고 있다. 암 조직에서는 정상 세포와는 다른 두 종류의 DNA 메틸화 현상이 나타나는데, 유전체 전반에 걸친 저메틸화(hypo-methylation) 현상과 유전자발현 조절부위(promoter)에 위치한 고메틸화(hyper-methylation) 현상이 그것이다.

후성적 유전체 변화 중에서 암세포에서의 DNA 메틸화 변화는 정확한 원인이 밝혀져 있지는 않지만, 암이 발생한 조직의 유전체에서 많이 발견되고 있어 이를 이용한 진단법이 등장했다.

암 관련 유전자는 세포의 성장 조절 유전자, 암 억제 유전자, DNA 수선 유전자, 전이를 막아주는 유전자, 혈관생성 유전자, 발암물질 해독 유전자, 침윤 관련 유전자 등이 있다고 한다. 이런 유전자들이 과메틸화에 의해 제대로 역할을 하지 못하면 암으로 진행된다. 따라서 유전자의 종류 중 그 역할의 중요도에 따라 과메틸화 유전자가 5개 이상일 때 발암으로 진단하기도 한다. 또한 암은 암종에 따라 변이유전자가 다르므로 이를 파악해서 암으로 진단하기도 한다.

통상 CT 영상은 미세 암을 파악할 수 없는데 유전자 검사법은 이에 대해서도 파악이 가능할 수 있다고 한다. 더구나 암이 되기 전의 단계, 즉 전암 단계까지도 파악이 가능하다고 한다.

이 진단법은 다소간 유동성이 있는 듯하다. 아직까지 백 퍼센트 완벽하게 검출할 수 있지는 못하다.

우리나라는 이미 암을 일으키는 유전자를 이용하여 암에 관한 진단을 하는 방법을 제도권 내로 도입했다. 정부는 2017년 3월에 차세대 염기서열분석 검사, 즉 NGS(Next Generation Sequencing) 검사를 선별적으로 급여화 했다. 상급 22개 종합병원에서 고형암(위암, 폐암, 대장암, 유방암, 난소암, 흑색종, 위장관 기질종양, 뇌척수 악성종양, 소아신경모세포종, 원발 불명암)에서는 HER2를 포함한 14가지, 혈액암(백혈병, 림프종 등)은 3-11가지가 필수대상 유전자로 지정돼 활용하고 있다.

이러한 진단법은 초기 진단뿐만 아니라 향후 치료과정에서 약물에 의한 치료의 유효성을 판단하는 등 유전자에 의한 암 진단과 치료에 이용된다.

그런데 이 같은 유전자 관련 의학은 환자마다 적응성이 다를 수 있고 또한 질병의 진행 정도에 따라서 반응이 달라질 수 있는 등 변수가 있다고 한다.

4. 암의 발생과 특징

암에는 크게 봐서 고형암과 혈액암이 있다. 고형암은 말 그대로 고체 덩어리에서 발생되는 암이다. 액체특성을 띠는 혈액암은 백혈병같이 혈액에서 발생하는 암이다. 혈액암에는 백혈병 외에도 악성 림프종, 다발성골수종, 재생불량성 빈혈 등이 있다. 혈액암은 항암제만으로도 80% 이상 근치율이 높으나, 3,4기 고형암은 수술과 방사선 및 항암제를 모두 사용해도 40% 이하로 근치율이 매우 낮다.

국가암정보센터에 분류된 암 종류는 100여 종인데 우리 몸의 거의 모든 부분에서 발생한다고 보아도 무방하다. 이 중에서 발병이 잦은 암은 위암, 간암, 폐암, 대장암, 방광암, 유방암, 자궁경부암 등이다.

Douglas Hanahan과 Robert A. Weinberg는 『Cell』에서 암의 특징(Hallmarks of Cancer : The Next Generation. https:// doi.org/10.1016/j.cell 2011.02.013)을 2000년에 발표한 6가지에서 2011년에 새롭게 네가지라고 다시 평가하였다.

> 첫 번째, 암은 **비정상적인 대사**로 인해 발생한다.
> 두 번째, 암은 인체의 **면역력을 회피**하는 능력이 있다.
> 세 번째, 암은 **염색체 이상과 불안정한 DNA** 때문이다.
> 네 번째, 암은 **염증과 밀접**한 관계가 있다.

이 같은 점들을 염두에 두면서 암의 발생에 영향을 주는 것들을 알아보자.

4.1 암은 과연 전조증상이 없는 것일까?

암은 예측하기 어려운 측면이 있지만 그렇다고 아무런 전조가 없는 것은 아니다. 여러 가지 요소 중에서 특별히 만성 염증과 만성피로 및 통증 등을 가볍게 여기지 말아야 한다. 비정상적인 혈당 상승도 주의해야 한다. 그리고 이상한 멍울(예 유방암) 같은 것도 주의 깊게 지켜봐야 한다. 양성인 혹도 지속되는 자극으로 악성으로 변할 수도 있다.

결과론적인 이야기지만 나는 아내가 중병이 걸릴 것을 우려했었다. 걱정을 넘어서 예감을 하였다. 아내가 정말 물불을 가리지 않고 자신을 소진시키는 과정을 바라보면서 느낀 감이다. 뉴질랜드로 공부하러 간 시기까지 합하면 근 10여 년이 넘게 과로와 스트레스 속에 살면서 다양한 전조증상들이 있었다. 미각 상실, 고혈당, 수면 부족에 의한 피로, 염증 등이 그것이었는데 이를 좀 더 예민하게 감지하고 조심했더라면 암에까지 걸리지 않았을 것이다.

모든 병은 초기에 대처할수록 유리하다는 것은 누구나 안다. 그러나 스스로 위험에 처한 것을 감지하지 못하면 중병에 걸릴 수밖에 없다. 경각심이 없으면 이를 막을 방법은 없다. 스스로 위험을 감지하지 못하는데 어떤 대책을 강구 할 수 있을까? 자신의 몸에서 보내는 신호를 느끼고 의식해야 다음으로 대처할 수 있다.

그러나 위험요인이 있다는 걸 알면서도 어쩔 수 없이 그런 상황에 놓일 수밖에 없는 경우도 있다. 먹고 사는 문제가 가장 클 것이다. 위험한 작업환경의 문제라든지 과로와 업무상 쌓이는 스트레스 문제라든지 하는 것들이다.

평균 수명까지 27%의 사람이 암에 걸릴 수 있다는데, 여기서 벗어나기 위해서는 건강을 유지하기 위한 노력과 더불어 몸이 보내는 신호에 예민해져야 한다.

4.2 면역력의 문제

우리는 흔히 암에 걸린 이유로 면역력 저하를 든다. 면역력이란 선천면역과 후천면역 등 인체의 면역체계가 가지고 있는 어떤 능력 또는 힘이다. 면역력은 인체의 대사작용과 긴밀히 연결되어 있다. 면역력은 자율신경에 의해 조절되는 체온, 혈액순환, 면역체계의 활성도에 따라 좌우된다. 면역력 저하는 과로와 스트레스, 수면, 그리고 영양의 불균형과 나쁜 환경 등이 원인이다.

면역력은 혈액을 추출하여 이를 수치로 나타내는 방법을 일부에서는 사용한다.

가. 면역체계

우리 몸은 인체 내외부의 항원(병원체나 암 같은 이상세포)으로부터 우리 몸을 지키기 위한 시스템을 가지고 있다. 이 방어의 주된 시스템이 면역체계이다.

면역체계는 항원의 공격으로부터 내 몸을 보호하기 위한 시스템이다. 1차 저지선은 외부의 병원체로부터의 공격을 막는 방어선이다. 이는 몸이 외부와 접촉하는 모든 기관에 있다. 피부는 우리 몸에서 가장 넓게 퍼져있다. 코, 기관지, 폐 등 호흡기도 외부와 접촉하고 구강과 식도 위와 장, 항문 등 소화기관의 각종 내벽들도 외부와 접촉한다. 생식기도 외부와 접촉한다. 이 기관은 점막들로 보호되는데 그 자체가 우리 몸을 방어하고 인체에서 내보내는 분비물과 각종 화학물질 등이 항원으로부터 우리를 보호한다.

외부의 병원체가 1차 방어선을 뚫고 몸 안으로 들어오거나 몸 내부에서 돌연변이 등으로 암세포가 생기면 우리 몸 내부에 있는 면역체계가 즉시 가동된다. 그것은 혈액과 림프액이 중심이 된다. 혈액은 적혈구와 백혈구로 나뉘고 림프액과 결합되어있다. 인체의 면역반응은 백혈구가 담당한다. 그중에서도 가장 핵심적인 역할은 림프구, 그중에서도 T세포가 가장 크다.

(1) 백혈구

백혈구는 면역체계의 상당 부분을 차지한다. 백혈구는 과립의 유무에 따라 과립백혈구와 무과립백혈구로 나뉜다. 과립이란 둥글고 아주 작은 입자이다. 과립백혈구는 호중구, 호산구, 호염구로 나뉜다. 무과립백혈구는 림프구, 단핵구(식세포)로 나뉜다. 면역력에 관계하는 백혈구의 대표적인 인자를 보자.

- 림프구는 백혈구의 30% 정도를 차지한다. 림프구는 면역을 담

당하는 대표적인 세포이다. 림프구는 T세포, B세포, NK세포가 있다. 후술한다.

- 호중구는 백혈구의 60%를 차지할 정도로 백혈구의 성격을 좌우한다. 호중구는 포식세포의 일종으로 세균에 감염되면 가장 빨리 반응하여 이를 퇴치한다. 염증반응의 대표 물질이다. 암과의 싸움에 동원되기도 한다. 호중구는 백혈구 총 숫자와 더불어 환자의 상태를 알아보는 지표로 사용되기도 한다.

(2) 림프계

림프계는 면역체계에서 대단히 중요한 요소이다. 림프계는 노폐물이나 죽은 세포와 같은 불필요한 요소를 제거하고 면역반응을 강화한다. 림프액은 자연적인 방어 작용을 하고 백혈구를 강화한다. 또한 단백질 농도를 조절하고 특정한 아미노산의 생성을 촉진 한다. 그리고 체내의 수분을 조절하여 부기를 없애고 독소를 제거한다. 림프계는 사실상 몸 전체로 확장된 혈관 네트워크 중 하나이다.

림프계는 림프관과 림프절로 구성된다. 림프관은 우리 몸 전체에 그물처럼 퍼져있다. 림프관은 주로 피부나 점막 하층의 성긴 결합조직이다. 림프액은 조직에서 혈관 쪽으로만 흐른다. 림프관 중간에 림프절이 있다. 림프절

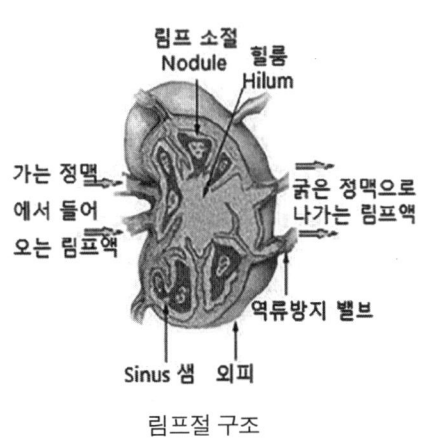

림프절 구조

은 우리 몸의 중요한 방어체계이다. 림프절은 면역작용을 하는 림프구를 만들어 내고 면역 활동을 한다. 림프절은 한쪽이 오목한 강낭콩 모양으로 작은 것은 직경이 1~2mm이고 큰 것은 1~2cm정도 이다. 림프절은 전신에 약 500개가 넘는다.

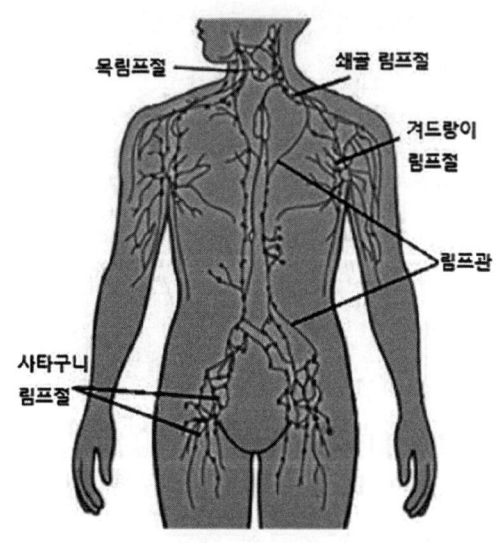

림프절 분포와 위치

림프절은 목과 겨드랑이 및 사타구니에 많이 분포되어 있다. 림프절은 다수의 림프관이 연결되어 있고 입수된 체액을 체처럼 거르는 역할을 한다. 림프절은 림프구가 항체와 싸우다 죽은 시체들이 쌓여 병이 깊어질수록 커지기도 한다. 림프계는 암세포의 이동통로가 되기도 한다.

(3) 선천면역과 후천면역

우리 몸의 면역은 크게 구별하여 태어날 때부터 가지고 있는 선천면역(또는 내재면역)과 병원체와 싸우면서 획득된 후천면역(또는 획득면역)으로 나뉜다.

선천면역은 특정 항원을 기억하지 않고 즉각적으로 반응하지만 장기간 지속되지 않는다. 선천면역은 백혈구 종류인 식세포와 자연

킬러(Natural Killer Cell 약칭 NK)세포가 담당한다. 사이토카인도 이 과정에 참여한다.

- NK세포는 전형적인 면역세포로 외부 바이러스나 종양세포를 공격하는 세포이다. 비정상세포와 만나면 NK세포는 퍼포린이라는 화학물질로 세포막에 구멍을 내고 그랜자임이라는 독성물질을 뚫어진 구멍에 넣어 세포를 자살하게 한다. NKT세포도 이와 유사하다.

- 식세포에 의한 대부분의 포식작용은 혈액의 단구세포, 중성구, 대식세포 등에 의해 이루어진다. 이들은 세포 외부의 물질, 즉 암의 경우 암세포를 세포 표면의 특별한 수용체에 결합시킨 후 세포내부로 이입시켜 섭취하는 식세포 작용으로 암세포를 파괴한다.

- 사이토카인은 면역세포가 분비하는 단백질의 총칭으로 백혈구와 여러 관련된 세포에서 다양한 기능을 갖는다. 이들은 조혈작용을 하고 면역계의 조절에 많은 역할을 한다. 주요 사이토카인은 인터페론, 인터루킨 등이 있다.

- 인터페론은 당단백으로 항바이러스 작용, 면역조절작용, 세포증식 억제작용 등을 한다. 이들은 알파, 베타, 감마 등으로 더 세분화된다.

- 인터루킨은 대식세포나 림프구에서 분비되는 면역조절물질로 면역반응을 조절한다. IL1-IL6까지 확인되었다. 이 중에서 인터루킨-2(IL-2)가 항암효과가 뚜렷하다고 한다. 인터루킨-2로 암을 치료하려는 시도가 있었지만 그렇게 성공적이진 못했다.

후천면역은 항원을 만나 싸우는 과정에서 획득된 면역이다. 즉 학습하고 적응하고 기억하는 능력을 가졌다. 후천면역이 생기려면 새 항원에 노출되는 시간이 필요하다. 하지만 항원을 기억하고 있으면 반응시간은 훨씬 빨라진다. 후천면역에 해당하는 백혈구는 림프구(T세포, B세포)와 수지상 세포이고 사이토카인과 보체계가 참여한다.

T세포는 흉선(Thymus)에서 생성되어서 붙여진 이름이며 대표적인 면역세포이다. 거의 무제한의 항원을 인식할 수 있다. T세포는 여러 종류가 있다. 이는 살해(세포독성) T세포, 도움 T세포, 억제 T세포이다.

B세포는 골수(Bone marrow)에서 유래되므로 첫 글자를 따서 B세포라 한다. B세포는 항체를 생산하는게 주 기능이다. 항체는 그 병원체에 다시는 감염되지 않도록 한다. B세포도 거의 무제한의 다양한 항원을 인식할 수 있다.

항원과 싸우는 데는 나뭇가지처럼 생겼다 해서 수지상세포라 불리는 세포도 참여한다. 수지상세포는 피부와 림프절 및 조직에 존재한다. 수지상세포는 항원을 삼키고 분해하여 도움T세포로 하여금 항원을 인식하게 한다. 수지상세포는 미처리된 항원을 B세포에 전달한다.

보체계는 면역체계의 한 인자로서 병원체에 감염된 세포를 제거하거나, 다른 면역반응을 유도하거나, 감염 세포를 옮기는 등의 역할을 한다. 보체계는 여러 보체들로 구성되어 있다.

후천면역은 병에 걸렸거나 예방접종 등을 통해 얻어지는 면역이다. 홍역과 같이 한번 걸린 병은 다시 걸리지 않는 것과 같은 것으로 예방접종을 통해 항원을 기억하게 해서 다시는 같은 병에 걸리지 않게 하는 면역이다. 후천면역 개념에 입각해서 최근에는 암 예방 백신이 만들어지기도 했다. 홍역은 예방접종을 해서 예방하듯 암에 걸리기 전에 백신 주사로 암을 예방하겠다는 개념이다.

여기에서 더 나아가 암 치료에 후천면역이 사용되기도 한다. 즉 암 조직의 항원을 후천면역체계에 학습시켜 치료에 이용한다는 것이다. 사람마다 그리고 암종마다 항원은 그 특징이 다른데 이렇게 다른 항원을 그 환자의 수지상세포에 인식시켜서 항체가 생성되도록 유도하여 암에 대처한다는 게 요지이다. 이는 개인별로 각기 다른 항원에 맞춰 암을 치료하는 방법으로 매우 매력적인 맞춤치료법이 아닐 수 없다. 그러나 이는 아직 초기 단계로 비용이 대단히 비싸고 가야 할 길이 좀 먼 것 같다.

선천면역과 후천면역은 독립적으로 작용하지 않는다. 선천면역체계에서 일차적으로 항원을 대적하고 이를 물리치지 못하면 후천면역체계가 작동되는 등 상호 협력적으로 병원체를 퇴치한다.

나. 면역력에 관하여

면역력에 관한 요인들은 너무 많아서 일일이 세기가 힘든 지경이다. 그중에서 중요한 것들만을 간추려본다.

너무나 당연한 상식으로 영양 문제이다. 균형되고 조화로운 영양을 공급해야 면역력이 제대로 작동된다. 단백질은 면역에서 가장 필수적인 요소이다. 백혈구, 적혈구 등 혈액과 림프구들은 단백질을 원료로 합성된 면역체이다. 그리고 이를 대사 시키는 데는 비타민과 미네랄이 중요함은 말할 필요도 없다. 면역력은 이점이 첫째로 중요하다.

소화가 어려운 환자는 단백 아미노산을 섭취하는 것도 추천된다. 아미노산의 종류는 22가지라는데 18가지 이상의 복합적인 성분이 포함된 아미노산 제제는 시중에 많이 있다. 환자가 치료과정에서 몸이 피폐해졌다면 의사와 상담하여 아미노산 영양주사제를 맞는 것도 고려할 필요가 있다. 그러나 이렇게 정제된 것보다 음식으로 섭취하는 게 다양한 영양소를 취한다는 점에서 더 유리하다.

좋은 생활환경도 영양 문제만큼이나 강조되는 항목이다. 산소의 충분한 공급 못지않게 발암성 유해물질의 억제는 암 치료의 기본이다. 양질의 산소공급이라는 면에서 숲속 생활이 강조된다. 숲속 공기에는 산소량도 양이지만 음이온과 각종 피톤치드와 플라보노이드가 있어 환자들에게는 숲속 생활은 유리하다. 숲속 생활을 통해 암이 호전됐다는 사례는 많이 있다.

적당한 운동 또한 널리 퍼져있는 상식이라 굳이 강조할 필요가 없다. 운동은 림프액, 혈액 등 체액의 순환을 빠르게 하여 산소의 공급을 늘리고 노폐물의 배출을 돕는다.

림프액의 순환도 중요하다. 림프관이 좁아 있거나 막혀있으면 대사물질들이 순환되지 못하므로 독소와 노폐물이 축적된다. 또한 대사과정에서 면역세포의 공급이 원활하지 못하면 림프계의 기능이 떨어져 면역력이 저하된다. 림프액 순환을 위해 스트레칭뿐만 아니라 손끝으로 몸 구석구석을 두드려주는 것도 도움이 된다. 특히 암 환자는 하루중 일정시간에 정기적으로 온 몸을 손끝으로 두드려주어서 체액 순환을 하게 하면 많은 도움이 된다.

건강한 장 기능이 면역력에 깊이 관계하고 있다는 것이 속속 밝혀지고 있다. 예전에 소장은 음식물의 소화와 흡수만 하는 단순 기관으로 인식되었지만, 최근에는 중요한 면역기관으로 주목받고 있다. 소장은 특히 세로토닌을 만들어내는 중요한 기관으로 받아들여진다. 소장이 중요한 역할을 하는 것은 소장 여러 곳에 존재하는 페이어 패치(peyer's patch)이다. 이는 소장의 여러 융모 세포 밑에 존재하면서 소장으로 흡수되는 영양분과 함께 흡수된 여러 가지 미생물, 알레르기 유발 항원, 여러 가지 독소를 걸러내는 역할을 한다. 이 과정에 B세포, 대식세포 등이 관여한다. 이 기능이 저하되면 체내 독소는 널리 축적되고 면역력은 떨어진다. 소장을 비롯한 대장도 인체의 중요한 면역기관으로 체내 면역세포의 70%가 집중되어 있다.

세로토닌은 행복 호르몬으로 불린다. 밥을 먹고 포만감을 느낄 때 행복감이 주어지는 것은 이와 관련된다. 미국의 신경생리학자 마이클 거선은 세로토닌의 95%가 장에서 만들어진다고 하였다. 세로토닌이 부족하면 우울증, 불안 등이 생기며 신경계통에 이상이 생긴다.

4.3 암 유발요인들

가. 호흡과 ATP

여기서 호흡 문제를 다루는 것은 암과 산소와의 연관성이 매우 깊기 때문이다. 인간에게 호흡이란 생명유지를 위하여 유기물을 산화시켜 에너지를 얻는 과정이다. 인체는 대사에 꼭 필요한 유산소 호흡이 있고 암의 대사와 같은 무산소호흡이 있다.

인체에서 유산소 호흡은 3단계로 이루어진다. 첫째가 폐에서 이루어지는 외호흡이다. 둘째가 내호흡으로 모세혈관으로 들어온 산소를 조직세포로 운반하는 것으로 조직세포 단위에서 이루어지는 호흡이다. 세 번째가 세포호흡이다. 세포 속에 있는 미토콘드리아에서 산소를 받아들여 영양분을 산화시켜 에너지를 얻는 과정이 세포호흡이다. 암에서는 이 세포호흡이 중요하다. 이 호흡 과정을 통해 생성된 에너지가 ATP 회로에 저장 사용된다.

ATP에 대해서 조금 더 알아본다. ATP란 아데노신(Adenosine), 3(Three), 인산(Phosphate)의 첫 글자를 따서 표기한 약칭으로 아데노신이라는 물질에 세 개의 인산이 결합된 것이다. ATP는 한 분자가 가수분해하면 다량의 에너지를 방출하여 생명 활동에 사용된다. 신체가 어떤 일을 하면 인산 하나가 떨어져 나가 ADP, 즉 하나의 아데노신에 두 개의 인산이 결합하는 구조가 됨과 동시에 7.3 kcal/mol의 에너지를 방출한다.

역으로 우리 몸에 음식이 들어오면 산소와 반응하여 ADP는 ATP가 된다. 이 사이클은 쉼 없이 진행된다. ATP는 지구상의 모든 생물 속에 있다. 신체의 운동과 성장도 모두 이 에너지를 사용하여 얻는 것이다.

ATP는 생체에너지원이면서 ATP의 작용으로 만들어지는 것은 혈액을 비롯해 모든 호르몬류, 약 150종으로 알려진 인슐린, 스테로이드, 모든 효소, 각종 사이토카인, 각종 면역세포 등이다. 이렇게 평상시 신진대사와 밀접히 관련된 산소호흡은 즉각적으로 인체에 영향을 미친다.

무산소호흡은 에너지 대사에 있어 산소를 사용하지 않는 것으로 산소호흡과 달리 산화제로 산소를 소비하지 않으면서 호흡을 하는 원시적 형태의 호흡이다. 무산소호흡은 유산소호흡과 달리 에너지 생산효율이 매우 떨어진다. 대체로 우리 몸에 악영향을 끼치는 대사이다. 장내 미생물 중 혐기성 미생물 대사와 대부분의 암세포 대사가 이에 속한다.

세포 공생설에 따르면 지구상에 산소가 없던 시절에 원시 진핵세포는 무산소호흡만 하였는데, 15억 년쯤에 이르면서 산소가 풍부해지자 산소를 사용하여 ATP를 작동시켜 효율적으로 에너지를 얻는 호기성 세균이 등장하였다. 이것이 진핵세포와 공생하게 되어 다른 세포를 압도하게 되었다는 것이다. 이렇게 산소호흡을 하는 미토콘드리아와 엽록체가, 무산소호흡을 하는 원시세포와 공생하면서 진화해 왔다는 게 세포 공생설이다. 이 가설에 따르면 생명체는 산소호흡을 통해 생명을 유지 발전시켜나가지만, 산소가 없는 상태에서도 생명을 유지 발전시키는 보다 더 오래된 생명유지방법을 이미 그 생명체 내에 내장하고 있다는 것이다. 암도 이런 원시적인 자기복제과정의 산물이 아닌가 여겨진다.

세포에 산소 저하가 암을 유발시킬 뿐만 아니라 이렇게 유산소호흡이 생명유지의 근간이 된다. 따라서 세포의 건강함이 산소와 밀접한 관련이 있는 점에서 이에 대한 메커니즘을 알아봤다.

나. 활성산소와 자유라디칼(free radical)

활성산소는 암과 관련해서 많이 이야기되는 요소이다. 이것은 최근에 많은 논쟁을 불러일으키고 있다. 활성산소는 대부분 부정적으로만 이해하고 있다. 이게 과연 나쁘기만 할까?

　활성산소는 세포가 산소호흡을 하면서 생길 수밖에 없는 반응물질이다. 활성산소란 호흡을 통하여 체내에 들어온 산소가 대사를 통하여 에너지를 만들고 물로 환원되는 과정에서 만들어진다. 앞서도 다룬 미토콘드리아는 영양분으로 에너지를 생성하고 대부분 물로 환원되지만, 이 과정에서 극히 일부가 물이 되지 않고 전자만 받아들여 불안정한 라디칼 상태가 된다. 이는 산화력이 아주 높은 산소 찌꺼기, 즉 슈퍼옥사이드(Superoxide)이다. 활성산소는 이 외에도 과산화수소(H_2O_2), 히드록시라디칼($OH*$)도 만든다. 대략 0.2%~1% 정도이다. 이는 화학적으로 매우 불안정한 물질이다.

　활성산소는 공기오염, 발암물질, 스트레스, 방사선 등에 의해 더 증가한다. 운동도 활성산소를 증가시킨다. 운동을 하면 에너지 사용량이 증가하는데 에너지 대사에서 ATP 사이클 사용이 증가하기 때문이다. 이에 따라 산소량이 증가하면 덩달아 활성산소도 증가한다. 운동은 종합적으로 체온도 올리고 산소공급량도 증가시켜 세포에 득이 되지만 신체 균형이 깨질 정도로 과한 운동을 하면 젖산물질까지 증가하여 손해가 커진다.

　이러한 활성산소는 양면적 성격을 띤다. 적당량 있으면 세균이나 이물질로부터 세포를 지킨다. 백혈구 중 호중구나 호산구는 활성산소를 이용하여 세균과 바이러스를 죽이는 역할도 한다. NK세포도 암세포를 공격할 때 활성산소를 이용한다. 또한 활성산소는 생체신호를 전달하는 중요한 기능을 한다. 그러나 활성산소는 불안정하고 높은 에너지를 갖고 있어서 너무 많으면 신체의 다른 분자들과 쉽게 산화 반응을 일으키는데 이로 인해 세포와 조직이 손상을 입게 된다. 이러한 조직과 세포의 지속적인 손상은 노화를 불러일으키며, 높은 에너지를 가지고 있는 활성산소는 우리 몸을 늙게 하고 세포의 DNA를 공격하여 암을 유발할 수 있다.

이렇게 활성산소는 반응성이 높은데 인체에 해가 되는 이러한 물질을 안정한 상태로 복귀하도록 하는 체계를 발달시켜왔다. 여기에 관여하는 효소가 SOD(Super Oxide Dismutase)와 카탈라아제이다. 카탈라아제는 과산화수소를 물과 산소로 분해하고, SOD는 슈퍼옥사이드를 과산화수소(H_2O_2)나 일반적인 산소로 변환시킨다. 이러한 능력을 항산화 작용이라 하는데 산화하려는 조직을 환원시켜 이를 보호한다. 항산화제의 대표적인 예로는 비타민C라 불리는 아스코르브산 글루타치온과 비타민E라 불리는 토코페롤 등이 있다.

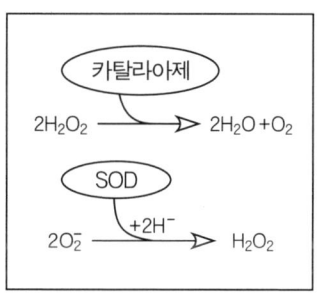

항산화 작용

산화는 몸을 망가트리는 주요 요소다. 반면 항산화라는 것은 산화된 세포나 조직을 역으로 환원시키는 것을 말하는 것으로, 노화를 막고 병 유발요인을 제거하여 건강을 되찾는 데 도움을 준다.

젊은 시절에는 활성산소가 생겨도 인체에는 항산화제가 많아 별 문제가 되지 않을 수 있지만 40세가 넘으면 이 같은 항산화 효소는 급격히 줄어든다. 따라서 중년이 되면서부터는 항산화를 위한 의도적 노력이 필요하다.

그러나 항산화는 논란의 중심에 있는 요소이기도 한데 그 이유는 항산화를 위해 농축된 약의 형태로 먹는 것은 해가 될 수 있다는 점 때문이다. 이러한 인위적인 행위는 인체의 항상성 능력을 깨뜨릴 수 있어 몸에 부정적으로 작용할 수 있다고 한다. 이렇게 활성산소는 양면성을 띠기에 적절히 균형을 이룰 필요가 있다. 무엇보다 식품으로 조화롭게 골고루 먹는 노력이 요구된다. 항산화를 위한 방법은 3부에서 검토한다.

다. 암과 염증

염증은 암과 밀접한 관련이 있다. 오토 바르부르크는 염증을 암의 2차 원인으로 꼽았다. 염증은 암과 산소와의 관계에서 연장전에 해당한다. 염증은 세포에서 산소를 박탈하는 영향 때문에 암의 주요 원인이 된다.

아내에게 최초로 발병한 암은 어금니의 잇몸이었다. 이는 오랫동안 염증이 있었던 자리이다. 이러한 염증이 오랜 세월을 거치면서 면역력이 떨어질 정도로 몸을 혹사시키고 만성피로가 쌓이자 서서히 암으로 변해간 게 아닌가 여겨진다.

염증에는 급성염증과 만성염증이 있다. 급성염증은 대개 세균이나 바이러스 감염에 의한다. 통증을 동반하고 붓고 열이 난다. 대부분 잘 낫고 치료제에 잘 반응한다. 잘 낫지 않을 경우 만성염증으로 진행되기도 한다.

만성 염증의 원인은 외부적 요인과 내부적 요인이 있다. 내부적 요인으로는 면역력 저하와 비만 등이 있고 외부적 요인은 감염이 있다.

일단 염증을 만들어내는 환경은 주로 대사작용과 관련이 있다. 대표적인 것으로 포화지방 덩어리인 삼겹살을 들수 있다. 염증과 관련이 깊은 당뇨, 콜레스테롤 등 대사성 질환 예방을 위해 50세 이상은 삼겹살 안 먹기 운동이라도 벌여야 한다. 이외에도 식품첨가물, 미세먼지나 담배, 스트레스, 운동 부족도 염증에 기여한다.

또한 염증은 노화와 관련이 깊다. 나이가 들면서 나타나는 질환은 대부분 염증성 질환이다. 대부분 통증의 형태로 나타난다. 관절통, 두통, 만성적인 피로 등 체내 염증성 물질들은 노인이 되면 이를 억제하는 능력이 떨어지기 때문이다.

염증 물질은 세포의 활성도를 떨어뜨려 대사기능 장애를 초래한다. 그 결과 암을 성장시키는 원인을 제공한다. 이렇게 다양한 원인으로 염증성 단백질이 조금씩 꾸준히 생성 축적되면 여러 해에 걸쳐 소리 없이 진행되다가 이내 암으로 발전할 수 있다.

혈액검사에서 CRP라는 염증을 나타내는 지수가 있다. 염증지표인 CRP(C-Reactive Protein)가 1mg/L 이하일 때보다 3mg/L 이상에서 암 발병이 38% 이상 증가한다는 서울대병원 건강증진센터의 연구 보고가 있다.

CRP는 정확하게는 C반응성 단백질이다. 체내 염증이 생기거나 조직이 손상되면 생성된다. 의사들은 이 항목을 다른 지표와 함께 암 환자의 상태를 읽는 지표로 삼기도 한다. 정상적인 CRP 수치는 국내외적으로 통일되어 있지는 않지만 대략 5-10mg/L(0.5-1.0 mg/dL) 정도이다. 그러나 임상에서는 CRP의 미세한 변화로 질병 상태를 파악하기도 하는데 고감도 CRP 검사에서는 이것보다 낮은 0.3mg/L로 정상 범주를 구분하기도 한다. 암 환자의 경우 CRP 수치가 낮을수록 장기 생존율이 높은 편이라는데 이것은 원리적으로도 타당하지 않을 수 없다.

아내는 암 치료과정에서 CRP 수치가 크게 요동친 경험이 있다. 그리고 열이 함께 동반됐었다. 자연치유센터에서 전신에 암이 전이된 환자의 염증 수치가 200mg/L까지 치솟으며 며칠 지나지 않아 사망한 것을 알고 있었던 나로선 매우 놀랐었던 적이 있다.

염증을 통제하면 암의 위험을 줄일 수 있다. 예를 들어 아스피린이나 이부프로펜과 같은 비스테로이드성 항염증제는 8만 명의 여성을 10년간 추적 연구한 바에 의하면 최소한 일주일에 3차례 아스피린을 복용한 여성은 23% 암 확률이 낮게 나왔다. 이와 비슷한 연구 결과는 이밖에도 더 있다.

암으로 발전할 위험요소의 염증은 위염, 간염, 자궁경부염, 방광염, 폐렴, 췌장염, 식도염, 기관지염, 장염, 전립선염 등 종류가 다양하다.

염증반응은 정상적인 경우 감염과 싸우고 상처를 치유하는 과정에서 불가피하게 발생하는 작용이다. 그러나 이러한 정상적인 염증반응이 암의 유발과 성장에 기여한다. 염증세포들이 분비하는 염증성 물질들은 암세포의 증식과 생존 및 전이 유도와 밀접한 관계에 있으며, 미시적 환경에서 염증은 종양을 촉진하는 효과를 가진다는 것이 밝혀졌다. 염증은 암세포의 생존과 증식을 도울 뿐만 아니라 혈관 생성과 전이를 촉진하며, 면역반응을 파괴하고 호르몬과 약물에 대한 반응성을 약화시킨다. 또한 면역계를 교란시켜 자가면역질환을 일으키게도 한다.

염증에 대해 셀(Cell, 2011, 144, 646-674, Hallmarks of Cancer : The Next Generation)』에서는 "세포조직의 불안정성과 돌연변이를 유발

할 수 있는 능력은 종양이 암세포로 변이하도록 유도할 수 있다. 선천성 면역세포는 원래 가지고 있는 암 퇴치 능력 대신에 여러 가지 특징적인 능력을 무분별하게 지원함으로서 결과적으로 염증 반응에 의한 종양 증식의 결과를 초래할 수 있다." 라고 정리하고 있다.

라. 암과 감염

암 발생 원인 중 20% 정도가 직접적 혹은 간접적으로 감염과 관련된다고 한다. 즉 바이러스, 세균, 기생충 등이 암의 원인을 제공한다. 대표적인 것이 B형과 C형 바이러스이다. 이는 간의 만성염증 원인이 되고 간암의 발생위험을 높인다. 인체 유두종 바이러스는 성적 접촉을 통해 전염되며 자궁경부암의 주요한 요인이라 한다. C형 간염을 제외하고는 백신이 개발되어있어 사전 예방이 가능하다.

XMRV(친 이종 쥐 백혈병 관련 바이러스)도 전립선암과 관련이 있다고 미국 유타대학의 일라싱 박사가 밝혔다. 이밖에도 음경암, 항문암, 두경부암의 일부도 바이러스에 의한 것으로 알려져 있다.

위암의 대표적인 유발인자로 세균인 헬리코박터 바이러스가 있다. 이 균은 위벽에 염증과 손상을 입혀서 위암을 일으키는데 요사이는 이를 비교적 쉽게 퇴치시키고 있다.

기생충도 암을 유발한다. 간흡충은 담도암의 유발인자라 하는데 민물고기에 많이 기생한다. 민물고기 생식에 의한 감염이 원인인 간흡충은 요즈음 거의 사라지긴 했어도 민물고기를 생식하는 것은 피해야 한다. 방광주혈 흡충은 물을 매개로 전염되는 기생충인데 방광암을 유발하는 것으로 알려져 있다. 아프리카나 아시아 등 저개발국에서 많이 관찰된다고 한다.

마. 수면과 암

　수면은 피로회복의 과정이다. 인체에 들어온 나쁜 물질이나 손상된 세포는 자면서 복구되고 회복된다. 수면은 멜라토닌이라는 호르몬과 밀접한 관련이 있다. 낮 동안에 분비되는 호르몬은 마약같이 기분 좋게 해주는 세로토닌이지만 잠잘 때는 멜라토닌으로 바뀌어 활발히 분비된다. 멜라토닌은 세로토닌의 변형이다. 뇌핵의 시교차상핵에서 빛에 의해 아미노산의 일종인 트립토판이 세로토닌에서 멜라토닌으로 바뀐다. 멜라토닌은 뇌의 송과선에서 주로 분비된다. 망막, 홍채, 눈물샘, 위장관, 피부 등의 기관에서도 일부 생성된다.

　수면의 질은 면역력과 직결된다. 수면을 유도하는 멜라토닌은 수면 리듬을 조절하고 질 좋은 수면이 되도록 도와준다. 깊은 수면 상태에서는 뇌가 깨어있는 동안의 놀라움이나 슬픔의 감정을 해소시킨다. 제대로 자지 못하거나 밝은 곳에 있으면 멜라토닌이 잘 생성되지 않아 수면은 신체적 피로뿐 아니라 정신적 피로도 가중시킨다.

　멜라토닌은 생체시계를 조절하는데, 활성산소를 제거하고 면역력에 기여하며 근력증가와 성 기능과도 관련된다. 특히 잠을 못 자거나 멜라토닌 분비가 교란되면 면역계에 영향을 미쳐 암도 유발한다. 충분한 멜라토닌은 면역계를 강화하여 암을 예방하고 수명을 연장시킨다.

　멜라토닌 분비는 햇볕을 쬐는 것과 상관관계가 있다. 낮에 햇빛에 노출되어야 15시간 후에 분비가 시작된다. 따라서 아침에 햇볕을 쬐면 그날 밤에 푹 잘 수 있다. 멜라토닌은 잠들기 2시간 전인 7시부터 분비되기 시작한다. 저녁 10시부터 급상승하고 새벽 3시에 최고로 분비되며 새벽 2~4시 사이에 가장 많이 생성된다. 아침에 빛이 들어오면 멜라토닌 분비는 억제된다.

인체는 매우 오랫동안 자연 속에서 적응하며 살아왔다. 해가 뜨면 일을 하고 해가 지면 잠을 자는 생활을 유사 이래 태곳적부터 몸에 익혀온 것이다. 우리는 불과 100년도 채 안 되는 시간 동안 우리의 생활환경은 바뀌었다. 현대에 들어 발달한 조명 아래서 야간에도 대낮처럼 일하거나 생활을 한다. 그리고 주야 맞교대를 하며 밤샘 일을 하는 노동자들은 이로 인해 매우 취약한 상태에 몰리게 된다. 몸의 피로가 가시지 않고 수면장애와 우울증이 발생한다. 이러한 것은 불면증의 원인이 된다.

55세 이상 장년이 되면 멜라토닌 분비는 크게 떨어진다. 멜라토닌 분비가 감소되는 것을 보충하려면 약물에 의지하기보다는 젊은 사람에 비해 자는 시간을 더 늘릴 필요가 있다.

수면이 2형 당뇨와 관련이 있다는 논문이 속속 발표되고 있다. 수면 부족이 고혈당을 유발한다는 것이다. 그리고 수면 부족은 장내 미생물에까지 영향을 미쳐 수면 부족이 혐기성세균을 증식시킨다는 연구 결과도 있다.

아내의 암 발병도 이같이 수면과 매우 큰 관련이 있다. 주말에 늦잠자는 것 빼놓고는 거의 매일 밤늦게 새벽까지 수업준비며 이런저런 일 때문에 수면 부족에 시달렸다. 이것이 10년 넘게 계속되면서 암을 키웠다. 잠을 많이 자자!

바. 체내 독소

　독소 물질은 외부에서 들어오기도 하고 신체 내부에서 만들어지기도 한다. 도시에서 사는 현대인들은 다양한 독소에 쉽게 노출돼 있다. 외부환경에 의해 독소, 담배, 매연 등이 과도하게 유입되거나, 어떤 원인에 의해 신체에 유입된 독소를 배출하지 못할 때 독소는 쌓이고 피로 상태는 악화한다. 이런 과정이 누적되면 혈액이 오염되고 장, 간, 폐와 피부 등에 독이 쌓인다. 그런 결과 항상성이 깨지면서 복통, 호흡기, 피부질환 등이 생기고 점차 만성피로나 염증 상태를 유발한다. 이 과정에서 필연적으로 면역력은 저하된다. 때때로 질병 상태의 전 단계인 미병 상태가 되기도 하고 노화가 앞당겨지고 신체는 점점 활동성을 잃어간다.

　독소는 애초부터 암을 유발하는 강력한 발암물질에 의한 것이 있고, 식품과 공기의 오염, 수면 부족, 과로 등 생활 속에서 피로가 쌓이게 되는 각종 독성물질과 젖산 물질에 의한 것이 있다. 운동 부족도 대사물질 중 독소들을 배출하지 못해 체내에 쌓이게 되는 결과를 빚는다.

　이밖에 영양 불균형, 효소결핍, 비타민 미네랄 부족에 의한 대사장애와 장내 세균 불균형, 신경전달물질 이상, 산화스트레스, 약물에 의한 대사이상 등으로 인한 독소의 축적이 있다. 독소와 장내 미생물은 밀접한 관련이 있다.

　인간의 신체는 정교한 항상성 체계를 갖춘 고도로 발달한 유기체이다. 신체가 정상적으로 가동된다면 신체 내외부에서 발생한 독소들은 자체 정화시스템에 의해 신체 각부가 균형을 이루어 질서 있게 돌아간다.

2016년 노벨생리의학상을 수상한 오스미 요시노리가 발견한 오토파지가 항상성을 위한 한 예이다. 오토파지는 세포가 제 몸의 일부를 잡아먹는 자가포식작용을 하는데 세포 안에 쌓인 불필요한 단백질과 망가진 소기관을 세포 스스로 분해하여 폐기물을 처리한다. 즉 세포가 에너지와 영양분이 부족하면 망가진 미토콘드리아나 리보솜 같은 세포 내 소기관을 잡아먹어 생존에 필요한 영양분을 얻고 에너지효율을 높인다. 그러나 인체에 과부하가 걸리면 이런 항상성 능력은 저하되어 독소를 배출하지 못하게 된다.

따라서 인체의 항상성 능력을 믿는다면 독소를 배출하기 위하여 적절한 범위 내에서 인체에 충격을 주는 것은 세포에 활력을 줄 수 있다. 단식이나 해독요법이 그런 것이다.

사. 체온과 암

『체온 1도를 올리면 면역력이 5배 높아진다』의 저자 이시하라 유미 박사는 오랜 임상 사례를 바탕으로 몸을 따뜻하게 하는 것이 병을 물리치는 비결이라 했다. 그는 체온이 1도 떨어지면 면역력은 30% 낮아진다고 했다. 이렇게 체온이 떨어지면 당분이나 지방과 같은 혈중 에너지원이 원활하게 연소 되지 못하고 체액 및 혈류의 흐름도 떨어진다. 또한 노폐물의 배출도 장애를 받는다. 체온이 떨어지면 감염성 질환이나 알레르기 질환 및 혈전증이나 염증에도 악영향을 준다. 현대인은 지난 반세기 동안 평균체온이 1도나 떨어졌다고 한다. 그만큼 병에 걸릴 위험이 늘어난 것이다. 무엇보다 체온저하는 결국 몸을 움직이지 않아서 나타나는 현상이다.

암세포는 영양을 공급받는 신생혈관을 만들어간다. 암세포 내에 존재하는 이런 혈관은 일반 모세혈관에 비해 좁다. 그리고 암세포 덩어리는 정상적인 체온에 비해 1-2℃정도 낮은 체온을 유지해서 암세포 내에 존재하는 모세혈관의 신축성을 떨어뜨리고 산소를 머금고 있는 적혈구의 통과를 저지한다. 이렇게 혈관 초입에서 혈관을 통과하지 못한 적혈구가 쌓이게 되면 자신을 공격하는 산소의 유입은 차단된다. 그리고 산소를 머금고 있는 적혈구가 암세포 혈관을 통과해도 낮은 체온으로 인해 산소가 적혈구로부터 분리되는 데 어려움을 겪는다.

그러나 인체의 체온을 조금 높이면 암세포 혈관의 신축성이 좋아지게 되고 동시에 적혈구의 신축성도 좋아져서 둥근 타원형의 적혈구가 길게 늘어지면서 암세포 혈관을 통과하게 되고, 높은 온도로 인해 암세포에 다다른 적혈구는 산소를 분리하기가 용이해져서 암세포에 타격을 준다.

암 치료에 있어 암이 있는 부위에 고주파를 이용해 국부적으로 온도를 높여 치료하는 법도 있다. 적당한 운동은 신체 온도를 올리는 기본적인 방법으로 암 치료에도 도움이 된다. 3부에서 다시 살펴본다.

아. 스트레스와 암

암과 스트레스는 논란이 많은 분야인 것 같다. 일단 발생한 암은 스트레스에 의해서 더 나쁜 쪽으로 발전하는 것은 밝혀진 것 같다. 그러나 정상적인 상태에서 스트레스가 암을 유발한다는 증거가 있느니 없느니 논란이 많다. 그러나 최근의 연구결과들은 스트레스가 암에 관련있다는 사실이 점차 인정되고 있다.

스트레스를 받으면 면역계가 교란된다는 것이 첫째 이유다. 면역세포인 백혈구는 '과립구:림프구:매크로파지'의 비가 '60:35:5' 정도일 때 가장 균형 잡힌 상태라 한다. 그런데 스트레스를 받으면 교감신경이 우위가 되어 과립구가 70 정도가 된다. 이것이 의미하는 바는 외부의 적과 싸움을 위한 전투태세에 돌입하는 것과 같다. 이러한 결과 에너지 소모를 많이 하는 상태로 몸을 준비시키는 것이 되고 이에 따라 혈액에 포도당이 증가하고 덩달아서 인슐린도 증가하는 것이다. 이것이 암과의 관련성을 어느 정도 설명해준다.

그리고 스트레스에 의하여 교감신경이 우세하게 되면 심장박동과 호흡은 빨라지게 되고 스트레스 호르몬에 영향을 끼쳐 신체는 불리한 환경에 놓이게 된다.

스트레스는 코르티솔(Cortisol: 호르몬의 일종으로 부신피질에서 생성된다. 혈당을 높이고 영양분 대사를 돕는다.) 분비를 촉진시킨다. 멜라토닌과 DHEA(dehydroepiandrosterone)는 코르티솔과 반비례 관계에 있다. 이로인해 암 진행은 더 빨라지고 생존율은 더 떨어진다.

* 주) DHEA은 콩팥 바로 위에 있는 부신에서 만들어지고 남성은 테스토스테론, 여성은 에스트로젠인 성호르몬으로 전환된다. DHEA는 기분과 행복감, 에너지를 증진시키고 저항력과 면역 증강, 성욕 증진과 통증 완화, 치매 예방 등의 효과가 있는 것으로 알려져 있다.

암 발생은 한 가지 원인에 의하여 짧은 시간에 생기기보다는 장기간에 걸쳐다 다양한 원인이 중첩되면서 일어나는 것이 일반적이다. 따라서 장기간에 걸친 스트레스는 몸을 혹사시켜 암으로 발전하는 기폭제가 된다.

5. 암의 성장과 전이

암세포는 21회째 세포분열 때 세포 수가 200만여 개로 늘어나 크기가 2㎣ 정도가 된다. 이 정도면 혈관신생으로 성장하는 시기이다. 이 정도 크기의 암도 치료하기가 만만치 않다. 30회째 세포분열을 하면 세포 수는 10억 개 정도이고 크기가 10㎣ (직경 2~3mm) 정도이다. 이때부터 영상기기에서 발견이 가능하다. 이때는 이미 암이 상당히 진행된 상태이다. 이것보다 훨씬 작은 것을 발견해 내야 치료에 실질적인 도움을 줄 수 있다. 이러한 진단은 기기 발달로 점점 더 작은 암도 발견할 수 있을 것이다. 그래도 영상기기의 한계는 상존한다. 35회째 세포분열을 하면 암세포 수는 300억 개쯤 되는데 이때쯤에 가서야 암 관련 증상이 나타난다고 한다.

5.1 암의 성장

암은 발생의 원인을 아는 것도 중요하지만 암이 어떻게 성장하는지를 파악하는 것도 중요하다. 암은 꾸준하게 매일 성장하는 것은 아니다. 암은 그 종류와 발생 부위, 환자의 전신상태, 나이 등에 따라서 성장 속도는 다르다. 면역력이 심각하게 떨어지면 폭발적으로 성장하기도 한다.

한편 암이 두 배로 자라는 시간은 소세포 폐암의 경우 3주가 걸린다고 한다. 그러나 하루 만에도 두 배로 자라는 암종 – 버트키림프종 – 도 있지만 분열 속도가 매우 더딘 암 – 갑상선암, 전립선암 – 도 있다.

암세포는 그 속에 여러 요소가 있다. 암 속에 있는 다양한 성질의 암세포는 모두 일정한 속도로 성장하지 않는다. 암 속의 일부 세포는 분열하고 어떤 세포는 휴면상태에 있기도 한다. 그리고 암이 성장할 수 있는 좋은 조건이 되면 일시적으로 성장을 하다가도 외부에서 어떤 작용이 있으면 휴면상태가 되기도 한다. 암은 이를 되풀이한다. 그런데 휴면 세포는 항암제나 방사선치료의 영향을 거의 받지 않는다. 일반적으로 이런 치료는 세포분열 속도가 빠른 것을 대상으로 하기 때문이다.

암세포의 분열 속도는 암의 주변 환경과 환자의 건강상태에 따라 영향을 받기 때문에 환자의 전신상태 및 주변 환경 개선은 매우 중요하다. 그리고 표준치료만으로는 제어하기 곤란하다. 꾸준하게 식이요법이나 자연치유에 의해서 효과를 높여야 한다. 암의 성장에 대한 이해가 있어야 치료도 적절히 할 수 있다.

5.2 암과 신생혈관

암은 성장과 전이에 필요한 영양분을 얻고자 암 덩어리 주변에 혈관을 만들어내는 능력을 가지고 있다. 혈관신생이란 기존의 모세혈관에서 새로운 혈관이 생성되는 것을 말하며 암 조직의 성장에 필요한 영양분을 공급받기 위해 미성숙한 급조된 혈관을 신생혈관이라 한다. 정상적인 혈관신생은 태반이 발달 될 때나 상처가 회복될 때, 여성의 생리 때 이외에는 거의 일어나지 않는다. 그러나 암은 혈관신생 촉진인자가 억제인자보다 많아지며 평형이 깨져서 지속적인 혈관신생을 촉진시킨다. 암은 여러 성장 기전을 갖는데 혈관신생은 그중 하나이다.

1960년대에 암세포는 암의 진행을 빠르게 하려고 특이한 물질을 분비한다는 사실을 밝혀냈다. 암은 혈관신생을 유도하는 물질을 지속적으로 분비하여 혈관을 만들고 이렇게 만들어진 신생혈관은 구조가 매우 불안정하다. 혈관주위를 감싸는 지지세포가 없고 혈관내피세포 사이 틈이 벌어져 혈액 흐름도 원활하지 못하다. 이러한 암 혈관의 특징은 종양 내 저산소증을 크게 유발하여 치료도 어렵게 한다. 이러한 저산소증으로 암 혈관은 더 성장하며 암 혈관은 저산소증을 더 악화하는 악순환의 고리가 된다. 이러한 악순환은 암이 성장하는 동력이 되고 치료도 어렵게 한다.

이같이 암이 성장하는 특징을 역으로 이용하여 암을 억제하려는 방법도 있다. 즉 혈관신생의 특징을 이용하는 것인데 항암제 중 신생혈관의 내벽이 정상세포에 비하여 허약하므로 신생혈관의 내벽을 허혈시켜 혈관이 협착되도록 하여 치료하는 방법이다. 암 혈관이 협착되면 영양공급이 중단되어 괴사되는 치료이다. 아바스틴이 최초 혈관신생 억제제로 임상에 적용되고 있으나 단기적인 지연만 시킬 뿐 영구적으로 암을 억제하거나 사멸시키지는 못하는 것으로 알려져 있다. 최근 몇몇 병원에서 도입되어 치료하고 있는 동맥 내 항암이라는 것도 이러한 기전을 이용한 것이다. 아내도 동맥 내 항암 치료를 여러 번 받았었다. 암을 축소시키기는 하였으나 완전 관해에는 이르지 못했다.

5.3 암의 전이

암세포가 처음 착상한 곳의 암을 원발 암이라 하고 이로부터 멀리 떨어진 곳에 암이 자회사를 차리듯 이식되면 이를 전이된 암이라 한다.

양성종양은 전이가 되지 않는데 전이된 암은 모두 악성 종양, 즉 암이다. 상식처럼 되어 있지만 암이 전이되면 예후는 매우 좋지 않은 것으로 되어있다.

일본의 어떤 의사는 암이 전이된 경우는 굳이 암 치료를 위해 몸을 더 곤경에 빠뜨리지 말 것을 주문한다. 그리고 단지 통증을 관리하면서 삶의 질을 높이는 것에 주목하라고 충고를 한다. 어쩌면 맞는 말일 수 있다. 현재의 의료환경과 수준, 그리고 사회 경제적인 비용을 고려한다면 그렇다.

전이된 암 임에도 불구하고 살아난 예도 있다. 미국의 카터 대통령이 암이 전이되었음에도 방사선과 면역항암제로 살아났다는 보도도 있었지만 그것은 특수한 예이다. 미국의 경우 의료비용이 매우 비싸지만 첨단 치료를 받을 수 있었던 것은 그의 사회적 지위와 경제력과 무관하지 않다.

암의 전이 메커니즘은 이렇게 설명한다. 전이되기 위해서는 암 줄기세포와의 관련 하에 설명하기도 하고 암의 특질(종양 스트로마)과 관련해서 설명하기도 한다. 그리고 환자의 전신상태와 전이

될 부분의 미세환경 등이 영향을 미치는 것으로 되어있다. 암의 전이란 암세포가 혈액이나 림프액과 기타 유전체에 의해서 착상이 용이한 곳의 장소로 이동하여 자리를 잡는 것이다. 전이는 혈행성 전이, 림프성 전이, 파종성 전이 등으로 구분한다.

1) 혈행성 전이

혈행성 전이는 암세포가 말 그대로 혈관의 혈액으로 흘러나와 원격으로 흘러가 전이가 되는 것을 말한다. 면역이 취약한 부위에 착상하여 암을 성장시킨다.

2) 림프성 전이

림프성 전이는 암세포가 림프액에 흘러나와 림프관을 통해 이동하는 것이다. 가장 가까이 있는 림프절부터 침범한다. 암의 종기를 구분할 때 림프절의 침범 개수로 종기를 구분하기도 한다.

3) 파종성 전이

파종성 전이는 장기의 표면에 침윤한 암세포가 멀리 떨어진 부위에까지 이전하는 것으로, 복막 및 흉막 또는 기타 장기에 전파되는 것이다. 이것이 많이 진행되면 복수나 흉수가 차게 되는데 이는 복막염이나 흉막염에 의한 것이다. 파종성 전이는 위암, 난소암, 간암 등에서 많이 발생된다.

복막이나 흉막에 전이된 암은 다스리기가 쉽지 않다. 일부 복강경으로 복부에 항암제를 투여하여 복막이나 흉막에 퍼진 암을 줄여주는 시술, 즉 라이팩 시술로 일부 효과를 보는 경우도 있다.

암의 전이는 암의 병기가 높을수록 그 가능성이 커지고 환자의 건강상태가 큰 영향을 미친다. 암은 성장하고 전이하면서 혈관이 없는 곳까지도 전달된다.

산소가 부족한 조직이나 지방 부위까지도 암이 전이될 경우 이를 치료하는 것이 매우 어렵게 되는 이유는 혈관이 없기 때문이다.

거의 말기 암에서 나타나는 현상이지만 어쨌든 저산소 구역이나 혈관이 없는 곳까지 다다른 암은 수술 이외에는 제거하기 어렵다. 최근 중입자 방사선치료가 이런 것까지도 치료 효과가 있다고 하는데 좀 더 기다려 보아야 할 듯하다.

아내의 암 투병과 교훈

제3부

통합적 암 치료법

제3부 통합적 암 치료법

　암으로 진단받은 환자는 혈액암이거나 고형암의 경우 1,2기로 진단받았다면 병원에서의 치료에 전념하자. 그러나 이미 암이 3, 4기에 해당한다면 표준치료는 근본치료가 아니라는 점을 전제로 치료를 시작해야 한다. 대학병원에서 하는 표준치료는 모든 암에 적용되기에는 아직 미진한 부분이 너무 많다. 중증 암에 대하여 장기 생존율이 매우 낮다고 하는 현실이 이를 증명한다. 완치율을 높이기 위해서는 대학병원의 표준치료뿐만 아니라 그간 알려진 모든 방법을 동원해야 한다.

　치료는 의료진과의 대화를 통하여 병에 대해 이해도를 높이는 것에서 시작된다. 대학병원에서 제공하는 각종 암에 대한 지식과 치료에 대한 이해도 중요하지만 3,4기 암에 있어서는 좀 더 진전된 정보가 필요하다. 현대에 들어서는 치료법들이 다양해졌다. 치료법들에 대하여 이해를 더 해야 하고 암으로 진단받고서 치료를 할 때, 더구나 중증 암에서는 치료 전략이 매우 중요하다.

　잘 알려진 바와 같이 암 치료법에는 표준치료와 비 표준치료가 있다. 표준치료는 몸에 작용하는 기전도 밝혀져 있고 오랜 기간에 걸쳐 임상적으로도 대규모로 행해져 확립된 치료법이다. 수술, 방사선, 약물치료이다. 비 표준치료에는 미래지향적이기는 하나 아직까지 인체에서 작용하는 기전이 잘 밝혀지지 않았거나, 밝혀져 있다 해도 임상 사례가 충분치 않아 치료 효과가 객관적으로 입증되지 않은 경우의 치료이다. 면역치료, 자연치유, 대체의학, 한방치료 등으로 여기서는 민간에서 전해지는 각종 약초에 의한 치료는 포함하지 않는다. 약성이 있어도 어느 병기의 환자에게 어느 정도의 농도로 얼마만큼 적용하는가가 정해져 있지 않아 객관성을 담보할 수 없고 치료 결과가 일정하지 않기 때문이다.

부분적으로 무림의 경험 많은 고수가 있다면 암 치료에 크게 도움받을 수도 있다.

현대의학은 매우 공격적인 치료이다. 현대의학으로 끝장을 보려는 치료는 재고해 보아야 한다. 특히나 약물치료만이 유일한 치료라면 이 치료만으로 낫겠다는 것은 한 번 더 생각해 보아야 한다. 약물치료가 표적항암제와 면역항암제 등으로 발전하고 있어서 점차 바뀌기는 하겠지만 표적항암제와 같이 환자에게 맞는 특정한 항암제도 장기적으로 사용하면 내성을 갖는데 세포독성 항암제만으로 암을 다스리겠다는 것은 권할 만하지 못하다. 대체의학 의사 등을 찾아보고 비 표준치료에 대해서도 충분히 검토한 후 치료 방향을 정하는 것이 좋을 듯하다. 그러나 수술과 방사선 요법과 동시에 또는 앞뒤에 약물치료를 하는 것은 많이 사용되는 방법이다.

이미 비 표준치료이면서 표준치료 범주로 들어오고 있는 분야는 설명을 추가하려 한다. 잘 파악하지 못해서 기회를 잃을 수 있기 때문이다. 예를 들면 면역치료인 면역세포치료와 면역항암제가 새롭게 떠오르는 암 치료법인데 그 특징에 대해서 개괄할 것이다.

또한 대체의학에서의 치료법들에 대해 표준치료와 이것이 어떻게 접목되는가 하는 점에 대해서 알아본다. 『암을 극복하는 생활

(Life over Cancer. Keith I. Block M.D. 지음)』에서 다각도로 제시되고 있다. 이것은 1980년부터 지금까지 키이스 블록 박사와 페니블록 박사는 '통합 암 치료 블록센터'를 설립하여 광범위한 임상을 통해 나름대로 확인된 통합적인 암 치료법을 제시하고 있다. 참고할 만하다.

동행치료라는 관점이 있다. 암을 다 사멸시키기 어려울 때 암과 동행하며 암의 성장을 제한하는 치료를 하면서 암과 더불어 사는 방식을 말한다. 동행치료는 사실상 매우 엄격하고 절제된 생활을 전제로 하는데 암은 언제고 신체가 약해졌을 때 자신의 세력을 키울 수 있으므로 이 방법에 의한 암 관리는 쉽지 않기는 해도, 치료되기 어려운 항암요법으로 끝장을 보려는 치료에 비하면 환자의 삶의 질을 높인다는 면에서 적극적으로 검토해볼 만하다. 끝장내는 치료가 아닌 생활요법으로 암을 다스림은 뒤에 추가로 설명하겠다.

결론적으로 3,4기 암에 대해서는 대학병원급에서 하는 표준적인 암 치료법에 덧붙여 대체의학 치유센터나 통합의학을 지향하는 병원에서의 치료를 병용하거나 아니면 스스로 터득한 대체치료 등 다양한 치유 방법들을 적절히 조합해서 치료할 수 있다.

1. 통합적 암 치료에 들어가기에 앞서

1.1 통합적 암 치료에 대한 우리의 실정

암 치료에 대한 통합적 방법론에 대하여 아직은 그 이론이 명확히 정립되어 있지 않다. 이론 정립뿐만 아니라 의과대학조차 통합적 치료에 대한 강좌는 소수만 있고 통합적 치료병원 또한 희귀하고 이조차도 흉내만 내는 수준이다. 대체의학을 하는 소규모의 영세한 병원에서 이를 시도하고 있다고는 하나 2, 3차 종합병원과의 연계에 의한 총체적 통합치료 또한 제시되고 있지 못하다. 오로지 항암의 부작용에 대해서만 열을 내고 지적하며 자신의 치료가 더 낫다고 한다. 그들은 표준치료의 보조 수준에서 벗어나고 있지 못함에도 때에 따라서는 자신들의 암 치료가 더 우수한 것처럼 과장하기도 한다.

이뿐 아니라 통합적 치료에 대하여 제도적인 뒷받침도 없는 실정이다. 예를 들어 양방에서의 치료는 거의 대부분 건강보험제도 하에서 이루어지는데 아직까지 이런저런 이유로 대체의학이나 한방에서의 암 치료는 보험적용이 거의 안 되고 있다. 환자 케어 측면에서는 통합치료를 지향하는 중소병원이나 전문 대체의학센터가 더 나을 수도 있는데도 암 환자들은 건강보험의 혜택을 제대로 못 받고 있으며 비싼 치료비를 내가며 고군분투하고 있다.

통합치료로 암 환자에게 도움이 되는 것은 이런 것들이 있다. 암 환자는 치료과정에서 몸이 매우 피폐해지기 쉽다. 한방에서는 몸이 쇠약해지면 몸보신을 위한 각종 한약제를 추천하는데 한방에는 이런 약제가 많이 발달해 있다. 이런 몸보신용 한방약은 암 환자에게 많은 도움을 준다. 키이스 브록 박사는 항암 치료에 십전대보탕을 추천하기도 한다. 외국의 의사도 한약에 대한 이해에 기초해서 이런 처방을 하는데 그것의 원조인 우리나라 양의사들은 그저 간이 나빠진다는 이유로 일체의 한방약을 부정하기에 바쁘다. 표준치료와 병행하여 면역력을 올려주고 체력을 도와주는 각종 한방제제와 대체의학 제제도 암 치료에 도움을 준다. 그럼에도 의료보험은 이에 대해 인색하다. 이런 것도 건강보험 급여체계에 들어와야 한다.

입원 중인 암 환자들은 먹는 게 너무도 고역이다. 일반 환자들과 별반 다름없는 식사가 제공된다. 병원에서 치료하면서 항산화성분이 들어간 신선한 야채와 과일들은 암 치료에 도움이 된다. 이런 식사가 제공된다면 환자에게 도움이 될 것이다. 더불어 의료보험도 지원되어야 한다.

암 환자들에게 정신의 이완은 매우 중요한 요소 중 하나이다. 스트레스가 암과 관련이 깊다는 것이 대부분의 의학계에서 인정되고 있다. 산소의 공급을 늘리는 각종 치료법과 각종 호흡법도 암 치료에 크게 기여한다. 따라서 정신적 안정과 관련된 명상이나 산소 요법과 관련된 치료는 건강보험 재정을 지원받아야 한다.

유럽에서는 지난 100여 년간 사용하여 효능이 입증된 면역보조제인 미슬토(압노바)라는 겨우살이 추출물도 보험에 적용되지 않는다. 그러나 이 약제는 유럽에서뿐만 아니라 통합의학을 지향하는 병원이나 대체의학을 하는 병원에서 대부분 취급하고 있는데 암 환자들에게 상당한 도움이 된다. 그럼에도 이 약제가 건강보험은 고사하고 우리나라 대표병원 중 하나인 아산병원에서는 이를 구비하고 있지도 않았다. 극도로 미국에 편향된 의료에 대한 사고의 단면이다. 이것도 하루속히 보험적용을 받아야 할 약제라고 생각한다. 이런 것들이 어디 이뿐이랴?

암 치료는 가까운 시일 내에 드라마틱하게 치료가 되는 방법이 개발되기는 쉽지 않다. 따라서 현재 당장 시행해야 할 의료적 과제는 치료에 효과를 낼 수 있는 통합적인 방법에 대하여 보험을 적용하여 환자에게 도움이 될 수 있도록 하여야 한다. 현재 주류 의료 세력인 대학병원은 별로 그럴 것 같지 않다. 통합의학에 관심이 없는 그들은 이를 개선할 의지가 별로 없어 보인다. 따라서 무엇보다도 환자와 보호자가 깨우쳐야 한다. 그리고 의료 관련 시민단체와 연대하여 이 문제를 풀어내야 한다.

그러나 암 환자나 가족들은 그렇게 하기가 쉽지 않다. 암에 대해 일생에 몇 번씩 경험하는 것은 흔치 않은 일이고, 암에 걸리고 나서도 의료계나 건강보험의 문제가 무엇인지 간파해내기가 쉽지 않다. 더구나 환자들은 대부분 결집된 형태로 있는 것이 아니라 개별화되어있기 때문에 더 그렇다.

그럼에도 통합적인 관점에서 암을 치료할 수 있는 각종 치료법이 건강보험 내의 영역으로 들어오기 위해서는 각 주체들이 노력해야 하는데 가장 큰 영향을 끼치는 게 의료인이다. 그러나 통합치료에 대한 개념이 없는 대학병원 의사들에게 이를 기대할 수 있을까? 그들이 움직이면 보다 손쉽게 이를 성취할 수 있을 텐데 그럴 것 같아 보이지 않는다.

이래저래 암 환자만 불쌍할 뿐이다. 암 환자 각자도생의 시대이다. 누구도 치료법에 대하여 효과적인 치료의 길을 일러주지 않을 뿐 아니라 체계적인 치료법 제시는 고사하고 표준치료와 대체의학은 상호 간에 반목하고 있다. 게다가 우리나라에는 제대로 된 통합 암 치료병원 하나 없는 실정 아닌가?

그러나 누군가 필요를 느끼고 있다면 그들을 중심으로 움직일 수밖에 없다. 그리고 그런 사람들이 한 걸음씩 발을 떼다 보면 조금씩 좋은 치료환경에 다가가지 않을까 생각한다.

1.2 우리의 의료 환경

암을 진단받았다면 곧바로 의사에게 모든 것을 내맡기기에는 우리의 의료 환경이 너무도 척박하다. 3분 진료라는 현실이 그 배경이다. 초진환자는 조금 시간을 더 할애하기는 하나 그래도 터무니없기는 마찬가지이다. MD앤더슨의 김의신 박사에 따르면 초진환자는 두 시간 이상 상담을 하기도 한단다. 이 간극을 어떻게 메꿀 수 있을까?

이렇게 된 배경을 모두 병원과 의사 탓으로만 돌릴 수 없다. 이것은 의료수가와도 밀접하게 관련되어 있다. 병원이나 의사 입장에서는 3분 진료나 30분 진료나 의료수가가 같으니 말이다.

그러나 환자가 자기의 목숨이 달린 문제를 단지 몇 분만에 진료에 임하라는 것은 어느 면으로 보나 합리적이지 않다. 그렇게 치료하더라도 낫는다면 이의를 제기할 필요가 없겠지만 더구나 3, 4기 암의 경우는 치료 실적이 형편없지 않은가? 이런 제도의 개선은 요원한 일이다. 그러나 이러한 현실을 그대로 방치할 수만은 없다.

일부 대학병원에 다학제 의료 시스템이 있기는 해도 이 내용 또한 부실하기는 매한가지다. 우선 다학제 시스템이 내실화되기 위해서는 의료수가 문제를 포함한 제도를 정비할 필요가 있지만 이걸로만 내용이 채워지지 않는다. 무엇보다 중요한 것은 중증 암 환자에게는 암 진단과 동시에 다학제에서 치료 방향을 설정하는 것을 의무화하는 것을 골자로 하는 제도의 도입이 절실하다.

아내의 경우 이 다학제 시스템이 제대로 가동됐다면 목숨을 잃지 않았을 것이다. 수술의사 혼자의 독자적인 판단으로 제때 제대로 된 치료의 방향을 정하지 못해서 아내는 운명을 달리한 것이라 여긴다. 이 다학제 시스템하에서 치료 방향을 정하도록 하는 것이 정착되기까지는 환자 스스로 길을 찾아가는 방법밖에 없다.

암과 같은 중증질환의 치료에 있어서 여러 영역의 의사들 - 혈액종양 내과의사, 수술의사, 방사선의사, 재활치료 의사 등 - 이 관련되므로 이들 의사를 개별적으로 만나 의견을 듣고 치료 방향을 설정하는 것은 많은 시간이 걸리기도 하거니와 환자의 생각까지 반영되어 의견이 수렴되는 것은 그 과정이 쉽지 않고 소모적이다. 그래서 등장한 게 다학제 의료제도이다. 이는 관련된 의사들뿐만 아니라 환자와 가족들도 동시에 모여서 반론과 재반론 등 의견을 주고받으며 치료 방향에 대하여 즉시 결론을 낼 수 있는 의료 체계이다. 예를 들면 의사들 입장에서 최적의 치료방법을 도출했다 하더라도 환자 입장에서 이에 대해 거부를 하면 차선책으로 다른 방법을 제시한다면 의사와 환자가 동시에 만족할만한 치료방법을 찾아낼 가능성이 커진다. 일부 병원에서 실시되고 있지만 의무적이지 않다. 시혜적이란 얘기다. 의료수가의 현실화와 결부되어 있다.

나는 이 문제에 대하여 국회 보건복지위원회 소속의 남인순의원에게 청원을 하여 제도개선을 위한 첫걸음을 뗐다. 이 결과 서울대병원에서 중증 환자에 대해 3분 진료 현실을 개선하기 위해 15분 진료 시범사업을 시행 중이다.

여기서 더 나아가 암으로 진단받은 환자, 특히 3,4기 환자는 다학제 진료를 의무적으로 받게 할 필요가 있다. 그래야 최초 치료의 방향을 설정할 때 잘못된 선택을 할 여지가 줄어든다. 이것은 한두 사람의 노력으로 쉽게 될 수 있는 사안이 아니다. 의료인을 포함한 여러 관계자들이 필요성을 공감하고 힘을 모을 때 가능하다.

1.3 암 치료의 시작을 위하여

현재의 다학제 하에서 또는 다학제가 없는 경우 환자 입장에서는 어떻게 할 것인가?

우리 사회에는 특권의식 같은 것이 있다. 암의 경우 특히 모든 연줄을 동원해서 의사를 수소문하고 그런 의사를 찾아서 특별한 대우를 요청하는 것이 그렇다. 돈이 많은 사람일수록, 많이 배운 사람일수록 더하지만 이런 관행을 탓할 수만도 없다. 넘쳐나는 환자로 인해 짧은 진료시간에 만족하기 어렵기 때문이다. 이것은 그만큼 우리나라의 의료 전반에 대한 신뢰성이 낮다는 증거이다. 누구의 빽이 뒷받침되는 경우와 그저 한 개인이 통상적인 절차를 밟아서 진료받는 경우가 어떻게 다른지는 많은 경험치가 이를 뒷받침한다. 환자의 병증에 따라 의사가 융통성을 발휘할 수 있는 여지가 조금은 있기에 이런 일도 가능하다.

그렇다면 특권을 요청할 수 없는 대부분의 경우는 어떻게 하는 게 현명할까? 다른 것에는 관심갖지 말고 환자의 치료에만 집중하여 답을 찾아본다. 두 가지 방법이 있는 것 같다.

해당 분야 의사를 병원을 달리해서 진료받는 것에서 답을 찾아보자. 나아가 진료과를 달리해서 의사를 따로 만나서 해결하자. 서로 다른 분야의 의사에게 치료에 대해서 다른 관점에서 이야기를 들어보는 것이 필요하다. 의료진들이 말하는 공통점을 취합하고 이들 간에 상이한 점이 있으면 집요하게 물어서 그 내용을 파악해야 한디. 만약 다행히 다학세 시스템이 있다면 이런 요구에 대한 충족은 더 쉬울 것이다. 암 치료 초기에 다학제 시스템에서 의견을 구하는 것을 적극적으로 요구하자.

더불어 유능하고 잘 알려진 통합의학 의사와 대체의학 의사도 한 번쯤 만날 필요가 있다. 그런 후에 치료 방향과 치료 순서를 정하는 것이 좋다. 잘 수소문해 보면 이런 통합적 지식을 갖는 의사들이 소수이지만 우리 의료계 내에 있다.

다학제 시스템 내에서 치료에 대한 궁금증을 풀 수 있고 동시에 결론을 낼 수 있다면 다행이다. 그러나 그렇지 못할 경우는 여러 의사를 만나는 것은 시간이 많이 걸리는 일이다. 현실적으로 그렇게 하기 어려울 수 있다. 따라서 한 병원에서 일관된 치료계획을 수용하고 치료일정까지를 받아냄과 동시에 다른 병원에서 똑같은 과정을 거쳐서 치료일정을 받아내고 이 둘을 비교해서 좀 더 좋은 병원과 의사에게 치료를 맡기는 것이 현실적이다. 보험재정을 축낸다는 비난을 받는 것보다 한 번뿐인 내 목숨이 더 소중하다.

왜 이것을 강조하느냐 하면 치료에 있어 첫 번째 단추가 너무도 중요하기 때문이다. 처음에 암 치료 시작을 잘못하면 후에 이를 뒤집는 것은 매우 어렵거나 불가능할 수 있다.

아내가 사망에 이르게 된 데는 이같이 처음 접근을 잘못한 탓이 크다. 명의라는 이름에 휩쓸려 다른 가능성에 대해서 전혀 고려하지 못했다. 첫 번째 의사를 잘못 만남이 가장 큰 원인이고 다음으로 다학제 시스템도 거치지 못했다. 불행의 씨앗이었다.

『암 선고를 받았을 때 취해야 할 50가지 필수수칙』에서 그렉 앤더슨은 이에 대해 이렇게 이야기한다.
- 두 명 이상의 전문의에게 소견을 들으라.
- 모든 치료방법을 완전히 이해하라.
- 담당 의료진에 대한 신뢰도를 평가하라.
- 치료방법의 결정은 신중히 선택하라.
- 특히나 의사들 사이에서의 견해차나 환자나 가족이 스스로 연구를 통해 얻은 추천과 권장 사항으로부터 차이가 있는지 확인하라고 충고한다.

만약 이들 사이의 정보가 일치하지 않는다면 세 번째 소견을 들어보라고 한다. 일부 의사들이 시간을 허비하는 것에 대해 비난하지만 매우 특별한 경우를 제외하고는 세 번째 네 번째 의견을 구하기 위해 2-3일 기다리는 것은 충분한 가치가 있다고 조언한다. 사소한 차이가 중대한 결과로 나타날 수 있다.

다음으로 '을'의 입장에 있는 환자 자신이나 가족들이 취해야 할 행동 요령이다. 의사 입장에서만 유리한 3분 진료는 항시 빈 구석이 있기 마련이다. 수많은 환자를 대해야 하는 의사는 일상적으로 겪는 일이다 보니 매너리즘에 빠져있을 가능성이 크다. 똑같은 이야기를 매번 되풀이해야 하는 의사 입장에서는 고역일 수 있다. 환자가 넘쳐나는 대학병원에서는 그런 경향이 특히 심하다. 이런 피해를 입지 않기 위해서는 어떻게 해야 할까? 의사와 만나면서 요령이 필요하다.

가. 질문 요지 메모해가기

　의사를 만나기 위해 외래 상담을 했을 때 매번 느꼈던 것이지만 예약시간이 되어서 진료실을 방문해보면 대부분 대기 환자들이 길게 늘어서 있다. 진료에 앞서 대기 환자가 많다는 것은 이미 환자나 의사나 시간에 쫓길 수밖에 없는 심리적 부담을 갖는다. 이러다 보니 의사들은 환자를 밀어내기식으로 진료하는 게 몸에 배어있다. 어떤 의사는 뒤에 대기하는 환자가 많다는 것을 상기시키며 빨리 끝내줄 것을 종용하기까지 한다. 이런 과정에서 환자는 자신이 미리 준비한 질문도 다 못하기도 하고 쫓기는 분위기 때문에 질문항목을 잊는 경우도 종종 있다. 이러한 환경에 말려들어 질문을 다 못하거나 잊어버려서 나중에 다시 찾아야 하는 우를 범해서는 안 된다. 병원 측이 환자당 진료시간을 늘려야 하는 것이 선행되어야 하지만 시간이 돈인 그들에게 이를 기대하는 것은 쉽지 않다. 그래서 환자 입장에서 현재의 의료 환경을 이해하고 진료에 들어가기 전에 꼼꼼히 챙겨서 물어보는 것이 필요하다. 이것이 피차간에 시간 낭비를 줄일 수 있다. 현명한 질문이 현명한 답을 이끌어낸다는 점을 명심해야 한다.

　암 진단 직후에 의사를 만난다면 이를 더욱 강조하고 싶다. 무엇보다 빠트리지 말아야 할 질문항목에 표준치료 전반에 관해 물어볼 필요가 있다. 해당 암종이나 각각(수술 방사선 약물)의 치료의 장단점에 대해서 질문을 하고 답을 얻지 못했다면 해당 과에 진료신

청을 하고 다시 진료를 받아야 한다. 병원을 바꾸어서라도 그럴 필요가 있다. 따라서 이런 사항들이 들어있는 사전 질문 요지를 메모해가는 것이 중요하다.

나. 의사의 이야기를 경청하고 이해하고 기록으로 남기자.

　의사의 설명을 경청하고 잘 이해하는 것은 중요하다. 의사들은 자신들이 다년간 쌓은 전문지식을 이야기하는 것이므로 압축적으로 이야기하는 경향이 있다. 의사 입장에서는 이야기를 다 했다는데 막상 환자 입장에서는 들은 게 별로 없다고 생각할 수 있다. 환자는 병에 대해 생소하기도 하고 아는 게 별로 없으므로 들어도 이해하지 못할 수 있다. 3분 진료의 폐단이 의사/환자 간에 인식의 차이를 드러내게 하는 것이다.

　때로는 의사의 이야기를 환자는 자신의 지식에 기초해 왜곡되게 이해할 수 있다. 이 차이를 어떻게 줄일 수 있을까? 의사와 환자 서로 간의 노력이 요구된다. 의사에게는 환자가 이해할 수 있도록 쉽게 자세히 설명해줄 것을 요구하고 환자 역시 자신의 병에 관해 미리 공부하여 의사가 다하지 못한 이야기나 어려운 부분을 이해하고 질문할 수 있어야 한다.

　그리고 무엇보다 진료 과정에 대해 기록으로 남겨두는 것이 필요하다. 이러한 기록은 여러 가지 이유로 유용할 수 있다. 이를 기초로 상호 간에 오해의 이유를 확인할 수 있고 나중에 의사와 환자 간에 다툼의 소지가 있을 때도 중요한 증거자료가 될 수 있다. 투병 일기라도 좋고 상담 일지라도 좋다. 시간이 오래되면 언제 상담한 내용인지 잊을 수 있다. 날짜를 기록하자.

다. 결정권자를 정하라

 암으로 진단받고 나면 주위의 가족들과 가까운 친구들에게 이를 알리게 된다. 그러고 나면 여기저기서 이런저런 충고들이 들어오게 된다. 다들 선의를 가지고 하는 말들이다. 인터넷도 한몫한다. 엄청난 양의 정보들이 한꺼번에 밀려올 수 있다. 누구나 처음 당하는 일이기에 갈피를 잡을 수 없다. 때론 이해관계가 얽힌 상태에서 양식 없는 대체의학 관련자들이 공포 분위기를 조성시키는 경우도 있다. 특히 항암 치료에 대한 단편적인 정보들로 왜곡시키는 사례들도 많다. 그렇다고 항암제 만능을 이야기하려는 것이 아니다. 항암제는 다른 표준치료와 병용하면 치료 효과가 높은 경우가 많다. 따라서 의사를 만나서 들은 이야기와 여기저기서 알게 된 정보들을 기초로 치료 전략을 세우고 상황에 따라 대처할 때 누군가가 이를 정리할 필요가 있다. 가장 중요한 결정권자는 환자 자신이면 좋겠지만 환자는 마음을 안정시키고 치료에 전념해야 하므로 치료에 관한 공부와 방향까지 환자에게 부담 지우는 것은 무리일 수 있다. 가장 가까운 가족 중에서 이를 하면 좋다. 이것을 할 수 있는 적임자에게 결정권을 맡기자.

1.4 현대의학의 한계 – 암 치료에 실패하는 이유

 현대의학에 대하여 너무 과신할 필요도 없지만 너무 불신할 필요도 없다. 있는 그대로 이해하고 환자 입장에서 이를 어떻게 활용할까 하는 관점에서 접근하는 것이 현명하다. 다음과 같이 현대의학의 한계를 짚어본다.

가. 진단의 문제

　암을 진단하는 영상기기(CT, PET CT, MRI)는 본질적 한계가 있다. 영상기기는 일정한 크기 이하는 식별하지 못하기 때문이다. 이 기기들은 그 크기가 10㎣ 이하의 암을 구분할 수 없다고 한다. 이 기기도 날로 발전하므로 더 작은 암도 찾아낼 수 있겠으나 근본적인 한계가 있는 것은 어쩔 수 없다.

　그리고 영상기기의 한계에 대하여 소홀히 취급하는 부분이 있다. 그것은 암과 염증을 구분하지 못한다는 점이다. 이점도 매우 중요하다.

　암을 진단하는 데 있어 이를 확증하기 위해서는 고형암의 경우 대부분 생검을 해서 세포의 상태를 보고 최종 판단한다.

　수술 등 치료 후 영상자료에 의지해서 암이 깨끗이 없어졌다고 의사가 진단하는 경우가 있다. 이런 경우도 나중에 재발하는 경우가 비일비재하다. 이는 재발이 아니라 정확히는 미세 암을 다 제거하지 못했거나 염증의 문제 등으로 암세포를 구분하지 못해서 발생한 불상사이다. 이것은 다 제거하지 못한 암세포가 다시 성장하여 세력을 확장한 것에 지나지 않는다.

나. 암 주변 미세환경의 문제

　대학병원은 암을 치료하는데 눈에 보이는 암만 치료한다. 수술이 특히 그렇다. 환자들에게 재발 방지를 위해 제대로 된 설명을 하는 것도 드물다. 특히나 암과 관련해서 암 주변의 미세환경 치료나 면역에는 관심이 없다. 이런 이유들로 환자들에게 추가적인 대처나 주의를 기울이지 않음으로써 치료 효과를 높이지 못한다.

암 치료 후 재발은 환자 신체의 미세환경에서 비롯될 가능성이 크므로 표준치료 후 내 몸의 관리는 치료과정 못지않게 중요하다. 암에 걸렸다가 나았다고 해서 암에 대해 주눅 들어 살라는 말이 아니다. 활기차게 살더라도 내 몸은 항상 재발할 가능성이 있음을 염두에 두고 관리해 나가야 한다.

중요한 것은 암은 완치라는 개념이 없다는 점이다. 암은 언제고 재발할 가능성이 있다. 설사 완치되었다 하더라도 환자 몸 자체의 유전적 특성이나 스트레스에 있어서 환자 자신이 이를 이겨내는 내성이 열성인 상태이므로 재차 암에 걸릴 위험성은 높다.

더구나 한번 암에 걸렸다 낫게 된 사람이나, 아니면 암 치료과정에 있는 사람은 몸의 미세환경을 세심하게 고려할 필요가 있다. 암에 걸리기 쉬운 체질에서 암에 대한 내성이 높은 체질로 바꾸는 것은 매우 중요하다. 몸을 알칼리성으로 만드는 일, 면역성을 높일 수 있도록 면역증강세포에 자극을 주는 식생활을 하는 일, 운동으로 체온을 올리고 세포를 활성화하는 일, 혈당관리를 철저히 하는 일, 혈액순환을 원활히 하는 일 등을 꾸준히 해야 한다. 그리고 스트레스에 대한 내성을 기르기 위해서 마음챙김 명상이나 요가와 같은 정신수양을 비롯하여 국선도와 같은 호흡법이 포함된 정신건강 유지법, 또는 순수하게 정신적 요양이나 종교에 기대는 것도 검토해 볼 만하다.

성숙된 암은 대학병원 치료에서 하고, 미성숙 암 또는 미세 암의 경우는 대체의학이나 생활치료로 잠재우거나 사멸시켜야 한다.

무엇보다 암 관리는 자신만이 할 수 있는 치료라는 사실을 잊지 말아야 한다.

다. 암세포의 특징

　암 덩어리는 단순한 암세포들로 이루어진 것이 아니다. 이 속에는 다양한 종류의 암세포가 있다는 것을 이해해야 한다. 암세포는 저산소호흡 세포와 무산소호흡 세포, 단순 암세포와 줄기 암세포, 분화도가 낮은 암세포와 분화도가 높은 암세포, 휴면하는 세포와 분열하는 세포, 포도당 대사세포와 염증물질 대사세포 등 다양하게 구성되어 있다. 따라서 이런 암을 항암제로 치료한다는 것은 그리 쉬운 일이 아니다. 세포 특성에 따라 치료 효과가 달라질 수밖에 없다. 다시 말하면 이런 다양한 세포들로 구성된 암을 모두 다 치료할 수 있는 항암제란 거의 없다는 것이다.

　그리고 대부분의 암세포는 성장하기 어려운 조건에 있으면 잠시 성장을 멈추기도 한다. 이런 세포는 다시 성장할 수 있는 환경이 조성될 때까지 움츠리고 있다가 적절한 환경이 되면 다시 성장하기도 한다. 암은 한번 생겨나면 인체 변화에 적응하면서 성장하기에 다스리기가 쉽지 않다. 무엇보다 항암제에 반응하는 세포는 대부분 30-40% 정도밖에 안 된다고 한다. 이것을 이해해야 암 치료의 효용성을 높일 수 있다. 암세포에 대한 특징을 이해하고 이에 대처하는 일이 완치에 이르는 힘들지만 빠른 길이다.

라. 암 치료에 실패하는 이유

　이제 암 치료에 실패하는 이유를 살펴보자. 실패의 원인을 제거하는 게 치료 성공률을 올리는 일이 될 것이므로 통합치료에 대한 설명에 들어가기에 앞서 이것을 먼저 살펴본다.

(1) 진단이 늦은 경우

1,2기 암은 치료 실적이 높기 때문이고 3,4기 암의 경우 암 줄기세포의 문제 등으로 치료하기가 어려워 치료율이 떨어진다. 당연히 진단이 늦을수록 장기생존율은 낮아진다.

(2) 치료 전략의 실패

이점은 매우 중요하다. 사람마다 자기가 선호하는 치료가 있을 수 있다. 현대의학은 치료 효과는 높지만 과격한 치료라 몸에 주는 충격이 매우 커서 이를 회피하려는 사람도 있을 수 있다. 수술은 치료효과가 높다 해도 신체에 영구적 장애를 남긴다. 방사선 또한 부작용이 만만치 않다. 항암제 치료는 치료율이 그리 높지 않다. 이렇게 이런저런 이유로 치료를 주저하게 한다.

그리고 현대의학에 근거해 치료한다 하더라도 수술을 먼저 할 것인가 방사선을 먼저 할 것인가? 수술 전 약물치료를 할 것인가 수술 후에 할 것인가? 방사선치료와 약물치료를 병행할 것인가 말 것인가? 대체치료를 어떻게 할 것인가? 이때 대체치료가 실패할 경우에 어떻게 대비할 것인가? 등이 이슈가 될 수 있다. 치료계획을 세우고 치료에 임하는 환자가 얼마나 될까 하는 의구심이 들지만, 이것은 치료에 들어가기에 앞서 결코 소홀히 할 수 없는 영역이다. 이에 따라 치료계획이 달라질 수 있다. 이를 매우 신중하게 선택해야 한다.

(3) 치료 시기를 놓치는 경우

암으로 진단받고서 병원 사정 등 여러 가지 이유로 치료에 바로 들어가지 못한 경우, 또는 표준치료에 대한 거부감으로 다른 치료를 탐색하다가 치료 시기를 놓치는 경우가 있다. 대학병원에서의 표준 치료가 한계가 있더라도 현재까지는 이 치료법을 벗어나서 치료효과가 있다는 검증된 방법이 없다. 따라서 우선은 대학병원에서 치료를 하면서 보조적으로 대체의학적 치료법을 시행하는 게 효과를 높이는 길이다. 치료에 들어가기 전에 치료 전략을 적절히 세우는 것은 중요하지만 진단을 받고서 너무 많은 시간을 허비해서는 안 된다.

병원에서 진단을 받고 치료의 개시가 늦어져서 불리한 경우를 맞을 수 있다. 이는 유명병원의 유명의사들인 경우 더 심하다. 이럴 때 수술 치료를 하기 전에 약물치료를 먼저 하는 것을 고려해보자. 이는 최근 통계적으로나 임상적으로 효과가 높다는 보고가 증가하고 있다. 따라서 수술이나 방사선 전에 약물치료 등을 먼저 할 수 있는 방법을 확인해 두는 것도 의미가 크다. 이것은 크게 시간을 잡아먹지 않는다.

방사선치료 후 수술을 진행할 때 수술을 적절한 시기에 하는 것도 매우 중요했다. 방사선치료 후 완전관해가 되지 않으면 빠르게 암세포가 다시 성장하는 경우가 있으므로 적절한 수술 시기를 잡는 것은 생명과 직결된다.

(4) 눈에 보이는 암만 치료하는 경우

앞서도 현재의 영상 기기들이 한계가 있다는 것은 이미 지적했다. 크기가 10㎣ 이하의 암을 이들 기기가 읽어낼 수 없는 한계가 있기 때문이다. 이런 영상자료에 근거해서 수술할 경우 암세포를 전부 제거하지 못할 수 있다. 그리고 암과 염증을 구분하지 못해서 수술을 실패할 수 있고 치료 시기를 놓칠 수도 있다.

(5) 환자의 특질

암에 한 번 걸렸던 환자가 완치 판정을 받더라도 신체의 체질이 원인이 되어 후에 재발할 수 있다. 또한 암세포의 특성상 암 치료 후 휴면하는 세포가 나중에 신체의 상태에 따라 다시 성장하여 커질 수 있다. 그 외에 아예 다른 부위에 2차 원발 암이 생길 수도 있다. 그리고 환자의 투병 의지도 중요한 변수이다. 이런 사항들이 실패에 한몫한다

(6) 마지막으로 의사들의 실수

치료 시기나 치료방법의 선정, 수술 등 치료과정에서 의사가 잘못하여 실패하는 경우도 심심치 않게 발생한다. 현재와 같은 의료 환경 하에서는 이를 피하기 위해 환자나 가족이 좀 더 꼼꼼하게 챙기는 수밖에 없다. 이밖에도 병원을 달리해서 이중으로 체크하는 것도 한 방법이다. 환자 입장에서 불가항력적 상황도 있다.

아내의 경우는 여러 가지 실수가 겹쳐서 일어난 사례이다. 최초 치료의 시작에 있어 잘못된 방향 설정으로 인해서 발생했고, 방사선치료 후 수술 시기가 적기에 이루어지지 않아 잘못됐다. 그리고 정작 수술은 제대로 되질 못했고 수술이 실패하자 수술한지 한 달 만에 암이 다른 곳으로 이전하여 수술 전보다 더욱 커져 버렸다. 항암 치료시에도 면역항암제와 고용량 비타민C의 병용에 의한 문제 등으로 일어난 희생이다. 일어날 수 있는 가능성이 거의 전부 발생한 드문 경우였다. 이런 점을 고려하면 암 치료란 단 한번의 실수도 허용하지 않는 다는 점을 잊지 말아야 한다.

2. 통합적 암 치료법

　제일 처음 암 환자가 해야 할 일은 어떤 방법으로 암을 치료할 것인가를 결정하는 일이다. 앞서도 대학병원의 다학제 진료시스템을 활용하는 것에 대해서 알아보았다. 여기서 조금 더 들어가 본다.

　1,2기 암에서는 현대의학에서 근치율이 높아 이런 점을 건너뛰어 다른 치료를 선택하는 것은 어리석은 일이다. 그러나 3,4기 암을 표준치료만으로 낫겠다는 것도 현명하지 못하고 위험부담이 크다. 자연치유나 대체의학에만 의존하겠다는 것은 더 모험적이다. 현대의학을 피해 보겠다는 심정은 이해가 되나 치료의 효과 면에서는 현대의학을 대체할 만큼 확인된 바가 없는 것이 사실이다. 극히 일부에서 무슨 무슨 치료로 나았다더라 하는 것은 그게 정말 5년 이상 추적을 해서 나온 결과인지, 또는 그 방법으로 치료한 대상이 몇 명이고 그중 몇 명이 나았는지에 대한 통계치가 없기에 여기에 기대는 것은 무리다.

　이러한 이유들로 현재는 표준치료에만 머물지 않고 자연치유와 더불어 한방과 함께 대체의학을 포괄한 통합치료가 점점 부각되고 있는 추세다. 각각의 치료를 더 살펴보자.

　의사마다 그리고 암종마다 또한 병기에 따라 치료방법과 순서에 대해 견해 차이가 있을 수 있다. 대부분의 경우 의사들은 근치가 가능한 치료라면 수술을 선호한다. 그렇지만 최근에는 반드시 수술만을 우선시하지 않는 경향도 있다. 수술은 몸에 영구히 장애를 남길 수 있고 치료 후 삶의 질이 무시되기도 하기 때문이다. 이런 경우는 다른 치료방법을 고려해야 한다. 방사선치료가 예이다. 항간에는 방사선치료를 너무 두려워하는 사람도 많으나 살아가야 할 날이 많은 어린이가 아니면 방사선치료를 너무 경원시 말아야 한다.

미국 MD앤더슨에서 30년 넘게 방사선으로 암을 치료해 온 김의신 박사는 몇 년 전 한국 강연(유튜브에 여러 편이 있다.)에서 암 치료에 있어 수술하지 않고 다른 치료를 선호하는 최신경향이 있다는 이야기를 하였다. 수술은 몸에 주는 피해와 충격이 너무나 크고 과격하기 때문이다. MD앤더슨의 경우 방사선치료가 이미 60%가 넘게 시행되고 효과도 본다고 한다. 완치율이 높으면 방사선을 우선하는 것도 적극 검토해 볼 만하다.

대부분의 의사들은 교과서에서 배운 대로 수술이 먼저고 방사선은 재발 방지를 위한 보조적 치료라고 인식하고 있다. 이것이 틀렸다는 것은 아니다. 그러나 수술은 대단히 고답적인 치료방법이다. 수술의 기술이 발전하는 것은 복강경 수술이나 사람 대신 로봇이 하는 정도에 불과하다. 이것은 수술이 근본적으로 혁신된 방법이 아니다.

그러나 의료기술은 방사선 분야에서 비약적으로 발전하고 있다. 이를 반영하지 않은 채 구태의연하게 수술만 강조하는 것은 과거지향적 치료에 머물겠다는 생각일 뿐이다. 병기와 암종별로 다르기는 하겠지만 방사선치료 또는 약물치료를 병행하여 치료의 근치율을 높이고 있다. 그리고 방사선으로 치료가 되지 않았다면 나중에 수술하는 것도 가능하므로 방사선치료 실패로 인한 위험을 보완할 수 있다.

최근의 방사선치료는 X선이나 감마선 치료에서 양성자 치료로 발전했고 나아가 중입자치료로 진화하고 있다. 중입자치료는 그 가격이 너무 비싸서 서민들에게는 접근이 쉽지 않다. 몇 년 내로 국내에도 설치될 계획이다.

수술과 항암제의 병용 또는 수술 전후에 배치를 어떻게 하는 게 좋을 지에 대해서도 주목할 필요가 있다. 이것은 후술한다.

수술이나 방사선치료가 불가능할 경우는 상태가 매우 안 좋은 경우이다. 이때 할 수 있는 것이 약물치료인데 이런 경우는 예후도 매우 좋지 않다. 3,4기 고형암의 경우 항암제 치료만으로는 그저 몇 달 수명을 연장하는 것에 불과할 수 있다. 이런 경우 기존의 표준치료가 아닌 다른 치료를 고려해 볼 필요가 있다. 이 책에서 몇 가지를 제시하고 있다. 도저히 회생불가능하다고 판단되면 통증 완화를 목적으로 운명하기까지 삶의 질을 높일 수 있는 호스피스병원이나 공기 좋은 깊은 산속에서 대체의학에 기대는 게 더 현명할 수 있다.

말기 암이 아니라면 암은 그 자체로 바로 사망하지는 않는다. 진행 암은 병의 진행속도와 치료 속도 중 어느 것이 더 빠른가에 따라 생사가 갈리게 된다. 암이 진행을 멈추도록 하는 것도 치료방법이다. 따라서 근치를 할 수 없다고 하더라도 현상유지를 하도록 하는 치료법도 매우 중요한 암 치료 전략이 될 수 있다.

이 같은 치료법이 아직 확립된 것은 아니나 메트로노믹 케모세라피(Metronomic chemotherapy)라는 것이 있다. 피아노의 메트로놈은 일정 간격으로 시계추같이 똑딱거리는 기구다. 이것 같이 인체가 견딜 수 있는 범위 내에서 약물을 약하게 해서 일정 간격으로 주기적으로 투약하여 치료하는 방법이다.

이 치료로 암을 없앨 수도 있겠지만 그것보다 성장을 중지시키는 것에 방점이 찍혀있다. 개념적으로는 기존의 화학 항암제보다는 좀 더 인간적인 치료라는 점에서 약물치료만 받다가 운명을 달리하는 것보다는 훨씬 나을 수 있다.

메트로노믹 케모세라피처럼 항암제를 약하게 쓰는 동시에 면역력을 높이고 암 줄기세포와 암세포 자살을 유도하는 천연물을 섭취하는 치료법이 막연히 공기 좋은 곳에서 암에 좋다는 것을 마구잡이로 취해보는 것보다는 좀 더 발전된 방법이 아닐까 생각해 본다. 설사 이것을 하다가 운명을 달리한다 해도 최소한 살아있는 동안의 삶의 질은 훨씬 개선될 테니까.

그런데 문제는 이것을 적극적으로 추천해주는 의사가 없다는 점이다. 항암제 이외에 달리 방법이 없는 환자는 마지막 방법으로 이것을 시도해 볼 수 있다. 이 치료법을 국내에 소개한 의사(0영석 원장)나 통합치료를 한다는 병원이면 처방해 주지 않을까 여겨진다.

그리고 극히 일부에서 암 줄기세포에 대해 항암성이 있는 천연물을 선택해서 제공하거나 추천해주는 의사가 나타나기 시작했다.

2.1 통합의학에서의 암 치료

표준치료에서는 수술이면 수술, 방사선이면 방사선, 화학 항암제 투여면 투여 그 이상은 별다른 추가 대책은 없다. 이것 외에 신경 쓰는 것이 있다면 암 치료를 위해서 몸이 잘 견디도록 영양공급만 강조할 뿐이다. 현대의학에서는 암에 대한 직접치료와 영양 이외에 그 나머지는 부차적인 일이라 생각하고 거의 무방비 상태다. 그리고 그 이외의 치료에 대해서는 아예 인정하지 않으려는 경향도 있다. 그러나 그것이 맞는 일일까?

필자는 이렇게 주장하고 싶다. 암 치료는 표준치료 이외의 치료가 설사 부차적이라 할지라도 부차적인 것이 전부일 수 있다고 생각한다. 현대의학만으로 100% 치료가 된다면 다른 것에 신경 쓸 이유가 없다. 3,4기 암의 경우 병원에만 기대다가는 낭패를 볼 수 있다. 이런 비유가 어떨까 한다. 만약 현대의학으로 99%의 치료가 이루어진다 하더라도 1%가 충족되지 않아서 치료되지 않는다면 그 1%가 100%가 될 수 있다고.

고형암 3,4기 환자의 경우 장기 생존율을 아무리 후하게 쳐줘도 50%를 넘지 못하는 상황을 고려하면 치료율을 높이기 위해서는 모든 방법을 동원해야 하지 않을까?

키이스 블록 박사는 통합 암 치료에 대해서 이렇게 말한다.

"암이란 기사회생의 묘약이 자기를 없애주기를 기다리는 잘못된 세포들로 구성된 고립된 덩어리가 아니다. 오히려 암은 여러 가지 요인으로 생긴다. 따라서 암은 마법 같은 탄환이 맞출 수 있는 유일한 과녁을 보여주지 않는다. 종양이란 변형되고 불균형의 체계를 보여주는 가장 분명한 증상에 불과하다. 그렇기에 분자적 표적 치료와 수술, 방사선, 화학요법 같은 재래식 무기들은 암의 확산이나 재발을 막지 못한다. 이러한 치료법은 변절된 암세포를 솎아내지도 못하고 신체의 생물학적인 균형 상태를 강화시키지도 못하고 애초에 암을 유발한 분자들의 모든 사고에 대처하지 못한다. 결과적으로 종양을 제거하더라도 생물학적 불균형 상태로 인하여 암이 재발할 수 있는 환경이 만들어지는 것이다.

암은 증식을 위해 인체의 모든 생화학적 환경을 하나도 빠짐없이 이용하기에 암을 퇴치하기 위해서는 가능한 모든 생화학 방어력을 강화하지 않으면 안 된다.

가망성이 거의 없어 보이는 전이성 유방암이나 전이성 전립선암을 앓던 환자가 통상적인 암 치료만 받던 유사한 환자보다 거의 두 배 오래 살았으며 5년 생존이라는 확률도 훨씬 높았다.

우리로부터 치료받은 수많은 암 환자들은 당뇨병 같은 만성 질병을 대하듯 일상생활을 하고 있다."

통합적인 관점에서 암 치료에 접근해야 하는 필연성을 역설하고 있다. 이에 비추어 보면 우리의 경우는 어떨까? 갈 길이 너무도 멀다.

이제부터 수술과 방사선 그리고 약물 치료 등 표준치료에서 놓치고 있는 게 무엇이며 표준치료에 있어 어떤 것들이 추가되어야 하는지, 이를 제시하는 앞선 선구자들의 지혜와 필자가 경험한 소박한 예를 들어 살펴본다.

2.2 표준치료를 중심으로 한 통합치료

가. 수술 치료에서 놓치고 있는 문제들

암 치료에 있어서 수술은 아직까지도 많이 애용되고 있는 방법이다. 그러나 최근에는 수술을 회피하려는 경향이 커지고 있다. 비

수술적 치료법들이 등장하고 있기 때문이다. 방사선도 다양한 방법이 등장하고 있고 표적항암이나 면역항암 등 현대의학이 발전하고 있으며 통합적인 관점에서 자연치유도 조금씩 발전하고 있다.

수술은 수술 단독으로도 암 치료를 끝내기도 하지만 수술 전 또는 수술 후 약물치료를 병행하기도 한다. 병변이 클 때는 방사선으로 암의 크기를 줄인 후 수술하는 경우도 있다. 수술 전 약물치료 역시 암의 크기를 줄여서 수술에 대한 부담을 줄이고자 하는 목적이고, 수술 후 약물치료는 병변의 진행 정도에 따라, 아니면 CT 등 영상자료의 한계로 인해 암세포를 다 제거하지 못할 가능성에 대한 대비책이다. 실제로 수술로 암을 제거하고 나서도 재발 되는 경우는 비일비재하지 않는가?

한편 수술을 회피하려는 합리적인 이유를 살펴보자.

수술은 어쩔 수 없이 피를 동반하지 않을 수 없다. 암세포는 수술하는 과정에서 혈액과 림프액을 통해 주변으로 퍼져 나갈 수 있다고 여긴다. 수술하는 과정에서 암세포가 체액인 혈액과 림프액에 묻어서 다른 장기로 옮겨갈 수 있다는 논리다. 이를 완전히 배제할 수 없기에 일부 타당성이 있다.

또한 영상기기의 한계로 암세포를 다 파악할 수 없어서 수술로 암세포를 다 제거한다는 것은 그저 가정에 불과하다고 보는 시각이다. 무엇보다 크기가 작은 미세 암은 수술로 다 제거하기 어렵다는 이유도 있다. 그래서 수술을 집도하는 의사는 대부분 암으로 표시된 부위보다 훨씬 넓은 부분까지 제거한다. 그렇다 해도 수술로 암을 전부 제거했다는 것을 보증받긴 어렵다. 그래서 수술을 회피하려는 것이다. 특히 3, 4기 암에서는 더 그렇다.

수술을 회피하는 사람들은 이런 이유를 대고 있지만 그렇다고 뚜렷한 대안 없이 회피만 하겠다는 것은 어리석은 일이다. 더구나 대체의학으로만 수술을 대신하겠다는 것은 바람직하지 않은 모험이다. 암은 가능성에 의지해서 치료해서는 안 된다.

수술 후 약물치료는 통상 암의 분화 정도와 림프절 침범 정도를 검토해서 시행한다. 암을 다 제거하지 못했다는 가정하의 대비책으로서, 수술 4~6주 이후 암의 재발을 막기 위함이다. 수술 부위가 회복하는 기간을 고려하여 간격을 두는 것이다.

그런데 사실 수술 직후부터 약물치료를 하기까지의 기간은 환자에게는 매우 위험한 기간이기도 하다. 이 기간에 수술 부위가 아물게 되는 것도 사실이지만 다 제거하지 못한 암세포가 성장하기에도 더없이 좋은 기회이기 때문이다. 몸이 수술로 상처를 입으면 몸 스스로 복구능력을 발동하여 상처회복 물질을 왕창 내보내게 된다. 이로 인해 정상세포는 빠르게 원상회복이 되도록 세포분열을 가속시키는데, 만약 암이 남아있다면 이 암세포도 똑같이 자기증식을 빠르게 하게 된다. 더군다나 수술 후에는 수술 부위를 복구하느라 인체가 가진 자원을 총동원하므로 몸은 평상시와는 다르게 면역기능 등 각종 능력도 떨어지게 되어 암세포가 성장할 수 있는 좋은 환경이 되는 셈이다. 따라서 수술 후 이런 상황에 있는 몸을 여하히 보호하여 스스로 방어하게 하느냐가 치료의 관건이 될 수 있다. 이때의 현명한 1%의 대처가 100%의 치료로 변할 수 있다.

표준치료는 이에 대한 대책이 무척 소홀하다. 그저 혈관으로 영양을 공급하고 회복상태를 봐서 제공하는 식사가 전부이다. 현대의학의 표준치료가 갖는 한계이다.

몸이 취약한 상태에 있을 때 이를 보충할 수 있는 노력은 더없이 중요하다. 이런 이유로 이에 대한 다양한 방법을 찾지 않으면 안 된다. 나는 이와 관련해서 아내가 수술하고 나서 암이 준동할 것에 대비해 미슬토를 맞으려 하였으나 아산병원은 이 약을 구비하고 있지 않았다. 수술 전까지 오랫동안 미슬토를 맞고 있던 상태에서 수술과 동시에 이것을 중단했던 점도 몸의 면역력이 저하된 원인 중 하나였을 것이다.

이제 수술 전 약물치료를 생각해 보자. 일반적으로 수술 집도의는 수술 전 약물치료를 하지 않으려는 경향이 있다. 수술 이후에는 몸이 빠르게 회복되어야 하는데 약물치료를 하면 면역력이 급속히 떨어지고 체력이 고갈되기 때문이다.

이와는 다르게 종양내과 의사들은 수술 전 약물치료를 고려하기도 한다. CT에서는 잡히지 않는 암세포가 미세 암 상태로 넓게 분포해 있을 가능성이 있으며 수술 후 이들이 준동할 수 있기에 암을 사전에 제압하고 수술을 한다면 예후를 좋게 할 수 있다는 점 때문이다.

이것에 관해서 수술 집도의와 종양내과 의사들 사이에서 이견이 있을 수 있으므로 환자의 상태와 병기를 고려하면서 약물의 객관적 반응도를 참고하여 결정하는 것이 필요하다. 그리고 최종적으로는 의사들의 의견을 들어보고 환자와 가족이 결정하는 것이 옳다고 생각한다. 왜냐하면 의사들 사이에서도 의견이 갈리는 문제이기 때문이다.

우리의 경우 이랬다. 방사선이 끝나고 수술날짜가 지연된 이래로 암이 급속히 성장하고 있는 것이 눈으로 목격되었다. 그런데 수술 집도의였던 삼성병원의 OOO교수는 수술 전 약물치료를 요구하자 일거에 이를 거부하였다. 약물치료를 하면 면역력이 떨어져서 수술 후 회복이 어려워진다는 이유였다. 그러나 암세포가 하루가 다르게 커지는 것을 눈으로 목격하고 있던 혈액종양내과 의사는 약물치료를 1회 하고 수술에 들어가는 것이 더 유리하다고 우리에게 강력하게 권고하였다. 한 달 기간이면 항암약물이 약효를 다하고 면역력도 다시 회복될 수 있는 기간이라는 것이다. 물론 성장하는 암도 멈출 수 있기 때문이다. 이런 사전 지식이 없었던 우리는 수술은 한 달 후로 잡혀있는데 암이 시시각각으로 커지는 것을 보면서 어찌할 바를 몰라 불안에 떨었던 기억이 난다. 암이 나날이 커가는 것이 눈에 보였는데도 말이다. 수술 집도의의 권위에 밀려 종래는 수술 전 약물투입을 하지 못했다.

그러나 지금 생각해 보면 항암 치료를 먼저하고 수술에 들어가는 게 어땠을까 생각해 본다. 수술 후에 암이 번진 상황을 생각하면 더 그렇다. 환자의 체력이 뒷받침된다면 수술 전 약물치료를 몇 차례 하고 수술에 들어가는 것이 유리하다. 수술 전 암 부위의 미세환경을 유리하게 해놓고 수술을 하면 수술 이후 예후를 좋게 할 수 있다는 관점에 더 그렇다.

이러한 문제에 대해서 다학제 의료 시스템이 있는 대학병원에서는 수술을 둘러싸고 항암을 수술 전 하느니 마느니 하는 것을 환자와 가족에게 물어보고 결정하는 것은 현실에서는 일어날 것 같지 않다. 수술의사에게는 또 다른 부담이기 때문이다. 필자가 이러한 상황을 파악할 수 있었던 것은 항암 치료를 하는 병원과 수술을 하는 병원이 달랐기에 가능했다.

다학제 의료 시스템이 있는 병원이라면 병원에 적극적으로 요구해서 여러 의사들의 의견을 들어보고 결정하는게 어떨까 한다. 이유를 묻고 따져서 가장 좋은 방법을 도출해야 하고 최종적으로는 환자와 보호자가 결정하여 시행해야 한다.

이 같은 사실을 뒷받침하는 발표가 뒤따르고 있다. 2019. 04. 17 연합뉴스에 따르면 장기생존율이 낮은 것으로 분류되는 췌장암 환자의 경우에도 약물치료 후 수술을 하면 생존 기간이 늘어난다고 했다. 아산병원 의료진들은 약물을 주입한 후 수술을 한 췌장암 환자 135명과 하지 않고 바로 수술한 환자 359명과 비교했을 때, 생존 기간이 17.1개월에서 29.7개월로 증가했다고 했다. 135명은 암이 주변의 림프절, 혈관 등으로 침범해 수술이 더 힘든 환자였는데도 더 오래 살았다는 것이다. 국제 학술지 『Cancer』지에도 발표했다고 한다.

다른 나라의 경우는 어떨까? 김의신 박사의 이야기를 다시 들어보자. 그는 MD앤더슨에서 하는 수술과 항암제의 관계에 대하여 위에 인용한 책에서 다음과 같은 3가지의 특징을 꼽았다.

1) 수술을 함부로 권하지 않는다.

2) 우선 약으로 돌아다니는 암세포를 잡거나 성질을 약하게 만든다.
3) 암세포가 약해지면 그때 수술한다.

그리고 수술과 관련해서 이런 추론이 있다. 암이 원발부위에만 있을 경우, 암이 최초 발생한 원발부위의 본사가 다른 부위에 암의 지사(원격전이)를 따로 차리게 하지 못하는 영향력을 발휘한다는 것이다. 그런데 수술로 이런 원발부위의 암세포를 제거해 버릴 경우 다른 곳에 남아있던 미세 암이 급속히 세력을 갖추어서 새롭게 살림을 차린다는 주장이다.(김의신 박사의 강연 중, 유튜브 동영상 참조) 수술로 암세포가 사라지고 난 후 환자의 면역력이 저하됐을 때 약간이라도 다른 곳에 암세포가 남아있다면 이게 빠르게 세력을 뻗칠 것이라는 이론은 대체로 수긍이 간다. 일부 대체의학을 하는 치유센터에서는 이 같은 이유를 들어 극단적으로 수술에 대한 거부를 부추기도 한다.

그래서 김의신 박사는 최근에는 수술에 대하여 최선이 아니라고 선언했다. "이미 암세포들은 임파선을 통해 온몸을 돌아다니기 때문에 장기는 암세포에게 일종의 집 같은 역할을 한다. 그런데 옛날에는 수술로 확 잘라버리니까 수술로 집을 잃은 암세포들이 다른 기관에 가서 새집을 짓느라고 전이가 되는 것이다." 라면서 수술의 불완전함을 설파한다. 이것이 암에 관한 권위 있는 의사의 설명이고 우리도 경험한 바이다.

이런저런 이유로 수술 직후는 암이 다른 곳으로 퍼져 나가기 좋은 환경하에 있는 것은 틀림없다. 사정이 이러한데 대책 없이 수술만 하고 수술 후 별다른 조치 없이 관찰만 하고 있는 대학병원의 관행에 어떻게 환자를 맡겨둘 수 있겠나.

아내의 경우가 극명했다. 대학병원에서 수술을 집도했던 의사는 왼쪽 턱에 있던 암을 전부 깨끗이 제거했다고 했다. 그러나 이런 수술을 하고 한 달도 되지 않아서 왼쪽 턱에 있던 암이 오른쪽 뺨으로 더 넓게 퍼져 버렸다. 기본적으로 수술이 실패하여 다 제거되지 못했을 때 아주 짧은 시간 동안 암이 다른 곳에서 어떻게 딴 살림을 차리는지 우리의 경험이 이를 증거한다. 즉 암 진단 후 1년 반에 걸쳐서 아주 서서히 자랐던 암이 불과 한 달도 안 되어서 오른쪽 뺨으로 옮겨가 버린 것이다. 그것도 크기가 암 3기에 해당할 정도로! 수술은 정말로 신중하게 선택해야 한다. 1,2기 암이라면 의사의 지시에 따르는 것이 어떨까 한다. 앞의 예는 3,4기 암일 경우라는 것을 염두에 두어야 한다.

나. 방사선치료 그리고 알파

방사선치료도 수술만큼이나 치료율이 높은 암 치료방법이다. 수술을 회피하려는 환자에게는 방사선치료가 대안이 될 수 있다. 방사선과도 암 부위마다 전문의가 나뉘어 있다. 그러나 방사선치료는 모든 암에 대처할 수 있는 것은 아니다. 방사선치료를 할 수 있는 암종과 암의 분포상태 등에 따라 치료가 불가능한 경우도 있다. 방사선치료를 하고자 한다면 그 분야 의사와 깊이 상담해야 한다.

그러나 부작용을 이유로 방사선치료를 거부하도록 부추기는 이들이 있는데 여기에 현혹되는 사람들이 적지 않다. 이 같은 것은 특히 대체의학 쪽의 일부 치료사들에 의해서 그렇다. 일부 타당성이 있다 해도 과한 면이 있다. 비록 방사선 자체가 암을 유발하는 원인이기는 하나 방사선 조사에 관한 연구와 임상은 상당히 축적된 것으로 보인다. 생명위협과 방사선치료에 의한 장기생존율 간의 비교 우위를 고려하여 선택하는 것이 필요하다. 몸에 해가 거의 없는 자연치유가 이를 대신할 수 있다면 그것이 우선되어야겠지만 그런 치료가 보장되기는 쉽지 않다.

방사선치료는 그 원리를 이해하면 다른 치료와 병용하는 것이 더 효과적이라는 것을 알 수 있다. 이미 현대의학에서는 이를 시행하고 있다. 방사선을 하면서 약물요법을 동시에 진행하는 경우가 많다. 이를 CCRT(Concurrent Chemo Radio Therapy)라 한다. 필자는 여기에 더해서 방사선치료를 하면서 어떻게 효과를 더 높일 수 있을지에 대해서 추가로 설명하고자 한다.

앞서 방사선치료를 하면서 항암 치료를 동시에 해서 치료 효과를 높인다는 이야기를 했는데 지금까지 사용되는 항암제는 세포독성 항암제와 표적항암제만을 방사선과 동시에 치료로 사용하고 있다. 그러나 이것은 더 확장될 필요가 있다.

아직까지 면역항암제와 방사선치료를 동시에 한 경우는 별로 알려져 있지않다. 면역항암제가 치료에 이용되기 시작한 지 얼마 되지 않아서 이런 병용사례가 있을 가능성은 많지 않을 것이다. 그리고 이는 필자의 능력을 넘어서는 문제라서 관련 분야 전문가들이 알아서 할 일이다. 최근에 아주 적은 임상이 있다고 알려져 있다.

이 분야도 실제 암 치료에 적용될 날을 기대해 본다.

다만 면역세포치료는 검토해볼 만하다. 방사선치료 전에 자신의 혈액을 채취했다가 NK세포나 T세포를 배양하고 활성화시켜서 방사선치료와 함께 적당한 시기에 이를 투여해서 치료하는 것으로 이론적으로는 효과가 있을 것 같다. 왜냐하면 면역세포치료는 자신의 면역력을 올리는데 기여하는 치료로 방사선치료 후 면역력이 떨어졌을 때 이를 복구하는데 기여하기도 하고 암을 치료하는데 도움도 될 것이기 때문이다.

나아가 방사선치료시 추가 조치에 대하여 다음과 같은 주의사항이 있다. 방사선치료는 몸을 극도로 산화시킨다. 따라서 다양한 항산화제는 정상조직을 보호하는 데 도움이 된다. 가장 강력한 항산화제로 아미포스틴이 추천되고 있다. 그리고 조직이 손상을 입는 것은 방사선치료 후에 산소가 조직에 미치지 못했기 때문으로 파악되므로 고압산소요법을 추천한다.

여기에 더해 대체의학에서 사용하는 각종 방법들, 즉 인체의 면역력을 증강시키는 법, 세포를 자살에 이르도록 유도하는 각종 보조제와 식품들을 적절히 배합하여 치료 효과를 높이는 방법들이 접목될 필요가 있다.

의사들은 이구동성으로 방사선치료를 하면서 잘 먹어야 한다고 강조한다. 약물치료도 그렇지만 방사선치료도 인체의 자원을 대단히 많이 소모시키는 치료이기 때문이다. 방사선치료 중에는 백혈구 수치가 항암 치료 못지않게 현저히 떨어진다. 이때는 단백질, 비타민 미네랄을 먹을 수 있는 한도로 최대한 섭취해야 한다. 그러나 먹으려 해도 먹기 어려울 수 있다. 방사선치료시에도 식욕이 떨어지기 때문이다. 이때는 액상의 종합 영양식을 섭취하는 게 좋다. 이런 대체식은 여러 종류가 있으며 병원에서 추천하기도 한다. 의료보험이 적용되기 때문에 매우 저렴하다. 이런 식사는 기본 중의 기본이다.

그러나 환자가 잘 먹지 못하는 상태라면 흡수가 잘되는 아미노산을 섭취할 것을 권장한다. 아미노산은 단백질을 한 번 분해시킨 것으로 소화흡수가 뛰어나다. 분말로 된 아미노산은 시중에 나와 있다. 필요하면 정맥주사로라도 보충받아야 한다.

그리고 치료를 위한 보조제 섭취에 대한 문제이다. 필자는 가능하면 적당한 것을 골라 먹는 지혜가 필요하다고 생각한다. 그러나 이에 대해서 양의사들은 대체로 부정적이다. 우리나라 대형병원 중 OO병원에서 제시한 보조제에 대한 견해를 보자. 그들의 안내 책자에 나온 내용이다.

"방사선치료 중에 홍삼 액기스, 상황버섯, 녹즙 등의 보조식품을 먹어도 되나요?

- 아니오. 먹으면 안 됩니다.
- 특정 건강 보조 식품 복용은 방사선치료에 부정적인 영향
  (예 : 간기능 저하)을 미칠 수 있습니다.
- 종합영양제와 비타민제 등의 과잉복용도 간 기능에 영향을 줄 수 있으므로 의료진과 상담이 필요합니다.
- 주의할 특정 건강 보조식품의 예
  한약, 엑기스(홍삼, 인삼, 산삼, 수삼 등), 상황버섯, 영지버섯,

녹즙(케일, 신선초, 돌미나리 등), 달인 물(붕어, 잉어, 장어, 가물치 등),
동충하초, 아가리쿠스, 느릅나무즙, 노니주스,
키토산, 스쿠알렌, 개소주 등"

이 내용을 보면 방사선치료를 하는 데 도움이 되는 보조제를 추천하기보다는 하지 말라는 것에 초점이 맞추어져 있다. 영양 문제에 대해서 이를 강조하는 것은 누구도 부정하지 않지만 하나 마나 한 이야기로 스쳐 지나가는 것에 불과하고 대부분은 하지 말라는 것 투성이다.

방사선치료를 하면 환자의 대부분은 체력이 급격히 떨어지고 면역력도 바닥까지 갈 수 있다. 병원이 이에 대해 대안을 제시하는 것은 너무도 식상하다. 영양을 충분히 하고 휴식하라는 말뿐이다. 이를 어떻게 이를 끌어 올릴지에 대한 방법은 제시하지 않는다.

이에 대해 필자의 견해는 이렇다. 방사선치료를 할 때 어느 병원에든 입원하시라고 말하고 싶다. 만약 대학병원(상급병원)에서 이를 허용하지 않으면 암 치료로 잘 알려진 전문병원(2차병원)에 입원을 하시라. 그리고 그곳에서 하는 혈액검사 등 각종 검사로 모니터링 하면서 의사와 상의하여 위에서 먹지 말라는 보조식품들을 드시라고 권하고 싶다.

이 방법에 대해서 조금 더 설명해야겠다. 방사선치료 중이거나 회복기에 영양 문제는 더 긴 설명이 필요치 않다. 그리고 위에 적시한 각종 보조제는 치료에 도움이 되는 것이 틀림없다. 그런데 왜 이를 저지하는 것일까?

단 하나의 가능성이 있다. 방사선치료는 암세포를 죽이기 위하여 화학요법보다 훨씬 더 많은 활성산소가 작용한다. 그런데 항산화제는 이런 활성산소를 제거해 버리기 때문에 방사선치료 효과를 떨어뜨린다는 한 연구 때문이다. 그러나 이것은 나중에 논란이 되었다. 키이스 블록 박사에 따르면 이 연구에서 방사선이 효과가 없게 된 것은 치료 도중에 담배를 피운 환자들에서 나타났다고 한다. 그러나 금연한 환자들에게는 나타나지 않았다는 것이다. 최근에 그는 항산화 역할을 하는 음식물들을 지지하는 쪽으로 기울고 있다고 한다. 그러나 필자의 생각으로도 고단위로 농축된 항산화제 약물은 조심해야 할 것 같다. 이런 게 걱정이 되어서 보수적 입장에서 볼 때 키이스 블록도 방사선치료를 받는 동안에만 항산화제를 생략한다고 한다. 그런데 앞에 제시한 보조제들은 모두 항산화제는 아니다. 실질적으로 항암 기능을 갖는다.

우리나라를 대표하는 여러 병원에서 기능성 식품을 먹지 못하도록 규제하는 것은 너도나도 무분별하게 먹을까 봐 전체적으로 금지하는 게 아닐까. 위에 제시한 부작용은 단지 간에 부담을 준다는 것 뿐 그 외에 이렇다 할 이유가 제시되지 않고 있다.

그러나 정말 간에 부담이 될까? 한의사에게 환자의 상태를 이야기하고 몸보신에 필요한 한방약을 지어달라면 적절한 처방을 내려줄 것이다. 저런 주장은 한의사에 대한 양방의사의 불신과 환자를 무시한 태도에 기인한다. 간에 무리를 주는 것은 양약이 한방약에 못지않다. 양의사든 한의사든 환자의 상태를 이해하고 있다면 간에 무리가 되지 않는 처방을 하면 된다.

정히 의심이 든다면 방사선치료에 들어가기 전에 시험해 보면 된다. 방사선치료 전에 먹어서 몸에 이상이 없는 것을 확인하고 섭취 여부를 판단하면 되지 않을까 싶다. 오히려 전문병원(2차병원)에 입원해서 보조제를 먹으면서 혈액검사를 해보고 의사의 충고를 듣는 것이 방사선치료에 더 낳은 효과를 거둘 수 있지 않을까? 이렇게 해서라도 먹는 것에 신경을 쓰라는 것은 방사선치료시 너무도 체력소모가 많기 때문이다. 그러나 정작 문제는 먹으려 해도 입에서 잘 받지 않는 문제가 더 크다.

물론 방사선을 하고서 몸의 상태가 나빠졌을 때는 다른 상황이 올 수도 있겠으나 아내의 경우 녹즙을 먹어서 간 기능이 나빠진 경우는 한 번도 없었다. 치료과정에서 우리는 1주일에 한 번씩 혈액검사를 하고 있어서 이를 확인할 수 있었다. 그래서 병원에 입원한 상태에서 이를 시행해 보란 것이다. 다만 방사선치료로 인해 오심 구토가 있거나 간 등 소화기 장부 기능이 저하되거나 특별한 병력이 있을 경우에는 다른 결과를 가져올 수도 있으므로 의사와 상담은 필요하다.

그렇다면 양의사들이 하지 말라는 것을 왜 기어코 하려고 하는가? 그 이유는 방사선치료를 하면 정상세포든 암세포든 비실비실한 상태에 있게 된다. 그러나 정상세포가 진용을 갖추고 있다면 비실비실해진 암세포를 공격하는 것이 용이하지 않을까?

이것이 아니라도 영양을 충분히 공급하는 것에 병행해서 면역에 좋은 보조제 및 세포자살(아포토시스)을 유도할 수 있는 식품을 섭취하는 것은 암세포 퇴치에 도움이 될 것이다.

특히 앞에서처럼 00병원에서 제시한 보조제는 대부분 고단백 식품이고 비타민과 미네랄이 풍부한 식품이다. 더구나 면역력에 도움이 되는 것들도 다수 있다. 이런 것들을 모조리 먹지 말라고 하는 것은 문제가 있다. 본인이 취하고 싶은 보조제가 있으면 의사와 상담을 통해 복용을 검토하자.

저들이 이야기하는 보조제 섭취를 하지 않고도 방사선치료로 100% 암을 치료할 수 있다면 굳이 하지 말라는 것을 할 이유는 없다. 그러나 현실은 전혀 그렇지 않지 않은가? 방사선뿐만 아니라 모든 치료를 동원해도 3,4기 환자를 절반도 못 살려내고 있는게 현실인데, 그들은 이러한 문제에 무관심하거나 오히려 방해하고 있다.

보조제가 몸을 보호하고 활력을 주는 증강제인지, 약으로 작용하여 부작용을 유발하는 것인지를 구분하여 취할 필요가 있다. 이렇게 방사선치료의 원리를 이해하고 정상세포가 암세포를 압도할 수 있도록 우리 몸의 우군을 지원하는 보조제를 활용하는 것은 적극적으로 시행해야 한다. 이것은 앞서도 지적한 것처럼 1%의 미약하지만 적절한 대처가 100%의 치료가 될 수 있어서이다. 역으로 1%의 대처를 하지 않아서 100% 생명을 잃을 수 있다. 방사선치료 중이거나 치료 후 3개월 이내(방사선 약효가 통상 3개월 정도 간다고 한다.)에 신체는 정상세포가 우위를 점하느냐 암세포가 우위를 점하느냐는 갈림길에 선다. 절체절명의 시기를 놓칠 순 없다.

마지막으로 주의사항을 이야기하고자 한다. 보조물 섭취를 할 때는 설사에 주의해야 한다. 평소 먹지 않던 것을 갑자기 복용할 경우 설사를 유발할 수 있다. 소화 기능과 간의 해독능력이 저하되었기 때문일 수 있다. 설사 하면 일반인들이 하는 설사와는 매우 다른 양상을 보인다. 암 환자는 설사로 인해 치료에 방해가 될 수 있으므로 방사선을 앞두고 고용량으로 많이 먹는 것은 주의해야 한다. 조금씩 먹으면서 몸 상태를 적응시키면서 양을 늘리는 것이 필요하다. 면역력을 올려주고 미세 암 환경을 바꾸어 주는 암 치료에 도움이 되는 차가버섯 분말의 경우도 처음 많이 먹으면 설사가 나타난다. 조금씩 먹으면서 적응하는 기간이 필요하다. 이 기간에 치료 효과가 검증되면서도 나의 몸에 부담이 적은 보조제를 골라 먹는 것은 치료에 새로운 전기를 만들어 줄 수 있다.

키이스 블록 박사는 방사선 치료시 보조제를 다양하게 제시하고 있다. 인삼 달인 물, EGCG(농축된 녹차 추출물), 콩 이소플라본, 비타민C, 오메가-3, 오가피나무, 은행나무추출물 등이다. 이외에도 다양하게 제시하고 있는데 설사와 염증에 대한 고려를 주문하고 있다.

나아가 항암 치료도 그렇지만 방사선치료를 하면 정상세포와 암세포 간의 전쟁터에서 죽은 시체들이 환부 주변에 퍼져있는 경우가 대부분이다. 이것은 고름의 형태로 몸 밖으로 나올 수 있지만 염증상태로 몸에 정체되어 있을 수 있다.

이 환경을 가능하면 빨리 개선해 주어야 한다. 방법 중 하나가 염증을 개선 시켜주는 소염제(예 세레브렉스)를 복용하는 것이고 정체된 염증을 혈액이나 림프액을 통해 순환시켜서 맑은 피가 암세포에 근접할 수 있도록 하는 방법도 필요하다. 누워서 발과 다리를 흔드는 모관 운동이나 붕어 운동 등도 이를 도와주는 운동이다. 손가락 끝으로 몸의 여러 부분을 톡톡 두드려서 체액을 순환하게 해

주는 것도 도움이 된다.

앞서도 설명했듯이 염증이 환부에 머무는 것을 개선 시켜주는 방법으로 부항 뜨는 것을 추천했다. 부항은 정체된 체액을 순환시키는데 결정적 역할을 하기 때문이다. 방사선 이후에는 피부가 짓무르는 등 환부에 직접 하기는 어려우나 근처에라도 한다면 체액의 순환에 적지않이 도움을 줄 수 있다. 운동이 어려운 환자에게는 특히 도움이 된다.

끝으로 방사선치료에 대해서 부연 설명을 해야겠다. 방사선치료의 최대의 장애는 방사선에 대한 공포이다. 방사선치료는 그 부작용이 없는 것은 아니나 현재의 시점에서 다른 치료, 즉 수술이나 화학 약물치료와 비교해서 결코 뒤처지는 치료법이 아니다. 세포독성 항암제는 부작용을 거론하지 않더라도 알려진 바와 같이 권장할만한 치료는 아니지만, 완치율만 봐서는 방사선치료만이 수술과 비교 대상이 된다. 각기 장단점이 있으나 앞으로는 비수술적 치료인 방사선치료가 더 확대되리라 예상된다. 방사선치료에 대해서 너무 공포감을 갖지 말자.

양성자 치료에 대해서는 그 분야 의사를 만나서 자신의 환부에 적용 여부를 확인해 보자. 진단과 동시에 방사선과 의사를 만나서 치료 방향을 빨리 정해야 한다.

다. 방사선치료 일반

아내는 수술 의사의 지시로 수술 전 방사선치료를 받아야 했다. 방사선치료에 대하여 대체의학과 자연치유를 하는 곳에서 여러 차례 그 폐해에 대해서 강조하던 것을 들었기 때문에 주저가 있었던 것이 사실이다. 나는 이것을 해소하기 위하여 방사선치료에 대한 지식을 채워나갔다. 네 군데 병원을 찾아가 방사선 전문의들의 의견을 들었다. 이때 찾아본 자료에 더하여 최근의 경향을 포함하여 설명한다.

현대에 있어서 방사선치료는 수술에 버금가는 치료로 치료의 종류도 다양해졌다. 과거의 평면(2차원)적 방사선치료에서 입체(3차원)적 치료방법으로 발전했고 입체를 분할하여 암의 침윤 정도에 따라 방사선의 세기를 조절하여 조사(照射)하는 세기조절 방사선치료는 이미 일반화됐다.

입체적 치료는 구(球)와 같이 입체적인 방향에서 조사함으로써 방사선이 통과하는 경로의 조직에 부작용을 최소화하고 치료 효과는 높인다. 뇌 부분의 암 치료에 이용된다. 또한 환부가 환자의 호흡 등으로 시간에 따라 움직이는 것에 대해 오차 범위 내로 들어왔을 때 정확하게 조사하는 4차원 방식의 방사선치료로까지 발전하였다.

이제는 X선이나 감마선 대신에 부작용이 훨씬 적은 것으로 알려진 양성자 치료가 시행되고 있다. 일본·독일·미국 등에서는 중입자 치료도 시행되고 있다. 수년 내에 국내에서도 치료가 가능할 것으로 여겨진다.

방사선치료는 암을 완치하기 위한 근치적 목적의 치료가 있고, 완치는 어려우나 암으로 인한 통증 등 증상을 완화하고 생명을 좀 더 연장시키기 위한 완화적 목적의 치료가 있다.

암이 비교적 국소적인 상태에 있으며 전이가 없거나, 전이가 있어도 원발 병소에 인접해 있을 때는 근치적 방사선치료를 단독으로 하기도 하고 완치율을 높이기 위해서 항암제와 동시에 병용하기도 한다.

수술로 종양의 완전 절제가 불가능하거나 전이가 의심스러울 때는 수술 전이나 후에 방사선치료를 하기도 한다. 또한 다른 암 치료법(수술, 항암화학요법 등)이 시행되기 전 또는 후에 보조적으로 사용되기도 한다.

완화적 방사선치료는 암의 진행이 심해 근치가 어렵거나 원격전이가 되어 완치의 가능성이 낮은 경우에 행한다. 이런 경우 뇌·척추·신경·정맥 등 주요 기관에서 나타나는 압박과 혈관 폐쇄를 완화하고 통증 같은 증상을 줄이기 위한 목적으로 한다.

방사선으로 암이 치료되는 원리는 이렇다. 치료용 방사선은 진단적 검사에 이용되는 방사선보다 높은 에너지를 암세포에 가하는데, 방사선의 높은 에너지가 세포의 생존에 필수적인 기관인 DNA의 이중나선구조를 끊거나 세포막을 산화시켜 직접 혹은 간접적으로 작용하여 세포를 죽인다. 즉 방사선을 받은 세포는 대부분 그 이후 세포분열을 할 때 죽고, 일부 세포는 세포가 노화되어 정상적으로 수명을 다하는 세포자살(Apoptosis)이라는 과정을 밟아 죽게 된다.

방사선치료는 치료 위치에 따라 외부 방사선치료와 근접 방사선치료로 나눈다. 외부 방사선치료는 방사선을 환자의 환부 밖에서 조사해서 치료하는 일반적인 방법이다. 근접 방사선치료는 인체 조직 내에 기구를 직접 삽입하여 방사선을 가하거나 프루브 등으로 자궁, 비인강, 기관지, 식도, 담도 등으로 관을 넣어 치료하는 방법이다. 외부 방사선치료와 달리, 암 덩어리 속 혹은 주변에 직접 방사선을 조사하므로 정상조직에는 방사선량은 최소화하면서 암에 대한 방사선량은 최대화할 수 있는 장점이 있다. 근접 치료는 단독으로 시행되는 경우는 드물고 통상적으로 외부 방사선치료 전 혹은 후에 시행된다.

방사선 치료가 더 발전된 양성자 치료와 중입자치료를 아래에 설명을 한다.

(1) 양성자 치료

양성자 치료는 수소 원자의 핵을 구성하는 양성자를 높은 에너지로 가속시켜 암 조직을 파괴하는 치료법이다. 암세포의 DNA를 파괴하는 기전은 기존의 방사선치료와 같다.

양성자는 물질 내에서 멈추기 직전까지는 방사선을 거의 방출하지 않고 대부분의 방사선량(80% 정도)을 멈출 때 방출한다. 이 특성을 '브래그 피크'라고 한다.

이렇게 암 조직이 있는 특정 깊이에서 많은 에너지가 방출되고 그 뒤로는 방사선이 소멸하기 때문에 종양 주변의 정상조직에 부작용이 발생할 가능성이 매우 낮다. 이렇게 양성자 치료는 X-선을 이용한 방사선치료와 달리 방사선량이 적기 때문에 부작용의 가능성을 낮출 수 있다.

또한 양성자는 광자나 전자와 달리 신체 표면에서는 빠른 속도로 진행하고 심부에서는 느린 속도로 진행하는 특성이 있다. 이러한 특성을 치료에 이용한다.

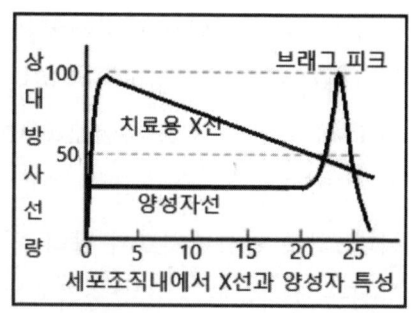

한편 소아 환자에서는 일반 방사선으로는 장기 생존시 2차 암이 발생할 수 있고 성장에 영향을 줄 수 있는데 양성자는 이를 줄일 수 있다. 양성자 치료는 기본적으로 X-선을 이용한 방사선치료가 적용되는 모든 경우에 이용할 수 있지만, 충분한 방사선량을 조사하기 어려운 경우에 주로 적용된다.

(2) 중입자치료

중입자치료는 탄소입자를 빛의 70% 속도에 가깝게 가속시켜서 그 입자를 암세포에 쏘여서 그 에너지에 의해 암세포를 살상한다. 중입자치료는 정상세포에는 영향이 거의 없이 효과가 뛰어난 것으로 알려져 있다. 암 치료의 패러다임을 바꿀 것으로 기대한다. 꿈의 암 치료법으로 불린다.

양성자는 암세포 살상력이 X선에 비해 10% 높은 데 반해 중성자 치료기는 양성자보다 질량이 12배가량 무거워 암세포 사멸율이 3배 이상 높다고 한다. 그리고 체내에 방사선이 남지 않는다는 장점이 있다. 무엇보다도 방사선치료에 저항성을 보이는 저산소 상태의 암세포에 대해서도 살상력이 높아서 두경부암 등에도 탁월한 능력을 보인다고 한다. 거의 모든 암에 적용 가능하다.

우리나라는 2017년 설치목표로 진행되다가 현재는 2022년으로 늦춰진 상태이다. 연대세브란스병원에서 도시바와 계약을 체결하여 진행 중이다. 서울대병원에서도 2020년경에 도입한다고 하는데 많은 돈이 드는 비용 문제로 설치날짜를 예측하기가 어렵다.

현재 일본과 미국, 독일 등지에서 치료에 사용되고 있다. 치료비는 대단히 고가이다. 서민에게는 너무 비싸다. 그럼도 불구하고 3,

4기 암의 경우에는 암을 진단받자마자 바로 시도하는 것이 현명하다. 이것저것 시도해보다가 시간을 놓쳐 더 악화되거나 돈은 돈대로 들어갈 공산이 크므로 아예 진단 직후 이 치료를 받는 것이 훨씬 효과적일 수 있다.

이 설비가 우리나라에 도입되면 치료비가 일본의 절반 정도가 될 것이라고 한다. 그래도 여전히 비싸긴 하다.

(3) 방사선치료의 부작용

방사선치료로 인한 최대의 부작용은 수십 년 후에 나타날 수 있는 2차 암이다. 여명이 50년 이하로 남은 사람은 별로 걱정할 일은 아니다.

방사선치료 중에 부작용은 특히 어느 부위를 치료하느냐에 따라서 크게 달라진다. 예를 들어 유방암의 경우 대부분 거의 별다른 불편 없이 치료를 마친다. 부작용은 대개 소화기의 경우나 구강 부분 등 세포분열 속도가 빠른 곳에서 일어난다. 이로 인해 어느 정도 오심, 소화불량, 궤양 등의 증상이 생길 수 있다. 임상에서 실질적으로 문제가 되는 것은 만성 부작용이다. 통상적으로 만성 부작용은 전체 치료환자 중 5% 미만에서 불가피하게 발생한다고 한다.

라. 항암약물 치료와 대안

약물에 의한 암 치료는 대체로 다음과 같은 종류가 있다. 세포분열속도가 빠른 세포를 공격해서 살해시키는 세포독성 항암제, 암세포가 특정한 메카니즘에 의해 분열해서 증식하는 과정에 작용하여 암세포를 사멸시키는 분자적 표적항암제, 그리고 인체의 면역력이 제대로 작동하게 하여 세포를 죽이는 면역치료(면역세포치료, 면역항암제), 그리고 마지막으로 세포가 자살(Apoptosis)에 이르도록 유도하여 치료하는 방법, 그리고 암세포 증식에 관여하는 포도당 대사를 방해하여 암세포가 굶어 죽도록 하는 방법 등이 최근의 암 치료법이다.

항암제는 양날의 칼 같은 치료이다. 암을 치료하는 약제이기도 하지만 약이 독으로 작용하여 생명을 위협할 수 있다. 항간에 알려진 것처럼 많은 부작용이 있기 때문이다. 항암제에 대한 부정적인 자료는 수도 없이 많다. 그러나 항암제만으로 완치되는 암도 있다는 점을 빼놓을 수 없다. 림프종이나 백혈병 등 혈액암은 완치율이 매우 높은 것으로 보고되고 있다. 고환암 등 일부 고형암에도 치료율이 높은 것으로 알려져 있으나 대부분의 고형암은 치료 실적이 매우 저조하다.

이 같은 점에서 다른 치료방법이 없고 유일하게 항암제로만 치료할 수밖에 없다면 여러 고민을 해봐야 한다. 항암제 단독으로만 치료되는 고형암 치료는 매우 드물기 때문이다.

수술과 방사선이 불가능해 오로지 항암제에 의존하는 고형암의 치료는 대개 장기생존율이 10~20%를 넘지 못한다. 부분적으로 표적항암제가 치료의 유효성을 증가시키지만, 이것도 계속 사용하면 내성이 생길 수 있다.

최근에 면역항암제의 등장으로 항암제 치료의 패러다임이 바뀌고 있어서 머지않은 장래에 항암제에 의한 치료율이 다소 개선되리라 생각한다. 무엇보다도 이 시점에서는 통합적인 관점에서 암 치료법을 강구해야 한다.

마. 화학적 항암제로 치료하는 과정에서 부딪히는 문제들

항암제는 보통 2~4주 간격으로 수 회에서 수십 회에 걸쳐 정맥주사로 맞는다. 항암제를 단독 투여하기도 하지만 몇 가지를 병용 투여하기도 한다. 항암제를 투여하는 과정에서 나타나는 문제는 여러 가지가 있지만 가장 극적이고 위험한 문제를 짚어본다. 항암제를 정맥으로 투여하고 도중에 경구용으로 먹는 항암제가 추가되기도 한다. 젤로다가 대표적이다.

신체에 가장 큰 타격을 주는 것은 항암제를 투여한 이후 몸에서 열이 나는 것과 패혈증에 관한 부분이다.

항암제를 투여하면 암세포에 잘 반응하여 치료가 진전될 경우에는 대체로 열이 많이 난다. 항암제에 의해 암세포가 죽을 경우 죽은 세포들은 염증의 형태로 암 부위에 있다가 고름의 형태로 체외로 배출되거나 혈액이나 림프관을 통해 몸 전체로 퍼져 나간다. 그러면 몸이 이를 처리해 내는 과정에서 며칠간 열이 나면서 이를 정화해낸다. 이때 의사들은 주의를 집중하고 민감하게 반응한다. 간단하게는 해열제를 투여해서 열을 내리기도 하지만 반응이 너무 심하면 스테로이드와 항히스타민제를 투여해서 항암제의 반응 속도를 늦춘다.

때로는 항생제를 투여하기도 한다. 그러나 항암제 반응이 너무 심하거나 환자의 전신 건강상태가 좋지 못할 경우 심하면 패혈증

으로 발전할 수 있다.

패혈증은 의사가 제일 두려워하는 상황이다. 패혈증(敗血症)의 패가 승패에서의 패(敗)이듯 졌다는 것이다. 혈액이 어떤 염증 성분이나 바이러스와의 싸움에게 졌다는 것인데, 항암제 치료 중 종종 패혈증으로 사망하는 경우가 발생한다. 이는 과도한 치료에서 발생하는 문제이다. 입원환자라면 이 상황은 관리될 수 있으나 병실의 문제로 외래진료를 할 경우에는 열이 나면 재빨리 병원 응급실로 가야 한다. 생명이 위협받을 수 있다.

항암제 치료를 받는 과정에서 아내는 40도에 육박하는 고열에 시달린 적이 있었다. 그러고 나면 암 부위에서 고름이 흘러넘쳤다. 턱에서 발병한 구강암이라 입속으로 나오기도 하고 뺨으로 터져 나오기도 했다. 이것은 정상적인 치료의 과정이라 생각이 든다.

항암제가 잘 듣고 있다는 증거이다. 주로 혈관이 많이 발달해 있는 조직에서 이런 반응이 일어난다. 대체로 그렇지 않은 부위, 즉 지방조직이나 복막 등에 전이된 암에는 항암제가 잘 반응하지 않는다.

아내의 경우에도 혈관이 풍부한 부위, 즉 뺨 같은 곳은 항암제 투여 후 고름이 흘러넘쳤는데 지방이 다수 분포된 부위, 즉 턱밑 쪽 부분은 항암제가 잘 반응하지 않았다. 이런 이유로 항암제는 매우 제한적인 치료법일 수밖에 없다.

항암제를 투여하는 데 시간요법이라는 게 있다. 현재의 일반적인 항암제 투여방법은 의사의 주도로 이루어진다. 특별한 지정이 없이 의료진의 편리성에 따라 시간을 내기 좋은 조건이 될 때 항암제를 투여한다. 그러나 시간요법은 항암제를 투여하는데 이렇게 아무런 근거 없이 투여하는 게 아니다.

항암제를 투여하는 시간대를 어떤 원칙에 근거하여 투여하면 효과를 배가할 수 있다는 개념이다. 즉 항암제 투여 시간대를 정상세포가 분열하지 않고 휴식하고 있으며 암세포가 세포분열을 활발히 하는 시간대에 맞추면 효과는 높이고 부작용을 줄일 수 있다. 주로 심야 시간이 이런 조건에 해당한다고 한다. 암을 극복하는 생활을 참조하자.

항암제 중 경구용 항암제가 있다. 병원에서는 주로 정맥용으로 항암 치료를 하는데 퇴원하고서는 경구용 항암제를 사용하기도 한다. 이같이 경구용 항암제로 치료할 경우 시간요법에 입각해서 섭취하는 것도 고려해볼 만하다.

키이스 블록은 항암제 치료와 더불어 병행하면 도움을 주는 약제를 다양하게 제시하고 있다. 예를 들면 시스플라틴은 다양한 암에 사용된다. 그런데 이 약은 많이 사용하면 신장에 치명적인 손상을 입힌다. 그런데 아미포스틴은 신장 유독성을 방어한다. 아미포스틴은 방사선치료시에도 활용되는데 이는 강력한 항산화력을 발휘하기 때문이다. 이런 짝들은 대단히 많다.

이제 항암제 치료율을 높이는 방법을 보자. 항암 치료와 동시에 하는 병용요법 중에 고주파 온열요법이 있다. 후술하는 고주파 온열요법은 단독으로도 암 치료에 효과가 있다고 알려져 있다. 그런데 항암제를 투여하고 이와 동시에 온열요법을 시행하면 항암효과가 배가된다는 점이다. 이를 시행하는 경험이 있는 암 치료 전문 종합병원을 알아보자.

3. 통합적 암 치료에 대한 체계적인 접근

여기서는 암을 치료하는 과정 내내 그리고 표준적인 암 치료가 끝나고 나서도 지켜졌으면 하는 통합적 암 치료법에 대하여 전반적으로 살펴볼 것이다. 이런저런 이유로 표준치료를 거부하고 암 치료를 할 경우에도 고려될 수 있다. 앞장에서는 표준치료를 하면서 동시에 대체의학을 어떻게 접목할지에 대한 주제를 다뤘다면 여기서는 그 폭을 더 넓혀 알아본다.

암은 생활습관병이자 환자 자신의 면역과 스트레스에 취약한 DNA가 일으킨 질병이다. 완치라는 개념이 없는 암 치료는 표준치료 이후 내 몸을 어떻게 관리할 것인가가 중요하다. 재발에 큰 영향을 미치기 때문이다.

암치유 하면 수술, 방사선, 약물 그리고 먹는 음식과 운동 정도로 국한하려는 경향이 있다. 물론 이것이 중심인 것은 사실이다. 그러나 통합치료는 육체만을 대상으로 하지 않는다. 그 범주를 더 넓혀야 한다. 정신의 문제도 중요하게 다루어야 하고 정신과 육체로 분리되지 않는 영역, 예를 들면 파동의학 같은 영역까지도 치료의 범주에 넣어야 한다. 여기서는 일단 논쟁거리가 될 수 있는 부분은 가능하면 배제하지만, 그러나 육체로만 국한시켜 치료하려는 경향에서 심신 건강까지 더 넓혀 치료에 접근해본다.

3.1 암 치유를 위한 심신 건강의 기초

가. 인간이란

치료라는 관점에서 보면, 인간을 물질적인 육체(Body) 개념 위주로 생각하려는 경향이 있다. 그러나 인간이란 생명을 갖는 유기체라고 할 때는 보통 정신과 육체로 구분하여 이해한다. 물질계에서의 육체는 설명하기가 비교적 쉬운데 정신의 문제는 설명이 쉽지 않다. 구미권에서는 정신을 soul, spirit, mind 등으로 나누어 이해하며 동양권에서는 마음, 영혼과 정신 등으로 설명하기도 한다.

soul은 보통 종교에서 많이 언급되며 영혼이라는 단어로 표현된다. soul은 종교에서의 영성과 관련짓기도 하는데 주로 종교적 접근 또는 명상에 의한 접근이 유효할 것 같다. 이성과 감성의 문제는 spirit이나 mind로 접근하는 것이 적절할 것 같다.

나아가 인간을 정신과 육체로 나누어 독립적으로 설명할 수도 있지만, 이것이 구분되지 않는 영역 분야가 존재한다. 명상은 호흡과 정신세계가 결합 되어있다는 전제에서 출발한다. 우리의 오감은 정신과 육체를 넘나든다. 치료에 있어 이 점을 빼놓으면 반쪽만 다루는 꼴이 된다.

그리고 인간은 사회적 존재로서 개인의 정신은 수많은 관계 속에서 이루어진다. 따라서 개체적 인간의 건강은 그 사회의 건강함과 직결된다. 관계의 건강함이 인간의 행복을 결정짓는 주요 요소 중 하나임을 고려하면 개인의 건강을 위해서 관계의 건강함을 반드시 고려해야 한다. 스트레스는 관계 속에서 규정되기 때문이다.

가끔 언급되는 바로는 암과 같은 중병에 걸리면 그때서야 비로

소 관계를 돌아보고 주변과의 관계를 회복했다는 이야기를 많이 접한다. 막다른 골목에 들어선 죽음에 대한 실재가 관계를 회복시키는 원천이 되어서이다. 용서라는 관용의 정신은 매우 어려운 덕목이기는 하지만 중병에 걸린 사람에게는 더욱 절실하지 않을까 여겨진다. 관계의 건강함을 고려하면서 자신의 건강에 대해서도 살펴보자.

나. 성격과 암

암과 성격은 매우 밀접한 관계에 있지 않을까? 다시 말하면 암에 잘 걸리는 성격이 있지 않을까 하는 의구심이 든다.

이에 대한 연구논문이 있다. 2006년 한국 심리학회에서 학술 발표한 『암 환자 성격특성과 분노표현』이라는 논문에서 암 환자가 일반 환자보다 분노에 대한 억압이 유의미하게 높은 것으로 나타났다고 발표하였다.

정신신경 면역학 이론에 의하면 인간에게 자극이 주어지면 대뇌피질이 반응하여 호르몬이 방출되고 면역기능을 변화시켜서 질병의 발생과 회복에 영향을 주게 된다고 한다. 면역기능은 성격특성과 스트레스 대처방식에 의해 영향을 받는다는데, 개인의 욕구 감정을 억압하고 적응 대처수준이 낮은 성격특성이 암의 악화나 경과와 관련이 있다고 했다.

또 다른 연구결과도 있다. 독일의 심리학자 로널드 그로사스와 마섹티가 구 유고슬라비아의 크로센카 지방의 주민들을 대상으로 성격과 암 발병과의 상관관계를 연구하여 1985년 『정신신체의학』에 발표하였다. 아래는 암에 잘 걸리는 성격 체크리스트이다.

① 언제나 논리적이고 타당성이 있는 것을 하려고 한다.
② 사람들의 행동을 언제나 이해하려고 하고 감정적으로는 반응하지 않는다.
③ 모든 대인관계 갈등을 이성으로 극복하고 감정반응을 자제하려고 노력한다.
④ 다른 사람이 감정을 많이 상하게 하더라도 이성적으로 그를 대하고 그 행동을 그대로 이해하려고 한다.
⑤ 대부분의 대인관계 갈등을 논리와 이성적 방법을 써서 피하려 한다.
⑥ 어떤 사람이 당신의 욕구나 욕망을 좌절시켜도 그를 이해하려고 노력한다.
⑦ 모든 생활상황에서 이성적으로 행동하고 감정적으로는 행동하지 않는다.
⑧ 손해를 보거나 하기 싫은 것에도 이성적인 태도를 보이며 감정적으로는 행동하지 않는다.
⑨ 다른 사람을 좋아하지 않을지라도 싫다고 표현 못 하고 어쩔 수 없이 그를 이해하려고 노력한다.
⑩ 상대방을 공격할 충분한 이유가 있었음에도 이성이 그를 공격하지 않게 한다.

이 연구는 열 가지 가운데 세 가지만 넘어도 암에 걸리게 될 확률이 높다고 했다.

암 진단 후 우리는 암 치유센터나 병원 여러 군데를 전전하면서 그때 만났던 많은 사람들에게서 대단히 열심히 산 사람들이라는 인상을 강하게 받았다. 그중에는 참 성격이 좋구나 하고 여겨지는 사람도 많았다. 열심히 살면서도 남을 배려하는 성격이 몸에 밴 사람들이 암에 더 잘 걸릴 수 있다는 아이러니라니!

다. 정신의 이완과 몸의 수련

암을 진단받으면 일단 하던 일을 멈추고 자신을 돌보는 일부터 시작해야 한다. 자신을 혹사해왔던 과거와의 단절 없이 치료 효과를 보기는 쉽지 않다. 일을 멈춤으로써 과로와 스트레스로부터 벗어나야 한다. 좀 더 적극적인 사람이라면 병원 치료에 병행하여 산 좋고 물 좋은 곳을 찾아 나서기도 한다.

여건이 허락한다면 그동안 누리지 못했던 한가로움으로 자신의 몸을 섬기는 모드로 들어갈 필요가 있다. 그렇지 못하더라도 최소한 잘 먹고 잘 자고 잘 싸고 적당히 운동하고 마음 편하게 생활하는 것이 기초가 되어야 한다. 몸은 마음먹은 대로, 먹는 음식대로, 쓰는 대로 움직인다.

대체의학을 한다는 대부분의 치유센터에서는 무엇보다 정신의 안정을 강조한다. 불안정한 정신은 부교감신경을 억제시키는데 이로 인해 내장기능이 저하되고 호르몬 분비에 이상이 생긴다. 그 결과 신체대사능력이 떨어지고 면역력이 저하한다. 암이 진단되면 환자는 죽음에 대한 공포에 휩싸이게 되는데 이것도 치료를 방해한다. 무엇보다 정신적 안정과 이완을 통해 죽음에 대한 공포로부터 벗어나는 것이 치료의 출발이다.

정신과 몸의 관계는 분리될 수 없다. 각자 독자적인 영역이 존재함에도 불구하고 이 둘은 같이 움직인다. 몸이 편안하다면 정신도 안정될 가능성이 크다. 적절히 운동해서 땀으로 노폐물을 배출하고 근육이 적당히 수축되고 난 후 따뜻한 물로 목욕을 하고 이완을 하면 기분이 좋아지는 것이 그 방증이다. 반대로 몸이 매우 고통스럽고 힘들다면 정신적으로 안정되기가 어려운 것은 우리가 경험한 바다.

암과 같은 통증은 정신력으로만 버텨내기 어려운 것이라는 것은 암을 경험한 환자나 보호자는 잘 안다. 정신은 일정한 범위 내에서만 몸을 지배할 수 있다. 그래도 몸을 적당히 잘 운용하면 치료하는 데 도움을 주고 정신적으로도 안정되면 회복하는 데 좋은 효과를 줄 것은 틀림없다.

아내는 가르치던 아이들의 응원과 성원에 힘입어 많은 고통을 이겨내었다. 학부모들이 청계사 절에서 아내의 회복을 위해 108배 절을 시작했다는 소식을 접하고서 그런 지지들로 인해 힘을 얻곤 했던 기억이 또렷하다.

정신과 신체를 분리하기 어려운 영역도 있다. 명상과 호흡은 정신의 이완에도 도움을 주고 물리적으로도 몸의 미세환경에도 영향을 끼친다. 정신적 안정은 기도와 명상 같은 몇 가지 행위를 통해서 개선될 수 있다. 종교가 있는 사람은 더욱 유리하겠지만 정신과 몸을 동시에 개선시키는 명상과 호흡이 큰 도움이 된다.

최근에는 마음 챙김 명상(『마음 챙김 명상과 자기치유, 존 카밧진 저, 학지사』)이 크게 주목받고 있다. 이것의 주된 관점은 명상에서 호흡을 중요시하면서도 이것을 넘어서 마음의 움직임을 통찰하고 제어한다는 것을 기본적인 요소로 한다. 기존에 행하던 호흡과 명상에서 더 나아가 마음까지도 챙겨보자는 것이다. 나아가 정해진 시공간에서만 하는 것이 아니라 생활 속에서까지 이를 실행하자는 것이다.

이를 통해서 타성으로 사는 생활에서 벗어나 스스로를 알아채는 삶을 살자는 게 요지이다. 자신을 항상 돌아볼 수 있는 능력이 생기면 그것 자체로도 삶에 이로움을 줄 수 있고 건강에 도움이 될 수 있다. 무엇보다 스스로가 정화될 수 있다는 점에서 이것이 시사하는 바는 크다. 이는 스트레스와 고통에서 벗어나서 자신의 상처를 스스로 치유하는 것을 목표로 삼는다. 너무 어려울 수도 있지만 어쨌거나 항시 깨어서 마음을 살피고 마음작용을 알아채는 것이 출발점이다.

하루하루 자신을 돌아볼 여유도 없이 바쁘게 살아가는 우리는 일상에서 휴식 그 자체만으로도 치유에 효과가 있다. 산좋고 물좋은 곳에서의 자연치유가 더 좋음은 말할 필요도 없다. 최근에는 자연속에서의 명상과 호흡에 덧붙여 전문적인 치유사나 도수 치료사에 의한 휴양의학도 점점 부각되고 있다. 유럽 등에서는 이미 이런 치료가 국가 보험 체계내에 들어와 있다. 치료 효과가 밝혀졌기 때문이다. 우리나라도 이런 보조적 치유가 국가 보험체계 내에 들어올 날을 기대해 본다.

라. 호흡

호흡은 특히 산소가 부족해서 생긴 암의 환경을 바꾸는 데 큰 도움이 된다. 복식호흡과 단전호흡은 산소의 공급을 늘려 주는 역할을 할 뿐만 아니라 횡격막의 상하운동으로 대사작용을 촉진시킨다. 그리고 균형이 깨진 자율신경계를 복원하는데 기여한다. 우리가 하는 일반적인 호흡은 대부분 흉식 호흡이다. 흉식 호흡은 횡격막 윗부분으로 하는 것으로 우리는 이것에 익숙해 있다. 그리고 긴장을 하면 심장 박동과 호흡이 빨라지며 얕은 호흡을 한다. 이러한 호흡은 과호흡이 되기도 하는데, 불안감으로 불리한 상태에 빠질 수도 있다. 이 상태를 벗어나기 위해서라도 좋은 호흡법이 필요하다.

암 환자라면 최소한 복식호흡이 권장된다. 복식호흡은 배 전체로 하는 호흡법으로 호흡할 때 배가 부풀었다 줄어들었다 함으로써 횡격막이 위아래로 움직이고 그에 따라 폐의 호흡량이 늘어난다. 복식호흡은 내장의 운동과 혈액순환을 촉진시킨다. 이에 비해 단전호흡은 복식호흡보다 더 깊은 호흡법이다. 배 아래 단전 부위를 호흡에 따라 부풀리고 꺼뜨린다. 복식호흡같이 배로 하는 호흡에서 배 아래 단전 부위로 하는 이 호흡은 기혈 순환을 촉진시켜 몸을 덥게 하여 무아지경에 이르게까지 한다. 자연스럽게 할 필요가 있다. 호흡은 들숨과 날숨의 주기조절과 리듬이 중요하다. 이러할 때 심장 박동에까지 영향을 미쳐 심신을 더 안정되게 하고 심장 박동 주기도 늦추게 된다.

이 같은 호흡에 익숙해지면 호흡주기 시간은 더 길어질 수 있다.

좀 더 좋은 호흡법은 들숨보다 날숨에 더 긴 시간을 할애한다. 환자인 경우 하루에 30분 이상 했을 때 효과가 있다.

이밖에도 하트매스(Heartmath)호흡법이라는 것도 있다. 이는 독자적인 자율신경에 의해 움직이는 심장과 호흡을 어떤 원리에 따라 하는 것이다. 보통 호흡은 자신의 의지에 따라 조절 가능한데 심장 박동은 자신의 의지로만 조절할 수 없다. 이것은 주로 어떤 정서적인 상태와 연동된다. 불안하고 긴장될 때 그리고 달리기를 할 때 등과 같이 자신이 어떤 기분 상태나 신체조건에 따라 심장 박동이 종속되는 것이다. 의지대로 움직이지 않는다는 말이다. 이 같은 점에 착안해서 심장 박동 주기와 호흡을 자신의 감정 상태와 일치시켜서 하는 호흡, 다른 말로 하면 동기시켜서 하는 호흡을 하트매스 호흡법이라 한다. 이 호흡법도 긴장의 이완과 신체 자율신경의 조화를 이끌어내는 데 도움을 준다고 한다.

마. 풍욕 등 신체 활동

풍욕과 붕어운동 같은 신체 활동은 일본의 니시가 창안한 것으로 암 환자 등 투병 환자들에게서 유행한다. 풍욕은 바람으로 목욕한다는 것에서 붙여진 이름이다. 이것은 두세 가지 관점에서 의미가 크다. 일반적인 신체에 산소를 공급하는 것은 폐호흡인데 여기에 덧붙여 피부까지 호흡하게 함으로써 산소의 공급을 최대로 늘리는 것이다. 알몸 상태로 창문을 열어놓고 일정 간격으로 이불을 덮어쓰고 벗는 행동을 반복한다. 그리고 이 과정 자체가 신체에 온도의 변화를 크게 준다. 숨구멍이 열렸다 닫혔다 하는 것을 극대화하기 위한 것이다. 부차적으로는 기온변화에 신체가 적응하고 내성을 갖도록 한다.

다음으로 의미가 있는 것은 이불을 벗고 알몸 상태일 때 신체의 각 부위를 두드리거나 움직여서 기혈 순환을 촉진 시키는 것이다. 머리, 얼굴, 팔, 다리 등 전신을 두드리는 행위는 암 환자에게 큰 의미가 있다. 암과 면역체계는 싸우는 과정에서 불가피하게 죽은 시체, 즉 염증물질들이 생긴다. 이 염증 물질들은 암 주변에 포진하면서 잘 순환하지 못하는데 이는 암이 치유되는 것을 방해한다. 그런데 신체 각부를 두드리는 행위는 이런 염증 물질들이 순환하도록 도와준다. 두드리는 행위는 암 주변 시체들이 면역물질을 포함한 순수한 혈액과 림프액으로 교체되는 것을 도와줌으로써 치료의 전기가 될 수 있다.

바. 웃음 치료

암 치료에 있어 웃음은 거의 모든 치유센터에서 강조하는 항목이다. 재미있는 상황이 있어서 웃는 것은 말할 것도 없거니와 아무 이유 없이 억지로 웃는 것도 면역력 강화와 치료에 크게 도움이 된다. 이에 대해 살펴본다.

현대의 웃음 치료는 미국의 노만 커즌스에 의해 시작되었다. 강직성 척추염에 걸린 그는 우연히 코미디프로를 보고 난 후 통증이 줄어든다는 것을 실감하였다. 그는 15분 웃으면 2시간 동안 통증이 없어진다는 것을 발견했다.

암 치료로서의 웃음은 연구결과로도 발표되기도 하였고 대부분 사람들이 경험한 사항이다. 우스운 상황이 되어서 길게 20-30초

이상 웃으면 웃는 게 많이 힘들다. 일단 웃음을 오래 웃으면 배가 아프다. 배꼽 잡고 웃는다는 말도 있듯이 웃음을 많이 웃으면 내장이 울려서 배가 아프게까지 한다. 온몸을 움직이며 웃을 때는 근육의 자연스러운 수축과 이완으로 운동 아닌 운동 효과를 보게 된다.

소리를 내서 웃으면 심폐가 활발히 작동한다. 숨을 몰아쉬기도 한다. 폐를 자극하고 자신도 모르게 폐활량을 늘린다. 눈에서 눈물이 나기도 하고 양쪽 입꼬리가 위로 올라가 아구가 아프기도 한다. 이런 결과 침샘을 자극하기도 한다. 웃는 행위는 즐거운 마음을 갖게 하므로 쾌감중추를 자극한다. 이렇게 웃다 보면 부교감신경이 흥분되므로 자연스레 스트레스 해소에 도움이 된다.

웃음 치료를 하면 우리 몸의 면역계와 호르몬의 변화가 일어난다. 웃으면 뇌에서 엔돌핀이나 엔케팔린 같은 통증을 줄이는 신경전달 물질의 분비가 증가한다. 또한 대표적인 스트레스 호르몬으로 알려진 코르티솔의 혈액 내 농도를 감소시킨다. 그리고 면역계가 자극을 받는데 인터페론 감마 백혈구와 면역글로불린이 많아지고 NK세포가 활성화된다는 보고도 있다.

웃는 것은 이렇게 신체에 직접적인 효과를 주기도 하는데 정서적으로도 긍정적인 사고를 높일 수 있다. 또한 수용적이고 유연한 상태를 유지하도록 하며 스트레스가 감소되어 자신감이 회복된다.

나아가 여럿이 모여서 웃으면 동병상련의 동질감을 갖는 집단의식이 생겨서 외로움과 투병의 두려움을 극복할 수 있다.

웃음 치료는 일회적으로 우연한 기회에 웃는 것으로는 효과가 적다. 매일 시간을 내서 억지로라도 웃는 것이 도움이 된다. 웃음 치료는 항암제와 같은 효과가 있다고 한다. 웃을 때는 다음과 같이 웃으시라! 웃음도 운동이다.
- 하루에 세 번 식후 30분 동안 크게 웃어라.
- 언제든지 시간 나는 대로 마음껏 웃어라.

주의할 사항은 항암 치료나 방사선치료로 혈소판 수치가 많이 떨어진 경우는 세포재생이 빠른 내장이나 입안에서 출혈이 생길 수 있으므로 주의해야 한다. 백혈구 수치가 떨어질 경우도 감기 등 감염에 주의해야 하고 다중이 모인 곳은 피한다.

사. 소리와 치료

명상음악 중에 챤트(Om Mantra Chant)라는 음악이 있다. 이것은 인도의 종교전통에서 발원한 것으로 "오 ~~ 옴" 하는 저음으로 기다랗게 꼬리에 꼬리를 무는 단조로운 저음이다. 챤트라는 범주의 음악은 종교적 행사에 사용되는 음악이다. 굵은 저음의 "오 ~ 옴" 하는 소리를 듣고 있으면 마음이 안정되는 느낌이 든다. 도(道)라도 깨우칠 것 같은 분위기를 만든다. 유튜브를 참고하시라. 이런 저음은 인체의 주파수와 공명할 가능성이 크다. 인류의 선조들은 본능적으로 이 같은 음악을 고안하여 정신수양에 이용해왔다. 명상과 수련에 좋은 방법이기 때문이다. 이것은 치유에도 탁월한 효과가 있다고 여겨진다. 챤트 음은 빛의 색과 연결되어 있고 챠크라와 관련된다.

기독교 전통에도 챤트음악이 있다. 들으면 마음이 매우 침착해지고 경건해진다. 아시다시피 불교에서는 경전을 일정한 음률로 읽는 독경이 있다. 불교는 깨우침을 주된 주제로 삼는데 전통이 깊은 조사들은 독경만으로도 깨우침에 이를 수 있다고 한다. 이 독경은 비교적 저음의 굴곡이 심하지 않은 음악 같은 낭송이지 않은가!

이런 음악을 생각하면서 지구의 소리를 생각하게 된다. 지구의 소리를 슈만 공명이라 하는데 주파수가 40Hz 이하의 극초저음이다. 평균적으로 7.83Hz라 한다. 이것은 인체의 고유 주파수대와도 연결된다. 슈만 공명이란 지상에서 발생한 천둥과 번개가 지표면과 전리층 사이에 수없이 반사에 반사를 거듭하면서 나타나는 소리 현상을 말하는데 이 파동은 매우 중요한 의미를 지닌다. 지구가 생성되면서 태초부터 유지되었던 파장이기 때문이다. 사위가 고요한 맑은 날에 명상하듯 고요히 있으면 아주 멀리서 저음으로 지구의 웅~웅 거리는 슈만 공명 소리를 들을 수 있다.

슈만 공명은 파동이자 에너지이다. 생명체가 탄생하고 진화해 오면서 이 소리는 알게 모르게 우리에게 영향을 끼쳤고 공명되었을 것이다. 이 주파수는 인간이 대지의 품 안에서 편안하게 생활할 수 있게 영향을 끼쳤을 것이다. 심장 박동과 호흡 및 각종 신체의 고유 파동도 이와 관련되어 있다. 잠자는 우리 뇌의 알파파는 7~12Hz 사이이고 깨어있을 때의 뇌는 베타파 상태인데 14~30Hz이다. 이것에 기초해서 우리에게 편안한 음을 찾아서 자주 듣는 것이 평소의 건강을 유지할 수 있고, 암 등의 중증 질환 치료에도 도움이 될 수 있다.

아내가 있었던 00의원에서는 수정음악을 사용하였다. 신체는 물이 70% 이상이라는데 수정은 물과 비슷한 육각 구조이다. 세포 역시 육각 구조를 가진다. 그런데 수정도 32.7Hz의 주파수 파동을 가지고 있다. 인체 역시 고유 진동수가 이와 비슷한 주파수 파동을 가지고 있다. 이런 것에서 알 수 있듯 인체의 생체 주파수는 다른 물질과 상호작용에 의해서 공명하고 동조할 수 있다. 이런 개념에 입각해서 수정음악으로 치유한다는 개념이다. 수정으로 된 음악은 매우 청아하고 투명한 소리를 낸다. 이것이 암 치료에 얼마나 기여하는 지는 검증되지는 않았다. 다만 치료의 개연성이 충분하다는 것으로 이해하고 싶다.

앞서의 종교적 전통에서의 만트라나 챤트음악도 이 범주에 포함되고 자연에서의 소리도 유사하다. 조용한 파도 소리나 산들바람에 의한 나뭇잎 서걱거리는 소리도 이와 관련된다. 우리는 이 같은 소리에 태곳적부터 동조되어 왔기 때문에 너무도 편안한 느낌을 갖게 된다.

음악에서도 저음의 첼로 음악이 심상에 더 안정감을 주는 것도 이 같은 이유가 아닐까? 고전음악이 인체의 정신건강에 끼치는 연구는 많이 되어있다.

인간이 들을 수 있는 가청주파수는 20-20,000Hz이다. 이보다 높은음은 초음파라고 해서 진단기기에 사용된다. 아주 낮은 초저음은 치료에 이용될 수 있다. 자연계에 상존하는 소리에 관심 갖고 산중에서의 명상은 맑은 공기의 산소호흡과 더불어 마음을 정화시키는 작용을 한다.

아. 냄새 향기 아로마테라피(Aromatherapy)

심신을 정화하고 치유하는 데는 오감을 다 이용할 수 있다. 그중에서 좋은 향기를 이용한 후각을 자극하여 치유에 도움을 주는 것으로 아로마테라피가 있다. 아로마는 좋은 향기라는 뜻이고 테라피는 치유라는 뜻이다. 이것은 좋은 냄새로 기분전환을 하는 정도를 넘어서 정서적 안정을 기초로 치유까지 한다는 개념이다. 히포크라테스는 건강유지법으로 향기로운 목욕과 마사지를 권했다.

아로마테라피라는 말은 프랑스 화학자 모리스 가세테포에 의해 탄생했다. 그는 향수제조공장에서 화상을 입었는데 급한 마음에 라벤더 오일에 화상 부위를 담갔더니 통증이 줄고 치유가 빠르다는 사실을 발견했다. 그는 이에 대한 저서를 발간했고 유럽과 미국의 연구자들이 더 발전시켜 심리치료와 만성질환 치료 등 다양한 분야에서 그 효과를 입증했다.

아로마오일은 식물의 꽃, 줄기, 잎, 뿌리 등에서 추출한 순수한 정유(Essential oil)을 사용한다. 이 오일을 공기 중에 방향시켜 이를 흡입하거나 피부에 발라서 사용한다.

암에 걸리는 과정은 오랜 기간에 걸쳐서 나쁜 기운이 하나하나 쌓이면서 내 몸을 지배하여 발병한 것이므로 병에서 벗어나는 것도 역으로 오랜 기간에 걸쳐 정신이완과 온몸을 움직이는 활동을 꾸준히 하는 과정을 통해 천천히 회복하는 것을 목표로 삼아야 한다. 암 투병은 마라톤 같은 장기전이다. 이 같은 장기전에서 꾸준하게 몸에 이로운 방향으로 자극을 주고 시행하면 어느 순간 내 몸이 바뀌면서 암을 다스리는 환경으로 바뀔 것이다.

혼자서 이를 지속하는 것은 쉽지 않다. 같은 처지에 있는 사람들이 모여 하면 정기성과 지속성을 유지할 수 있다. 경기도 양평, 강원도 일원, 지리산 일대의 치유센터나 종교 시설 등에서 규칙적인 생활을 하면서 함께 투병에 들어가는 것도 좋은 방법이다. 그러나 어떤 경우 영리성이 결합되어 왜곡된 의학지식으로 잘못된 길로 빠져들 수 있다. 현대의학의 표준치료에 반하지 않으면서 이들과 잘 융합할 수 있는 치유센터를 선택하여 통합치료의 관점에서 치료 효과를 높일 필요가 있다.

암에 걸린 사람들은 본능적으로 먹는 것부터 챙긴다. 그리고 산소가 풍부한 산과 바다로 가려는 경향이 있다. 이러한 자연 속에서 바람과 새 소리를 들으면서 좋은 공기와 자연 속에서 이완을 하고 사계절 빛의 변화를 느끼며 꽃의 향기에 취하기도 하면서 몸을 움직여 땀을 흘리는 것으로 치유를 하려는 것은 우리 몸에 담겨진 생존본능 때문이 아닐까?

3.2 식이요법

암 환자들은 암으로 진단되면 제일 먼저 신경 쓰는 게 식사이다. 키이스 블록 박사는 식습관의 변화에 대해서 이렇게 설명한다. "일부 음식은 암을 억제하는 반면 어떤 음식은 암이 살아서 퍼지게 만든다는 것을 확신하게 된 것은 독서를 통해서만 아니라 내가 맡고 있는 환자들을 통해서이다. 내게 오기 전 많은 환자들은 암이 다시 재발한 환자들이었다. 최고의 표준치료를 했음에도 불구하고 일부 차도가 있었을 뿐 예후가 극히 비관적이었다. 그러나 표준치료법을 포함한 통합 프로그램과 더불어 식습관을 바꾼 후로 많은 환자들이 놀라울 정도로 차도를 보였다. 이러한 회복이 식습관에 의해서만이라고는 볼 순 없지만 식단이 주요인이라고 나는 확신한다."

식이요법은 암의 미세환경을 재정비하고 암을 순화시키고 동면으로 잠을 재울 수도 있다고 키이스 블록 박사는 강조한다. 암세포 주변 환경은 산소가 낮고 산성 세포가 많다. 염증이 동반되어 부어 있고 전해질 농도도 높은 것이 특징이다. 여하히 산소공급을 증가시키고 알칼리성 체질로 바꾸어 염증 환경도 개선하고 신선한 체액이 암세포 주변에 많이 공급되도록 할 것인가가 관건이다.

이제 식사 직후 혈당피크에 대해서도 주목한다. 공복 상태에 있다가 식사를 하게 되면 밥과 같은 탄수화물은 입과 위에서 소화액과 섞여 작은창자로 가게 된다. 소장의 길이는 보통 6m 정도인데 음식물이 위에서 섞여 반죽상태가 되면 십이지장 문이 열려 소장으로 이동된다. 이때 소장에서 탄수화물이 당으로 바뀌어 대부분 흡수되므로 식사 후 30분에서 1시간 사이에 혈당이 최고조에 이른다. 우리 몸은 항상성에 의해 혈당이 일정하게 유지 되는데 식후 1시간 이내에 혈당이 일시적으로 정상치보다 올라가는 것이 혈당피크이다. 암세포는 이 순간에 암 성장에 필요한 당을 섭취하여 증식에 활용한다.

그래서 혈당피크의 상황을 가능하면 만들어 주지 않는 게 암 치료에 도움이 된다. 이 같은 점에서 식후 혈당피크를 억제하기 위해서는 몇 가지 노력이 뒷받침되어야 한다. 극단적으로 당 섭취를 제한하는 것은 정상세포의 대사에도 영향을 미쳐 면역력을 떨어뜨릴 위험이 있으므로 정상적인 식사를 할 필요는 있다. 다만 식후 혈당피크를 억제하기 위해서는 순간적으로 혈당을 올리는 식사를 피해야 한다. 이것은 백미나 백밀가루 같은 음식 섭취 대신 현미나 통밀이 권장되는 이유이다. 같은 이유로 섬유질이 많은 음식의 섭취도 권장된다. 섬유질은 소화 과정에서 파생된 독소나 불순물을 흡착해 체외 배출을 하는 역할도 하지만 암 환자의 경우 특히 식후 혈당피크를 억제하는데 기여한다. 혈당피크를 억제하는 또 다른 방법은 식후 몸을 움직이는 것이다. 입원한 암 환자의 경우 이 같은 행동을 하기 어려운 때가 많다. 누워있으면 더 하다. 식후마다 몸을 움직여 혈당을 소비시킴으로써 가능하면 이런 상황을 만들지 말아야 한다.

가. 음식에 대한 대원칙

 다른 곳에서도 강조했지만 암과의 전쟁에 있어서 단백질과 비타민, 미네랄을 어떻게 하면 최대한 공급할 수 있을지가 관건이 될 수 있다. 누누이 강조했지만 이들이 면역세포의 원료가 아닌가? 우리 몸의 자연치유력이 암세포와 싸우면서 엄청나게 소모되기 때문에 꾸준히 아군의 세력을 유지시키는 일은 반드시 필요하다. 비타민과 미네랄이라는 이름 외에도 산속에 야생으로 자라는 각종 식물에는 각종 유효물질이 많다. 그 성분과 약효가 아직 밝혀져 있지 않다 해도 한의학에서는 경험상 이런 것들이 치료에 좋다는 것이 증명된 것이 많다. 모든 산야초나 채소들은 성분보다 임상적으로 얼마나 효험이 있는지가 더 중요할 수 있다.

 그러나 이들이 좋다고 해서 자연식품이 아니라 이를 고도로 정제하거나 합성한 약으로 먹으라는 것은 아니다. 일시적인 어떤 증상으로 의사와의 상담 하에 먹는 경우는 제외하더라도 농축된 것으로 먹으면 불균형이 초래될 수 있다. 하지만 식품으로 골고루 먹으면 어떤 성분이 과도하게 편중되는 것은 쉽지 않다. 그래서 수십 가지 또는 백 가지가 넘는 산야초를 발효시킨 발효액은 매우 유용한 식품이다. 발효가 오래될수록 당분이 초산발효까지 되면 매우 좋은 영양음료가 될 수 있다.

대부분의 자연치유와 대체의학을 한다는 치유센터에서는 채식을 강조하고 육식을 금기시하는 경향이 있다. 여기서는 단백질은 콩 단백질 위주로 제공을 하고 육류의 경우는 흰살생선 정도만 추천한다. 그러나 이렇게 제한된 식단만으로는 영양 결핍이 초래될 염려가 있으므로 암 환자들에게는 충분치 않다. 입맛이라는 점에서 보면 식물성 단백질, 즉 콩으로만 식단을 채울 때 이를 오랫동안 먹는 일도 쉬운 게 아니다.

대부분 경험하게 되지만 쉽게 질린다. 따라서 여하히 포화지방이 없는 육류를 제공할 것인가를 염두에 두어야 한다. 동물성 단백질도 포화지방이 적은 조류, 어류 등을 적절히 조화시켜 조리한 식단을 제공할 필요가 있다. 식물성 단백질을 오래도록 먹기 위해서는 발효식품인 된장과 청국장이 도움이 된다는 것은 익히 알려져 있다.

유기농으로 재배된 통곡류와 과일 및 대량의 채소를 중심으로 요리된 식사를 하되 소식과 저지방 저칼로리식이 주된 관점이다. 무엇보다 강조되는 것은 가공하지 않고 자연 상태 그대로 섭취하는 것이 의미가 있다. 가공하거나 열을 가하면 비타민과 각종 효소는 사라지기 때문이다. 효소는 48도 이상으로 가열하면 죽는다. 따라서 생채식과 샐러드 등이 좋으나 이는 먹는 양에 한계가 있다. 이를 위해서는 즙이 좋다. 신선하고 많이 먹을 수 있기 때문이다.

나. 입맛이 없을 때

　그러나 무엇보다도 암 환자에게는 입맛이 매우 중요하다. 아무리 암 치료에 도움이 된다 해도 입에서 받아들이지 않으면 소용없다. 그런데 투병하는 암 환자는 입맛을 잃는 경우가 대부분이다. 병원에서 주는 식욕 촉진제를 먹어도 식욕이 돌아오지 않는 경우가 허다하다. 이때는 식욕이 돌아오도록 하는 방법을 찾아야 한다. 앞에서 언급한 것처럼 온몸에 건부황을 하는 것도 한 방법이다. 어떤 자연치유 의사는 등을 오랫동안 쓸어주어서 척추신경을 자극하는 것이 식욕이 돌아오게 하는 방법이라고 했다. 다리와 발 등을 마사지하는 것도 도움이 된다고 한다.

　환자가 먹는 것으로 고통을 받는 경우는 이것저것 가리지 말고 빵, 과자, 고구마, 떡 가릴 것 없이 먹는 게 중요하다. 암 환자들의 경험에 따르면 누룽지를 추천하는 분들이 있다. 누룽지는 끓인 것보다 건누룽지가 더 좋다고 한다. 그 이유는 누룽지가 밥보다 소화가 더 잘되기도 하지만 거기에 더해 삼키기 위해서는 어쩔 수 없이 많이 씹을 수밖에 없기 때문이다. 많이 씹으면 침 속의 아밀라아제나 뮤신 등 다양한 효소가 소화에 도움을 준다. 누룽지를 추천하는 이유이다.

　다른 한편으로는 입맛이 없는 가운데에서도 환자가 원하는 음식이 있을 수 있다. 이를 먼저 고려하는 게 어떨까 생각한다.

　필자는 OO의원에 있을 때 아내가 입맛을 잃어 너무 고생한 적이 있었다. 아내가 뭔가를 먹고 싶다고 했을 때 개별적으로 음식을 요구할 수 없으니 내가 만들어 먹일 수밖에 없었다. 산속에 있는 치유센터에서 시내까지는 50여 분이 걸렸는데, 얼른 달려가서 식재료를 사다가 음식을 만들어 주곤 했다. 그래도 먹고 싶다고 했던 음식을 막상 만들어놓으면 밀쳐내곤 했다. 그때마다 새롭게 다른 재료를 사다가 음식을 만들어 준 경험이 있다. 마치 아이를 가진 산모처럼 입맛이 수시로 바뀌었다. 아니 입맛이 바뀌었다기 보다는 생각으로는 먹고 싶었는데 막상 음식을 만들어놓으면 몸이 이를 받아들이지 못해서 그랬을 것이다. 그래도 나는 그때마다 음식을 새로 해냈다. 아내가 없는 지금, 그래도 그때가 행복했었음을 새삼 느낀다.

그때 주로 해주고 잘 먹었던 것 중에서 문어와 해조류, 연포탕과 같은 담백하면서도 자극이 없고 맛있는 음식들과 전복으로 끓인 죽 등이었다. 식재료로 치면 육류보다 어류와 해산물이 종류도 많고 맛이라는 점에서도 훨씬 유리하다. 어떤게 좋다고 해서 그것에 초점을 맞춰 환자에게 주기보다 환자가 원하는 환자 위주의 음식을 제공하는 게 더 중요한 것 같다. 나머지는 환자가 눈치채지 못하게 맛을 내는 식재료들이 조화를 이루도록 하는 것도 빼놓을 수 없다.

입맛이라는 관점에서 단맛에 길들여진 습관은 음식을 먹는데 어려움을 주는 식사 습관이다. 단맛에 많이 끌리기 때문이다. 당분을 제한해야 하지만 무조건 이를 뺀 식사를 의무감으로 하게 하는 것은 문제가 있다. 먹는 즐거움을 앗아가므로 다른 방책이 필요하다. 스테비아가 그것이다. 스테비아는 칼로리가 거의 제로이고 항암성이 있는 식물로 알려져 있다. 단맛은 이것으로 대체하도록 하자.

항암 치료 중에는 내장이 공격을 받아서 음식물을 먹으면 설사를 하는 경우가 흔하다. 이때는 먹는 것을 일시중단하거나 병원에서 추천하는 액상의 치료용 식사가 도움이 된다. 때로는 정맥으로 아미노산과 영양제인 콤비플렉스를 맞기도 한다.

다. 치료가 되는 식사

　서양의학에서는 면역력을 주로 면역세포의 건강함과 항체의 면역력에서 찾는다. 이를 강화시켜 주는 성분을 분석하여 분자 단위로 해체시켜 놓고 모든 사람들에게 일률적으로 적용한다. 그러나 한의학에서는 체질론이 강조된다. 같은 음식이라도 사람에 따라 다르게 반응한다는 이론이다. 해체된 성분이 아니라 통합된 재료와 체질에 따른 음식의 적합성으로 설명한다. 접근방법이 완전히 상반된다. 이에 대해 어떤 이론이 더 우위에 있느냐는 것을 따지는 것은 무의미하다. 환자에게 도움이 되는 것이면 다 필요하다.

　분석적인 서양의학이 우리를 지배하고 있지만 이 이론에 기초해서 건강을 관리한다는 것은 실질적으로 도움을 주지 못할 공산이 크다. 이에 비해 체질론에 입각한 한의학은 환자에게 더 맞춤적이지만 이 또한 맞춤형 매칭에는 어려움이 있다. 이 둘을 조화시키는 방법이 없을까?

　앞서도 환자가 선호하는 음식이 치료하는데 중요한 요소라고 말했다. 이것은 평소 길들여진 습관에 의한 것이기도 하지만 몸에서 필요로 하는 어떤 성분이 식욕으로 드러난 것일 수 있다. 이것은 오랜 진화과정을 거치면서 유전자에 각인된 본능이 식욕으로 작용하는 것이 아닐까?

환자가 소화를 잘해 내고 잘 반응하는 음식이 있다면 그것이 더 중요하다. 평소 자신이 어떤 음식에 더 끌리고 체력유지에 보탬이 되었는지를 기억하여 거기에 기대어 보자. 체질론에 언급된 면역강화 음식 중 환자가 선호하는 식재료로 환자의 식욕을 자극할 수 있다면 금상첨화이다. 체력보강용으로 보신탕은 많은 암 환자들이 지지한다. 경험적으로 그렇다는 이야기이다. 그렇다 하더라도 혐오감을 갖는 사람이라면 이는 금물이다.

이밖에도 면역력을 올려주기 위해서는 체온을 올려주는 음식이 필요하다. 체온과 면역력은 불가분의 관계를 맺고 있어서다. 따라서 음식을 따뜻하게 데워 먹는 것 못지않게 체온을 올려주는 재료 선택이 중요한데 대부분이 양념류이다. 마늘, 파, 양파, 고추, 생강, 카레의 재료인 울금, 강황 등은 체온도 올려주고 각종 면역 성분들을 많이 함유하고 있다. 이렇게 좋은 식재료들이지만 한 번에 많이 먹기는 어렵다. 이것을 먹기 쉽게 하는 방법이 발효이다. 마늘 중에서 흑마늘은 특히 면역에 좋다. 울금을 발효시킨 것은 특히 항암에 좋다. 과일이나 채소를 발효할 때 주의할 점은 완전발효된 것을 먹어야 한다. 흑마늘은 설탕 없이 발효된 것이지만, 다른 것들은 대개 당분이 많으므로 오히려 해로울 수가 있다. 2년 이상 발효시켜 당분이 알코올이나 식초로 변화된 것이라면 상관없다.

정리하면, 면역력에 작용하는 것은 단백질과 비타민, 미네랄이 기본 원료이기에 조류, 어류, 채소, 해조류, 버섯류를 기초로 면역에 좋은 식재를 찾아서 먹는다. 이런 것들이 충분히 제공된다면 아래 것들도 고려해 볼 수 있다.

라. 면역력을 올려주는 성분

환자가 섭취하는 음식에 들어가는 재료 선택에 있어서 면역력을 올려주는 성분을 고려할 필요가 있다. 면역력을 올려주는 성분과 식재료에 관한 것을 정리한다.

(1) 아연

아연은 면역력에 큰 도움을 준다. 백혈구와 NK세포 등 면역반응 세포에 관여하고 T세포와 대식세포의 기능을 활성화한다. 광범위한 면역조절 기능을 갖는다. 정력에도 도움이 된다. 비타민E와 함께 작용하여 상승효과를 갖는다. 인슐린의 기반 성분으로 항염 항암에 기여하는 바가 크다. 면역력이 많이 떨어져 있으면 의사의 추천하에 알약으로 먹을 수도 있다. 그러나 회복과정에 있는 환자라면 음식을 통해 섭취하는 것이 원칙이다.

굴, 조개류, 게, 새우, 소고기, 통곡류-통밀, 현미, 견과류-캐슈넛, 아몬드, 콩, 버섯류 등에 많다.

(2) 베타글루칸

베타글루칸은 최근 들어 많이 주목받는 면역 관련 성분이다. 글루칸은 알파(α)와 베타(β)가 있는데 베타글루칸이 좋다고 한다. 곡물의 세포벽에 많이 포함된 다당류이며 식이섬유의 일종이다. 대식세포와 백혈구의 특정세포 기능을 활성화하고 인터페론의 생성을 촉진한다. 체내 흡수가 용이하도록 발효시켜 사용하기도 한다.

꽃송이버섯, 맥주 효모, 말린 표고버섯, 잎새버섯, 팽이버섯 등에 많다. 효모에 특히 많다고 한다. 시장에서 쉽게 구입할 수 있는 찰보리에 많이 함유되어 있으므로 이를 주식에 섞어 꾸준히 먹는 게 좋을 것 같다.

누룩으로 찰보리를 발효시켜 빵을 만들면 베타클루칸이 많은 빵이 된다. 아래는 누룩을 이용한 자연 발효종으로 찰보리 빵을 만드는 방법이다. 식감이 예민하다면 쌀보리도 좋다.

* 누룩으로 찰보리 빵 만드는 레시피

1) 보리누룩 30g, 오렌지즙 25cc, 설탕 25g, 물 150cc. 이것을 섞어서 발효기에서 35도, 24시간 숙성.

2) 위의 발효액을 거른 효모액 전부, 백밀 100g, 이것을 섞어서 발효기에서 30도, 6시간 숙성.

3) 위의 누룩 발효종 전부, 물(또는 두유) 150cc, 찰보리 분말 300g, 소금 2g, 설탕 30g(또는 스테비아 1티스푼), 견과류 약간. 그런데 수분량은 조절할 수 있다. 반죽이 질수록 잘 부푼다. 부풀음이 부족하면 베이킹 소다 1티스푼 첨가해도 좋다.

이것을 섞어서 상온에서 6시간 이내 또는 반죽이 2배 이상 부풀었을 때 빵틀에 옮김.

4) 빵틀의 반죽을 1시간 안팎으로 재발효 후 190도 오븐에 20분간 굽는다.

(3) 셀레늄

대표적인 면역강화제이다. 셀레늄은 강력한 항산화제로서 대식세포 생성을 촉진시킨다. 비타민E와 공동으로 항체를 생성한다. 이는 강력한 항산화 성분인 글루타치온(간에서 70% 이상 생산하고 항산화 네트워크의 큰 축을 이룸) 생성에 기여한다. 암을 예방하고 암 치료시 이를 꾸준히 섭취하면 도움이 된다. 단 과잉섭취하면 독이 된다.

셀레늄은 브라질너트, 황다랑어, 정어리, 소고기, 소의 간, 닭고기, 다시마, 미역, 김, 굴, 모시조개, 브로콜리, 양배추, 시금치 등 어패류, 견과류, 육류, 해조류, 현미에 많다.

(4) 게르마늄

게르마늄은 무기게르마늄과 유기게르마늄으로 구분한다. 돌가루인 무기게르마늄은 제외된다. 유기게르마늄은 혈액의 혈구 속에 활성산소와 결합하여 세포에 산소를 공급하는데 기여한다. 혈액의 점도를 낮추고 산성화된 혈액을 정화시켜 청혈작용을 하고, 미토콘드리아에 활성화된 산소를 전달하여 항암작용을 한다.

버섯류(특히 영지버섯), 인삼, 마늘, 율무, 알로에 등에 많다.

(5) 비타민C

비타민C는 너무도 흔한 비타민제라서 별로 주목받고 있지 못하다. 그러나 그 자체로 항산화제이자 면역세포 조효소이다. 체액의 면역글로불린과 림프구에 모두 관여하여 대식세포를 증강시킨다.

비타민C는 가장 비용이 적게 들면서도 암 치료에 탁월한 보조제이다. 비타민C가 많은 과일은 주위에 흔하다. 비타민C는 레몬, 귤 중에서도 레몬이 가장 좋다.

(6) 비타민D

비타민D는 림프구의 활성화와 면역조절 등 면역계에서 다양하고도 필수적인 역할을 한다. 이는 식품에서도 섭취할 수 있으며 피부 노출시 자외선에 의한 광합성으로도 생성된다. 암 환자는 매일

30분 이상 햇빛에 노출될 필요가 있다. 방에만 있지 말고 산책만 해도 충족된다. 이 수치가 많이 내려가 있으면 약을 처방하기도 한다.

이렇게 분석하다 보면 끝이 없다. 비타민B1에서 B12까지도 항암과 건강유지에 필수적인 것들이다. 몸에 이런 요소들이 부족하면 암 치료는 고사하고 회복에도 절대적으로 불리하다. 따라서 좋다는 것을 찾아 고르게 섭취하는 것이 전제되어야 한다.

3.3 항산화와 항산화 네트워크

가. 항산화 식품

항산화 성분은 환원을 통하여 세포가 산화되는 것을 막아준다. 이것에는 카로테노이드(Carotenoid)류, 플라보노이드(Flavonoid)류, 이소플라본(Isoflavone)류, 비타민, 미네랄 등이 있다. 파이토케미컬(Pytochemical)이 풍부한 채소와 과일을 주목한다.

(1) 카로테노이드류

카로테노이드는 노랑, 주황, 빨강의 색소로서 채소와 과일에 많이 함유되어 있다. 대부분의 채소 과일에 있다고 봐도 과언이 아니다. 대표적인 것은 알파/베타카로틴(carotene)으로 붉은 색소이다. 당근에 β-카로틴이 있다. 라이코펜(lycopene)은 토마토가 유명하다. 루테인(Lutein)과 지아잔틴(Zeaxanthin)은 눈 건강에 기여한다. 메리골드꽃에 많다. 크립토잔틴(Cryptoxanthin)도 이에 속한다, 1831년 이후 600종 가까이 카로테노이드가 밝혀져 있다. 물에는 녹지 않으며 공기 속에서는 산화되기 쉬운 불안정한 물질이다. 이것의 특징은 항산화 작용을 함으로써 항염, 항암작용을 한다.

(2) 플라보노이드류

이는 노란색 색소성분의 총칭으로 동물에는 비교적 적고 식물의 잎·꽃·뿌리·열매·줄기 등에 많이 들어 있다. 5천 가지가 넘는 천연 플라보노이드가 다양한 식물로부터 확인되었다. 그 화합물들은 화학 구조에 따라 다시 분류된다. 플라보노이드 함량이 높은 식품은 파슬리, 양파(특히 붉은 양파), 베리류, 녹차, 감귤류, 은행잎 추출물, 적포도주, 다크 초콜릿(코코아 함량 70% 이상) 등이 있다. 항염, 항균, 항바이러스, 항암 활성을 지니며 독성은 거의 없다. 여기에는 안토시아닌, 카테킨, 레스베라트롤, 프로안토시아니딘 등이 해당된다.

(3) 이소플라본

이것은 콩에 존재하는 식물성 에스트로겐(estrogen)으로 여성호르몬인 에스트로겐과 분자 구조가 유사할 뿐만 아니라 우리 몸에서의 효능도 유사하다고 알려져 있다. 여성의 갱년기 증상을 개선시켜주며 골다공증을 예방하고 심혈관계에 매우 긍정적인 역할을 한다. 갱년기 여성에게 에스트로겐 호르몬제는 유방암, 자궁암 등을 일으키는 것으로 알려져 있으므로 특히 가족 중에 유방암, 자궁암 병력이 있는 환자는 호르몬제보다 식물성 이소플라본, 즉 콩을 먹는 것이 좋다. 대두에서 추출한 이소플라본은 노화 방지와 암 발생을 억제시킨다.

나. 체내 항산화 물질들

(1) 코엔자임Q10(코큐텐; CoQ10)

이는 체내에서 생성되는 효소이다. 미토콘드리아에서 에너지를 생산할 때 코큐텐과 비타민B 복합체가 부족하면 충분한 에너지를 생산할 수 없다. 심장, 간, 신장 등 에너지가 많이 필요한 기관에 높은 농도로 존재한다. 활성산소를 억제하므로 노화의 속도를 늦추고, 피부 건강에도 도움이 된다. 코큐텐은 남성 영양제로도 우수하다. 운동능력을 개선하고 피로회복에 도움이 된다. 50세 이상이 되면 절반 이상 현저하게 감소하므로 보충이 필요하다.

(2) 알파리포산

알파리포산(α-lipoic acid)은 코큐텐과 같은 조효소로서 체내 지방과 탄수화물 등으로 에너지를 생성하는 중요한 화합물인 동시에 항산화 네트워크에서 중요한 역할을 담당한다. 예를 들면 산화된 비타민C, E 등을 재환원시켜 항산화 효과를 발휘하도록 한다. 알파리포산은 물과 기름 모두에 잘 녹으므로 세포와 조직의 모든 부분에서 작용하는 장점을 가지고 있다.

(3) 글루타치온

이것은 글루탐산, 글리신, 시스테인 3가지 아미노산으로 이루어진 단백질이다. 이것은 항산화 네트워크의 환경을 유지시켜준다. 예를 들면 비타민C가 항산화제로 작용하기 위해서는 글루타치온의 조력이 필요하다. 간은 글루타치온 농도가 가장 높아서 해독작용에도 관여한다. 글루타치온은 면역세포에 도움을 주고 항염증 작용을 강화한다. 글루타치온의 농도를 높이기 위해서는 양질의 단백질과 더불어 다양하고 신선한 야채 섭취가 필요하다.

다. 항산화 네트워크

모든 항산화 성분은 항산화 과정이 끝나면 다시 독소로 바뀐다. 이를 막기 위해 또 다른 항산화제가 필요하다. 항산화 네트워크를 이루는 대표적인 항산화 성분은 비타민C, 비타민E, 코큐텐, 알파리포산, 글루타치온 등인데 이렇게 각기 다른 기능을 하는 5개 물질로 산화와 환원을 하는 연쇄반응을 통해 독소를 억제하고 세포를 복원한다.(『항산화의 기적』 -미국 UC버클리대학 분자생화학 레스터팩커 교수)

(1) 비타민C와 비타민E

비타민E는 강력한 항산화 성분이지만 항산화 사이클을 거친 후 독성물질을 배출한다. 이때 비타민C는 이를 없애는 작용을 한다. 따라서 이를 함께 먹는 게 중요하다. 비타민E는 견과류나 식물성기름에 많이 있다.

(2) 플라보노이드와 비타민

플라보노이드는 노화와 암 예방에 좋다. 그리고 이는 비타민C, E와 글루타치온의 수치를 높이는 작용을 한다.

(3) 코큐텐과 알파리포산

알파리포산은 항산화 작용 후 독성이 생기는데 코큐텐은 알파리포산을 환원시켜준다. 한편 알파리포산은 코큐텐의 체내 흡수율을 높여준다. 코큐텐은 생선류에 많이 있다.

(4) 글루타치온과 알파리포산

글루타치온은 발암물질의 해독과 노화 예방에 관여하는 항산화

물질인데 장에서 흡수되지 못한다. 이때 알파리포산은 흡수율을 높여주는 조력자 역할을 한다. 알파리포산은 우리 몸에서 생성되는데 나이가 들면 현저하게 감소한다. 글루타치온은 소의 간, 생선, 조개류에 많고 알파리포산은 완두콩, 아스파라거스, 청경채, 물냉이, 순무, 겨자, 콜라비, 비트 등에 많다.

이상 항산화와 항산화 네트워크를 알아봤는데 이를 실천하기 위한 식재료를 선택하는 것은 쉬운 일이 아니다. 다만 비타민C는 이것이 많은 과일과 견과류(비타민 E)를 같이 먹는다는 점을 기억하고, 나이가 들어서는 코큐텐을 보충하기 위해 생선을 꾸준히 섭취하는 것을 잊지 말자. 글루타치온과 알파리포산을 보충하는 식품들을 동시에 먹는 것도 고려하자.

올바른 항암 식사에 근접하려면 제철 식재료를 중심으로 해조류나 생선, 그리고 견과류와 제철 과일 정도를 꾸준히 섭취하는 것으로 만족할 수밖에 없다.

라. 항산화 식물들 – 수퍼푸드 십자화과 식물

수퍼푸드로 십자화과 식물은 자주 거론된다. 십자화과 식물로 암을 낫게 하겠다는 생각은 무리일지 몰라도 자주 섭취하면 신체의 미세환경 변화에 도움을 주고 장기적으로는 암을 극복하는 우군이 됨은 의심의 여지가 없다. 암 환자가 아니라면 예방에 기여할 것이다.

십자화과 식물은 꽃 모양이 십자 모양을 하고 있어서 붙여진 이름이다. 존스홉킨스대학의 토마스 켄슬러 박사는 다음과 같이 항암 식물 12가지를 추천하고 있다. "방울양배추(브뤼셀스프라우트), 물냉이(watercress), 루타바가(스웨덴 순무), 브로콜리, 콜라비, 케일, 콜리플라워, 무, 겨자, 양배추, 해조류(파래 등)"이다. 여기에 필자는 빨간색 비트를 추가한다. 생소한 것만 설명한다.

(1) 브뤼셀 스프라우트(방울양배추 또는 방울다다기양배추)

모양은 양배추이지만 크기가 아주 작은 방울같이 생긴 양배추이다. 그래서 방울양배추라는 이름이 붙었다. 방울양배추는 항암 성분이 많다고 한다. 방울양배추는 글루코시놀레이트가 풍부하고 설포라판과 각종 항산화 성분이 항암작용을 돕는다. 소염작용도 탁월하다. 비타민 K, 이소티오시아네이트, 오메가3가 많기 때문이다. 해독작용에도 효과가 있다. 글루코시놀레이트와 유황 그리고 각종 항산화 성분의 역할 때문이다. 이밖에도 혈관 건강과 혈액을 맑게 하여 대사증후군에도 도움이 되고 시력을 개선하고 뼈를 튼튼하게 하는 수퍼푸드로서 손색이 없다.

그리고 각종 비타민과 미네랄이 풍부하다. 방울양배추 100g에 비타민K는 하루 권장량의 156%, 비타민C는 83%가 들어 있다고 한다. 이외에도 비타민A, B1, B3도 많이 들어 있다. 망간, 구리 칼륨, 인과 마그네슘도 많이 들어 있다. 방울양배추와 양배추를 비교하면 거의 모든 함량이 방울양배추가 높다.

(2) 물냉이(watercress)

물냉이에는 시니그린이란 성분이 풍부한데 이는 쌉싸름하고 톡 쏘는 맛을 내는데 활성산소로 인해 DNA가 손상되는 것을 감소시킨다. 베타카로틴은 사과의 4배이다. 함량이 많은 루테인은 백내장 같은 안질환을 감소시킨다. 15가지가 넘는 비타민과 미네랄이 다량 들어 있다. 비타민A는 상추의 20배가 있고, 칼륨, 비타민 B1,2,19, C, E 등을 함유하고 있다. 서양에서는 스테이크 등 육류를 먹을 때 이것을 함께 먹는다고 한다. 항산화와 항암작용이 있다.

(3) 루타바가 - 순무

일명 스웨덴 순무라고 한다. 루타바가는 우리나라에서 구하기 어려우므로 순무로 대체하면 된다. 순무에는 매운맛과 알싸한 맛을 내는 글루코시놀레이트, 설포라판 등의 황화합물이 들어 있다. 이는 항산화 작용을 한다. 붉은 보라색이 있는 순무는 역시 안토시아닌이 풍부하여 항암에 기여한다. 베타카로틴과 각종 비타민, 미네랄도 많다. 강화도에서 많이 나므로 가을에 이곳에 가서 순무를 사다가 김치를 담가 먹는 것도 한번 해보자.

(4) 브로콜리

브로콜리의 새싹에는 설포라판이 성채보다 50-100배가 더 많다. 설포라판은 세포 자살을 유도하는 등 항암작용이 있다. 브로콜리에는 비타민C가 특히 많다. 레몬의 2배라 한다. 이와 함께 베타카로틴과 셀레늄 성분이 있어 면역력을 증가시킨다.

(5) 콜라비

양배추와 순무를 교배시킨 식물이다. 비타민C가 특히 많은데 상추나 치커리 등 엽채류에 비해 4~5배가 많다. 칼슘도 많다. 칼륨도 많아 혈중 염분을 저하시켜 고혈압 환자에게도 좋다.

(6) 케일

맛은 좀 쓴맛인데 비타민과 미네랄의 보고이다. 오메가-3와 오메가-6도 많이 들어 있다.

(7) 겨자

겨자의 매운맛은 시니그린 성분으로 항산화 작용을 한다. 겨자씨는 항산화제이자 면역강화제인 셀레늄이 매우 많이 들어 있다. 각종 미네랄이 풍부하다. 몰리브덴, 칼슘, 나트륨, 철분, 마그네슘, 칼륨, 망간, 인 등과 비타민B 복합체가 많은데 비타민 B군은 항암에 기여한다. 비타민E, 비타민K도 있다.

(8) 콜리플라워

브로콜리와 같은 모양이고 머리 부분은 꽃이 변형된 것이다. 머리 색만 흰색이다. 콜리플라워에도 항산화 물질이 많다. 글루코시놀레이트, 설포라판 등이 많아 항암 식물로 추천된다. 브뤼셀스프라우트, 브로콜리, 콜라비, 케일, 양배추와 같이 품종만 다른 같은 식물이다.

(9) 비트

빈혈과 혈액 정화에 효과가 크다. 적혈구 생성뿐만 아니라 혈액 조절에 좋으며 특히 간을 깨끗하게 청소해 주어 빠른 회복을 돕는다. 담이나 신장에 있는 결석을 녹이는 작용이 탁월하다. 수술을 대체할 수도 있단다. 비트의 베타인이라는 붉은 색소는 항암물질이다. 다양한 비타민과 미네랄이 풍부하여 면역력을 강화해 준다. 혈중 콜레스테롤을 감소시켜 혈관 건강에도 도움을 준다.

이상의 십자화과 항암 식물은 대부분 맛이 별로 없다. 이 같은 채소를 많이 먹기는 매우 힘든 일이라서 요리의 개발이 요구된다. 이를 설탕에 절여 2년 이상 발효시켜 먹거나 아니면 즙을 내서 스테비아를 넣어 단맛을 가미해 먹는 것은 어떨까 생각한다.

(『십자화과 식물, 알고 먹는 자연치료 음식 슈퍼푸드』 - 이준남 도서출판 세홍 C, Chris et al., "Watercress supplementation in diet reduces lymphocyte DNA damage and alters blood antioxidant status in healthy adults" American Journal of Clinical Nutrition, Vol. 85, No. 2,) (February 2007)

마. 야채즙과 항산화

야채즙에 대한 원조는 닥터 거슨이다. 녹즙만 가지고도 암을 극복했다는 건강 마을도 있다. 녹즙 이외에도 각종 채소를 끓여서 수프처럼 마시는 경우도 있다. 대체의학 쪽은 대체로 야채즙에 대해서는 적극적이다.

한편으로는 닥터 거슨의 녹즙으로 암이 나았다는 유의미한 통계도 있지만, 현대에 있어 이를 그대로 따라야 하는가에 대해서는 의문이 든다. 무엇보다도 우리를 둘러싸고 있는 환경 문제 때문이다. 거슨은 1881년 독일에서 태어났고 의사로서 식이요법으로 많은 병을 고쳤다. 그리고 1936년 미국으로 건너와 독일에서의 경험을 바탕으로 식이요법과 야채즙으로 암까지도 고쳤다. 단순히 야채즙만으로 고친 것은 아니다. 철저한 식이요법과 몸 안의 독소를 제거하기 위한 커피 관장이 주된 치료법이지만 야채즙이 중요한 요소라는 것은 이론이 없다. 천연비타민과 미네랄을 보충하기 위해 당근, 사과, 시금치, 셀러리, 상추 등으로 만든 녹즙을 하루 13잔 마시는 것으로 되어있다.

그런데 한번 생각해 보자. 1930~40년대의 채소와 오늘날의 채소가 같은 성분일까? 아무리 유기농으로 재배한다 하더라도 최근

50년 사이의 변화를 생각하면 땅의 지력은 그전에 인류가 겪었던 어떠한 변화에 견줄 수 없다. 현재의 유기농이라는 것도 농약과 비료에 의지한 화학농의 심각한 반성 위에서 새롭게 채택된 농법이다. 그간 50년 내의 농업에서의 변화를 생각하면 지금의 농토가 과거의 토지가 아니고 과거의 유기질 비료가 오늘날의 유기질 비료가 아니다. 이것을 읽지 못하고 과거의 녹즙에 의한 암의 치료를 그대로 현대에 적용한다는 것은 아무래도 믿음이 떨어질 수밖에 없다. 따라서 필자는 녹즙을 활용하되 그것을 암 치료를 목적으로 하는 것이 아니라 항산화 성분을 보충한다는 의미 정도로 활용하는 것이 타당하다고 생각한다.

녹즙이 부정적인 영향을 미치는 것은 또 있다. 환자가 방사선치료를 하고 있을 경우이다. 앞서도 한번 거론했지만 항산화 물질을 섭취하면 방사선 효과가 저감 될 수 있다는 관점이다. 그런데 방사선에 의한 암세포의 산화력은 세포를 괴사시킬 정도로 거대한 힘인데, 녹즙에 있는 미량의 항산화 성분이 이를 얼마나 역전시킬 수 있는지는 잘 모르겠다. 극히 미미하지 않을까 추측된다.

암세포는 산성 환경하에서 잘 자란다. 그리고 암이 성장하면서 세포 주변의 환경을 산성화시키기도 한다. 세포가 산성화되면 암세포와 그 주변이 단단해져서 체액이 잘 순환하지 못한다. 노출된 암이면 손으로 만져 느껴질 정도다. 이렇게 암이 단단해지면 치료는 거의 불가능해진다. 백혈구에 있는 면역세포는 액체로 되어있어 단단해진 암세포에는 침투를 못 하기 때문이다. 그런데 녹즙은 암세포의 미세환경을 알칼리화하기도 하고 체액이 순환될 수 있도록 도와준다.

　무엇보다 녹즙에는 칼륨이 많이 포함되어있다. 칼륨은 혈액 내의 과잉 나트륨(소금)을 체외로 배출하게 하는 역할을 한다. 그러나 신장에 문제가 있는 사람은 주의해야 한다.

　녹즙에 대한 양방의사들의 왜곡된 시각도 바로잡혀야 한다. 간에 특별한 소인을 가진 환자가 아니라면 간이 특별히 나빠질 리 없다. 의심되면 녹즙을 먹으면서 정기적인 혈액검사를 해 보면 알 수 있다. 아내는 병원에 있을 때도 녹즙을 정기적으로 먹었다. 암 전문 종합병원에서는 일주일에 한 번 혈액검사를 했다. 그런데 이런 녹즙 섭취로 인해 간이 나빠진 증상은 단 한 번도 보이지 않았다. 그러나 만약 간에 기저질환이 있는 환자일 경우에는 녹즙 섭취와 동시에 혈액검사를 하면서 사태의 추이를 살펴볼 필요는 있다.

　소화기와 간에 문제가 있을 땐 야채수프가 추천된다. 야채수프는 여러 곳에 소개되어 있다.

3.4 항염에 대하여

　만성 염증은 모든 질병의 전조로 보는 게 타당하다. 이유를 알 수 없는 통증과 만성피로는 이 염증과 연관이 매우 크다. 염증은 대사과정에서 끊임없이 생성되기 때문에 완전히 제거하는 것은 불가능하다. 그러나 이를 줄이는 노력은 나이를 먹을수록 필수적인 사항이 된다. 항염증에 관련된 식품은 대부분 항산화와 관련된 식품들과 겹친다. 염증을 잡는 것은 암을 예방하고 치료에도 도움이 된다. 항염과 관련한 인체 내의 대사과정을 살펴보자.

　항염작용에도 필수지방산이 등장한다. 이탈리아 성형외과 안드리아 박사는 수술 전후로 필수지방산 권장 지침을 따랐더니 항염작용이 현저히 개선되었고 치유 효과가 증가하였다고 자세히 설명한다.

그는 이렇게 설명한다. "필수지방산은 인체의 천연 스테로이드(항염물질)이다. 오메가-6와 아라키돈산(AA)도 염증 예방에 유효하다. AA는 천연 항혈전제이자 상처가 아물게 하는 것을 돕는다. 모체 오메가-6도 가장 강력한 항염 프로스타글란딘(다양한 호르몬 유사 효과를 가지고 있는 활성 지질 화합물)의 생화학 연료이다. 모체 오메가-6는 또한 천연 항혈전제인 프로스타사이클린(프로스타글란딘 성분)의 원료이며 천연 스테로이드 기질이다." 라고 했다.

오메가-3는 세포막을 구성하는 주요성분이고 염증을 억제하고 세포에 산소공급을 원활하게 해주는 역할도 한다. 오메가-3 지방산은 고등어, 연어, 참치 등에 많고 들깨, 호두, 아마씨 등 견과류에도 많다. 불포화지방도 염증에 도움이 된다. 이것을 지원하는 올리브유는 요즈음 인기 식품이 되었다.

항염에 도움이 되는 식품들은 대단히 많다. 채소나 과일 등에서 쓰거나 신맛이 나는 것들이 대부분 항염작용에 좋다.

최근에 종편 등에서 항염에 좋은 물질로 노니라는 열매를 각종 건강프로그램에서 제시하고 있다. 요즈음 유행하는 항염식품이다. 노니는 남태평양 일대의 화산섬에서 많이 나는 과일이다. 화산재 토양은 다양한 미네랄과 무기물의 보고이다. 이런 물질들이 광합성 과정에서 식물에 이온화 상태로 전환되어 과일에 저장된다. 이런 과일이 발효되어 숙성되는 과정에서 기능성 물질들이 더 풍부해진다고 한다. 암의 예방과 치료에도 도움이 되며 통풍에까지 좋다고 한다. 액체로 된 과즙의 맛은 역하지는 않지만 썩 좋지는 않다. 아내는 이를 섭취하면서 긍정적인 반응들을 내게 설명하기도 했다.

3.5 암 관리

암 관리에 있어 키이스 블록 박사는 다음의 다섯 가지 관점을 제시한다. 이는 일반적으로 암 환자의 치료과정에서 대체로 주목해야 하는 이슈들이다. 이는 생명 활동의 지원이라는 관점에서 통합치료 및 암 관리에 광범위하게 활용되고 있다.

- 산화된 세포에 대한 항산화 지원
- 인체의 전반적인 염증을 관리하는 일
- 수시로 변하는 면역력을 감시하고 이를 향상시키는 일
- 혈액의 순환을 지원하고 혈당을 적절히 관리하는 일
- 스트레스로 인한 생화학적 작용을 조절하고 관리하는 일

표준치료를 바탕으로 이 같은 관점에서 암을 제대로 관리하기만 해도 암 치료와 재발 방지에 비약적으로 기여할 것이다. 암 환자가 아닌 일반인들도 이들 항목에 대한 안목이 있다면 몸의 컨디션을 쾌적하게 유지할 수 있고 건강을 향상시키는 데 크게 기여한다.

가. 항산화 지원

몸을 산화로부터 환원시키는 것이 중요하기는 하지만 무엇보다 산화시키는 원인을 만들지 말아야 한다. 산화시키는 요인은 이미

많이 거론된 바 있다. 술과 담배, 다음이 과도한 체지방이다. 철분이 많은 음식도 제한해야 한다. 붉은 고기와 철분은 수산화 이온을 부추기는데 수산화 이온은 활성산소이다. 지나친 피로물질 또한 산화의 원인이다. 지나친 운동도 젖산 물질을 만들어 몸을 산화시킨다. 만성 염증 또한 이 같은 항목을 촉진시킨다. 과도한 자외선도 몸을 산화시킨다. 심리적 스트레스 또한 마찬가지이다.

이 항목을 잘 관리하면 종양 성장과 확산을 감소시킨다. 종양의 크기를 감소시키고 치료반응을 향상시킨다. 또한 통상적인 암 치료를 견디게 한다. 이는 통증을 감소시킨다는 다른 표현이다. 그리고 생명을 위협하는 합병증을 감소시킨다.

나. 염증 관리

치료가 제대로 되었다면 손상된 세포조직에 참여했던 모든 요소들이 활동을 중단한다. 즉 염증 기전이 작동을 멈추고 염증은 사라진다. 그러나 암이 계속 영향을 미치고 있다면 염증은 좀처럼 나아지지 않는다. 염증이 종양 내 많이 섞여 있으면 예후는 더 나쁘다.

나이가 들면 들수록 염증을 억제하는 능력도 떨어진다. 인체의 전반적인 염증 지수인 혈중 CRP 지수를 보고 평가해야 한다.

암에 제대로 대처하는 의사라면 암 치료와 동시에 염증 치료도 함께 한다. 의사들이 추천하는 소염제(예 세레브렉스)는 많이 있다. 이 외에도 염증을 줄이는 식물 역시 대단히 많다.

다. 면역감시와 면역력 향상

이 항목은 면역에 대한 각종 검사를 하는 것인데 우리나라의 경우 그렇에 잘 사용하지 않는다. 단지 항암 치료시 백혈구 수치에 대한 감시 정도만 한다.

만약 항암 치료 중이거나 암을 관리하면서 자신의 신체 컨디션이 의심된다면 면역세포 검사를 받아 이에 대응하는 조치의 기준으로 삼을 필요가 있다. 블록 박사는 NK세포가 비활성화되어 있다면 6인산 이노시톨, 멜라토닌, 에키네시아, 인삼, 흑마늘 등을 권고한다. T세포가 낮으면 비타민E, 아연, 알기닌(유방암은 제외) 등을 처방한다.

만약 면역 불균형이 바로잡히지 않으면 항궤양제인 타가메트(시메티딘), 세레브렉스 등을 처방하기도 한다.

라. 혈액 문제

혈액순환은 혈액 점도와 관련이 있다. 혈액이 너무 끈적거리면 혈액순환에 지장을 준다. 이는 혈액 내 혈당 및 지질과 관련이 있고 식생활과 직결된다.

그러나 암 환자들에게 있어 혈액의 끈적거림은 암과 관련이 깊다. 즉 종양은 상처가 났을 때 피를 굳게 만드는 혈소판을 지나치게 만들어 피브린이라는 단백질의 생산을 자극한다. 피브린은 혈액 세포를 한데 뭉치게 해서 피를 끈적거리게 한다. 이를 응고 항진이라 하는데 암세포 주변에서 자연살해(NK) 세포의 활동을 막는다. 이로 인해 종양의 진행과 전이를 부추길 수 있다.

그리고 활성화된 혈소판은 암세포 군락지로부터 림프계나 혈관으로 길을 뚫어줌으로써 악성 세포를 먼 지역으로 이주하게 해준다. 이는 혈관신생을 자극하는 물질을 분비하여 암세포의 성장에 기여한다. 암 환자는 이러한 상태가 되지 않도록 관리할 필요가 있다.

항진 응고를 줄이기 위한 노력이 필요하다. 흡연은 혈소판을 상승시킨다. 혈소판은 혈액을 응고시키는 물질이다. 채식을 강조하는 것은 식물에 혈소판 응집을 낮추는 물질들이 많아 혈소판 과다증을 회피할 수 있기 때문이다.

약으로 된 혈행 개선제는 의사 처방이 필요 없는 아스피린과 처방이 필요한 와파린이나 헤파린(항혈전 개선제)이 있다. 저 역가(100mg)의 아스피린은 암 예방에 도움이 된다. 하지만 2년 이상 장기 복용은 부작용이 보고되기도 했다.

채소나 과일에는 쿠마린이라는 항혈전 기능 성분들이 많다. 이에는 당근, 셀러리, 파슬리, 양파 등과 같은 파이토케미칼이 많이 함유된 채소와 사과, 귤, 베리류 등의 과일, 마늘, 생강, 파, 강황 등등의 양념류, 오메가-3 등이 있다.

앉거나 누워서 지내는 사람들도 혈액순환이 나빠지므로 수술 후 누워있기만 하는 것도 재고해야 한다. 어쩔 수 없이 누워있어야 하더라도 규칙적으로 몸풀기와 스트레칭을 하는 것을 잊지 말아야 한다. 그냥 누워만 있는 것은 혈액순환을 느리게 하여 암 환자에게 커다란 위협이 된다. 물을 많이 마셔 혈액의 농도를 낮추고 꼭 끼인 옷이나 신발은 피한다.

그리고 건부항으로 체액의 순환을 돕게 한다면 환자에게 이로운 환경이 만들어질 것이다.

마. 혈당 문제

혈당증의 주범은 알려진 대로 비만과 불규칙한 과식 습관, 정제된 고혈당 음식, 염증을 유발하는 음식, 스트레스, 수면 부족, 운동 부족 등이 원인이다.

인슐린은 포도당이 ATP 대사를 하는 과정에서 필요로 하는 효소이다. 당뇨병으로 인슐린 저항이 있으면 세포는 포도당 대사를 잘못한다. 이로 인해 혈중 포도당과 인슐린 수치가 올라간다. 인슐린 과다는 암의 성장을 촉진시킨다.

바. 스트레스 대책

스트레스 부하가 많을 때 먹는 걸로 해소하려는 사람들이 있다. 스트레스를 누그러뜨리려 쾌감중추를 자극하기 위한 본능이다. 이때 자신이 스트레스에 노출되었다는 것을 알아차려야 한다.

화가 나고 뭔가 쌓이면 운동하고 땀을 빼는 것이 효과적이다. 무작정 걷는 것도 좋고 수영 같은 운동에 몰두하는 것도 좋다. 몸을 열심히 움직이면 스트레스 호르몬이 배출되면서 잡생각들이 사라지는 경험을 많이 해 본다. 따끈한 목욕물에 몸을 담그면 더 좋다.

3.6 장 건강과 미생물

인체에 큰 영향을 미치는 것 중의 하나가 장내 미생물이다. 이 분야는 아직도 전체가 밝혀지지 않았다. 『장내 미생물총과 인간의 질병(서울대 의대 고재성 2013년)』이라는 논문에 따르면 장내 미생물은 99%가 세균성이고 1,000-1,150개 종이 발견되었다. 개개인은 최소한 160개의 세균종을 가지고 있고 미생물 유전자는 300만 개 이상으로 밝혀졌다. 최근 밝혀진 바에 따르면 우리 신체는 30조 개의 세포로 이루어졌다는데 미생물 수는 39조개를 능가한다. 인체 세포 수보다 많은 장내 미생물총은 인체에 수많은 기능을 제공한다.

이들 미생물총 구성은 개인 간에 차이가 크고 환경과 유전자에 의해 영향을 받는다. 유산균은 사람의 장, 구강, 질 등에 있다. 아기는 태어나면서 산도에서 양수를 통해 모체로부터 균총을 전달받는다. 이때부터 유해균과 유익균의 전쟁이 시작된다. 정상 분만을 한 아기는 유익균이 많으나 제왕절개로 태어난 아기는 그렇지 못한 경우가 많다.

유사한 식사법에서 유사한 장내 세균분포가 나타나는 것으로 보고되고 있다. 질병도 장내 세균총과 연관이 있다. 이밖에 항생제 사용, 비만 정도, 알레르기성 질환, 염증성 장질환이 장내 미생물에 큰 영향을 끼치는 것으로 되어있다.

장내에는 호기성균과 혐기성균이 공존한다. 인체가 건강한 상태라면 호기성균류가 우세하다. 호기성균은 ATP가 효율적으로 작동하게 하여 면역력에 도움을 주고 독소를 제거하며 ATP 교란 물질을 억제한다. 세균이 소화관 상피에 붙어 체내로 들어오는 것도 막아준다.

이러한 유익균들은 인체의 대사 활동에도 역할을 하는데 복합 다당류를 분해하고 비타민과 단쇄 지방산을 생산하여 영양분을 공급하며, 생리 대사에서 신호 구실을 하고 여러 대사산물을 분비하는 등 인체의 대사조절에 관여한다.

그러나 혐기성균류가 우세하면 장내 유해균이 증가하고 정상 세균총이 줄어들어 독성 대사물이 생성된다. 이는 다양한 장 증상 즉 복통, 소화불량, 가스 발생, 설사, 변비 등을 유발하며 피부발진, 만성피로, 알레르기, 집중력 장애, 근육관절통 등의 증상이 나타난다. 그 결과 대사작용이 방해받아 건강에 악영향을 미친다.

사람이 나이 들면 침과 위액 분비가 줄고 위장운동이 약해져 유해균이 증가하여 변비에 걸린다. 변비는 장내 환경을 부패시켜 유해균을 증식시키고 독성물질을 체내로 들어오게 만들어 인체 환경을 나쁜 쪽으로 기울게 만든다. 그러나 유산균이 증가하면 장운동을 증가시켜 변비 해소에 도움이 된다.

유산균은 혈액내 항체 생산을 증가시키고, 인터페론을 생성하는 데 기여하여 면역력을 증강시키며, 면역체인 림프구 생성을 촉진시킨다. 장내 유산균은 암을 유도하는 효소의 생성을 억제하거나 발암물질을 자신에게 부착시켜 체외로 배설시키거나 분해하는 능력이 있다.

암 치료에 있어 항암제와 방사선은 장내 환경을 완전히 바꾸어 놓는다. 항암제가 장내 미생물 환경을 바꾸기도 하고 장내 미생물들이 항암제의 성분을 변화시키기도 한다고 한다. 장내 미생물들의 중요성에 대해서 앨버트아인슈타인 의대의 리 거스리 박사(계산생물학)가 항암제 투여 후 장내 미생물들의 변화를 관찰하면서 이런 현상의 단초를 찾아냈다.

항생제 사용도 장의 미생물 생태계를 뒤죽박죽으로 만들어놓는다. 이때 의사의 약 처방과 더불어 유산균을 섭취하는 것은 장 회복에 도움이 된다.

장내 환경을 유익균이 우위에 놓이도록 하는 것은 소화와 배변에 도움이 될뿐더러 면역체계의 강화에도 크게 기여한다. 따라서 암 환자는 치료과정에서 장을 건강하게 하려는 노력을 게을리해선 안 된다. (『슈퍼면역력』 호시노다이조 저 김향 역 브레인스토어)

사이언스(Science 2017. 11. 3.) 저널을 통해 발표된 바에 따르면 이제 제2의 게놈이라 불리는 '마이크로바이옴(Microbiome)'이 암 치료에 활용하는 단계에 진입했다고 한다. 마이크로바이옴은 미생물(Microbe)과 생태계(Biome)를 합친 용어로 인체에 사는 개체 수준의 세균, 바이러스, 곰팡이 등 미생물들과 이들 미생물의 유전정보를 총칭한다. 구스타브 루시 연구소의 로렌스 지프보겔 박사 연구팀이 마이크로바이옴을 연구한 결과가 세계의 이목을 집중시켰다.

이같은 연구를 임상에 적용하기 시작하였는데 MD앤더슨의 과학자들은 장내 미생물을 면역항암제와 연관시켜 치료한다는 것이다. 이는 장내 미생물이 면역력과 관련 있다는 사실에 기초하여 면역항암제의 PD-1의 면역관문 억제에 작용하도록 장내 미생물을 활성화시켜 암을 치료한다는 개념이다. 이 분야는 면역항암제가 인체의 면역력에 강력하게 연관된 장내 미생물을 활용하여 치료한다는 점에서 면역치료의 한 축을 이룰수 있는 가능성이 있어 암을 치료하는 새로운 치료법으로 등장할지도 모르겠다.

3.7 해독

해독에 대한 문제는 최근 들어서 여러 각도에서 관심의 영역으로 떠오르고 있다. 여러 언론 매체, 특히 한방병원에서 여러 가지

해독 프로그램에 대해 광고도 한다. 이런 광고들은 특정한 어떤 장부를 청소해야만 해독이 되는 것으로 오인하게 한다. 해독을 논하기 전에 독소의 유입 과정을 살펴 체내에 들어오는 것을 막고 난 후 해독에 관한 이야기를 해야 순서에 맞는다.

독소의 문제는 수년 전 겨울철 가습기에 첨가한 소독제로 인해 수백 명이 사망한 예에서 극명하게 드러났다. 단순히 호흡기로 알지 못하는 어떤 물질을 흡입했는데 이것이 생명을 앗아간 것이다. 독소는 우리가 채 인식하지도 못한 상태에서 우리 몸에 들어와 면역체계를 붕괴시키고 각종 질환을 유발하여 죽음에 이르게까지 한다. 이런 예는 너무도 많다.

매일 먹는 음식에는 정체불명의 독소 물질이 포함되어있을 수 있다. 가장 단순한 게 농약이다. 그중에서 제초제가 치명적이다. 이에 대한 성분이나 유독성은 너무 많이 거론되었다. 식물 채소뿐만 아니라 동물성 식품에도 너무 많다. 동물 사료로 사용되는 옥수수, 콩 등은 100% 수입산인데 논란이 많은 GMO 사료가 어떤 문제를 일으킬지 모른다.

이같이 염려되는 식재료에 대한 각성 차원에서 생활협동조합(약칭 생협) 이용자가 꾸준히 늘고 있다. 많은 사람들이 이미 이것의 해악을 깨우치고 안전한 먹거리를 찾고 있다. 한살림을 비롯한 두레생협, 아이쿱생협, 여성민우회생협 등과 지역의 각종 풀뿌리 지역생협의 성장은 이런 것을 반영한다.

독성을 포함한 유해 먹거리는 그 자체만으로도 문제투성이지만 생활 속에서의 독성물질도 너무나 많다. SBS에 방영된 '인체 화학

물질 보고서'에 의하면 음식용기 등 각종 플라스틱류를 통해서 체내로 유입되는 유해물질들, 각종 환경호르몬과 독성물질이 과학기술의 발전과 비례해서 생활 속에 깊게 들어와 있어서 실로 충격적이다. 이 방송에서 생활 속 화학제의 사용에 대한 고발은 우리를 깜짝 놀라게 한다. 앞서 음식의 중요성을 인식한 것만큼 생활상에서 매일매일 사용하는 각종 화학물질도 새롭게 바라봐야 한다.

이런 것들의 예로 세탁용 세제, 식기 세척제, 비누 등의 세안제, 바디워셔, 샴푸, 각종 화장품과 스프레이제 등 모든 것들에 대해 점검해 봐야 한다. 암 치료 중에는 먹는 것만이 아니라 각종 주방기구도 스테인레스와 유리, 천연나무 등으로 바꾸어야 한다. 이런 제품은 생협 매장에서 쉽게 구입할 수 있다. 자신의 체내 독성지수도 필요하면 점검해 봐야 한다.

독소의 배출은 우리 몸에 들어오거나 대사과정에서 만들어진 독성물질을 나가게 하는 것이다. 먼저 혈액과 림프액의 정화를 들 수 있다. 이것은 먹는 것과 관련이 깊고 각종 장부의 건강과도 연관된다.

특정 부위에 문제가 생기면 전문가의 도움을 받아 할 수 있는 해독요법이 있다. 장 청소, 간 청소, 신장 청소, 피부 청소, 전신 청소와 관장 등이다. 이들은 병증이 있을 때나 혈액검사 등을 통해 문제의 원인을 찾아내고 이를 토대로 해독을 실행해 볼 수 있다. 이를 전문으로 하는 한의원이나 병원이 있으므로 특정 질병이 있을 때 시도해볼 만하다.

그러나 암 환자는 매우 조심해야 한다. 이것을 시행할 때 중대한 위험이 있을 수 있다. 암 치료에 대한 경험이 없는 의사가 해독요법을 시행하는 것에 대해 권하고 싶지 않다. 암 환자를 위험에 빠뜨릴 수 있어서다. 설사 등으로 면역력을 저하시켜 암이 커질 위험성이 있기 때문이다.

인체에 축적된 독소를 배출시키는 원료 중의 하나가 인삼 등에 많이 포함된 사포닌이다. 사포닌은 독소를 제거하는 비누와 같은 역할을 한다. 사포닌은 물과 기름 양쪽에 잘 녹는 특성이 있으나 인체는 사포닌을 잘 흡수하지 못한다. 그런데 이것의 흡수를 도와주는 것이 장내 유익균이다. 유익균의 양에 따라 대사 효율이 좌우된다. 사포닌이 많은 작물로는 인삼뿐만 아니라 도라지, 더덕, 황칠나무, 대두 등이 있다.

독소 배출은 대소변, 땀, 호흡에 의한다. 먹는 것(Input)은 강조되고 관심이 많은 데 반해 이 같은 배출(Output)은 심각하게 고려하고 있지 않다. 이를 하나하나 살펴보자.

가. 쾌변

쾌변의 반대편에 변비가 있다. 병으로 규정하기는 애매하지만 이는 만병의 근원이다. 변비는 여성에게서 세배 이상 많으며 운동 부족과 잘못된 섭생에서 비롯된다. 대변횟수가 1주에 2회 이내이거나 변이 딱딱해서 통증이 있거나 출혈이 되면 변비로 판단한다. 백미, 초콜릿, 바나나 등은 변비를 일으키고 수분 부족도 원인이다. 소화의 지연도 변비의 원인이다. 소화 지연은 몇몇 질병에 대한 경고이다. 변비는 일반적으로 분변이 체내에 쌓여 딱딱한 상태가 된 것이다. 이런 분변이 대장에 오랫동안 남아있게 되면 소화 과정에 생겨난 독소들이 체내로 유입되게 되므로 변비를 가볍게 생각하면 안 된다.

섬유질 섭취로 변비를 제거할 수 있다. 이런 점에서 현미가 영양분이 많기도 하지만 배변에도 크게 도움이 된다.

다음이 유산균이다. 유산균은 면역에도 도움이 되지만 배변 활동에도 도움이 된다는 것은 잘 알려져 있다.

장의 연동운동을 촉진시키는 것도 배변에 도움이 된다. 엄마 손은 약손이라면서 배를 쓸어주던 우리네 전통 치유법은 유효하다. 두 손바닥으로 배를 덮어 따뜻하게 하면서 시계방향으로 돌려주는 것도 도움이 된다. 단전호흡 역시 장의 연동운동에 많은 도움을 준다.

특별한 경우에는 관장을 하는데, 하제를 사용해서 변을 강제로 빼내는 것이다.

암 환자의 경우에는 관장제로 커피를 사용하지 않고 따뜻한 물에 녹인 차가버섯을 사용하기도 한다. 독성물질을 빼내는 동시에 유익한 성분을 대장을 통해 흡수시키려는 것이다. 관장은 누구나 어렵지 않게 할 수 있다. 한두 번 병원에서 해보면 혼자서도 충분히 할 수 있다.

나. 땀의 배출

기초적이고 상식적인 것 같지만 땀의 배출에 대하여 잘 모르거나 무시하는 경향도 많다. 땀이 너무 많이 나는 다한증도 병이지만 땀을 아예 안 흘리는 것도 병이다. 땀을 안 흘리는 것은 중병을 유발할 수 있다. 땀이 얼마나 중요한지 땀 배출 메커니즘을 알아보고 이것이 암의 예방과 치료에 얼마나 기여 하는지 알아보자.

땀에는 물보다 많은 나트륨 이온과 염화물이 함유되어 있다. 염분, 근육 활동으로 생기는 젖산 물질 외에도 다양한 노폐물을 배출한다. 그리고 땀은 우리 몸의 온도를 조절한다. 운동을 하면 ATP 회로가 작동하여 에너지를 제공하는 대신 수분을 배출하여 몸의 균형을 잡아준다. 만약 땀이 잘 나지 않는 사람이 있다면 체온을 올리는 조치를 자주 할 필요가 있다. 좌훈으로 체온을 올리거나 사우나로 올리는 방법도 있지만 가장 좋은 방법은 몸을 움직여 체온을 올리는 것이다. 세포 활성을 촉진시키므로 이것이 유용함은 말할 필요가 없다.

세포는 세포 내의 물과 세포 밖의 물의 비율이 2:1일 때가 건강한 상태라 한다. 이 상태가 유지되지 못하는 경우, 예를 들면 노폐물이 많고 너무 짜거나 물이 너무 많아 세포외액의 압력이 세어진다면 이를 유지할 수가 없어 세포가 병드는 환경이 된다. 이때 작동하는 것이 림프계이다. 세포외액이 많거나 노폐물이 많으면 림프계는 문을 열어 인체가 필요로 하지 않는 물과 물에 포함된 노폐물을 몸 밖으로 배출한다. 이런 노폐물의 배출이 땀이다. 그러니 땀을 잘 배출하지 못하면 쓰레기를 몸속에 저장하는 꼴이 된다. 이렇게 노폐물과 독소를 체외로 배출시키지 못하면 면역계에 이상이 생긴다. 독소나 노폐물은 대소변으로 주로 배출되지만 땀 또한 이와 못지않은 역할을 한다.

(『내몸 대청소』 - Le grand Menage - 프레데릭 살드만 김희경 역)

4. 면역치료

면역체계를 이용한 암 치료에는 크게 면역세포치료와 면역항암제가 있다. 각각 치료에 이용하기도 하고 둘을 조합해서 치료하기도 한다.

면역세포치료는 면역력의 활성도 또는 항체라는 측면에서 접근하는 방법이다. 다시 말하면 암에 걸렸다는 것은 면역세포의 활성도가 떨어져 암세포 증식이 허용된 결과이므로 면역세포의 활성도를 높여서 치료하겠다는 의미이다. 환자의 혈액을 채취해서 치료에 이용한다. 같은 계열이지만 조금 다른 수지상세포치료가 있다. 이는 환자의 암세포를 채취하고 혈액에서 수지상세포를 분리한 후, 이 수지상세포에 항원인 암세포를 인식시켜 항체를 형성하게 하여 치료하는 것이 수지상세포치료이다.

한편 기존의 세포독성 항암제와는 완전히 다른 기전의 면역항암제에 대해서 알아본다. 우리 몸의 면역세포는 주로 T세포나 NK세포가 담당하는데 이 면역세포로 암을 퇴치하는 방법이다. 주지하다시피 암이 발병했다는 것은 암이 면역체계를 무력화시켰거나 면역세포의 공격을 피했기 때문이라는 뜻이다. 면역항암제는 이같이 암세포가 면역세포의 공격을 무력화시키거나 피하는 것을 다시 공격하게 만들어주는 항암제이다. 다시 말하면 면역항암제는 자신의 면역력을 이용하되 암세포의 면역회피기전이 작용하지 못하게 해서 암을 퇴치한다는 개념으로 실제 치료에 사용되고 있다. 이것은 PD-L1에 기반한 치료제로서 현재 피부 흑색종, 폐암 두경부 등 여러 암에 사용되고 있으며, 이 외에 CTLA-4를 기반으로 하는 여보이라는 면역항암제도 사용되고 있다.

체내 면역력을 높여서 치료하는 방법은 많이 사용되어 왔다. 항암 음식이나 자연에서 나온 각종 기능성 식물, 그리고 면역력을 높여주는 보조제나 약재를 사용하기도 한다. 암을 예방하거나 암 치료시 표준치료와 병행하거나 치료 후 재발 방지에 기여할 목적으로 사용하고 있다. 이같이 면역력 향상을 위한 보조 방법은 다른 곳에서 제시하였으므로 여기서는 면역세포치료와 면역항암제, 이 두 가지에 대해서 한 걸음 더 들어가 본다.

4.1 면역세포치료

면역세포치료에는 선천면역 치료와 후천면역 치료가 있다. 선천면역에 의한 치료는 태어날 때부터 우리 몸에 내장된 면역세포들에 의한 것인데 혈액과 림프액에 있다. T세포치료, NK세포치료, 대식세포활성화 치료 등이다. 환자의 혈액을 채취하여 여기서 T세포나 NK세포 등 면역세포를 추출하고 이를 대량으로 증식시켜 체내에 다시 주입하여 치료하는 방법이다. 이 세포들은 골수에서 생성된 후 며칠 가지 못하므로 치료시 면역세포를 증식시켜 1주일에 두세 차례 주입한다. 이 치료의 역사는 오래되지 않았다. 녹십자에서 시행하는 면역세포치료는 T세포만을 증식시켜 사용한다. 반면 일본에서는 T세포, NK세포, 수지상세포치료 등 면역세포를 다양하게 사용한다.

이 분야에서 일본이 앞서나가고 있는 이유는 연구 성과가 더 뛰어난 점도 있지만 우리와 다른 의료법에 기인한다. 일본은 혈액을 채취해서 증식하는 행위를 의료행위로 보는 데 반해 우리나라는 일종의 약물로 보는 차이가 있다. 국내법상 약은 식약처의 허가를 얻어야 사용가능하다. 녹십자에서 이를 시행하는데, 환자로부터 혈액을 채취하고 이 혈액에서 T세포를 추출한다. 이를 다시 배양하여 수백 배 증폭한다. 이렇게 증폭된 면역세포는 그대로 사용할 수 없다. 이를 사용하기 위해서는 식약처로 보내 이것이 기준에 부합하는지 시험하고 기준에 통과되어야 환자에게 투여할 수 있다. 행위마다 이런 과정을 거쳐야 하니 비용이 매우 비쌀 수밖에 없다. 이러한 의료법의 차이로 우리나라는 활성화되지 못하는 측면이 있다.

면역세포치료의 성과는 아직 크게 주목받지 못하고 있다. 그럴만한 이유와 이에 대한 비판이 있다. 암 환자의 면역세포는 암과의 전쟁에서 이미 져서 발생한 것이므로 그 숫자를 수백 배로 증폭시킨다 해도 암을 제압하기에는 역부족이라는 것이다. 30cc의 혈액을 채취해서 이를 수백 배로 증폭시킨다 해도 우리 몸에 이미 존재하는 수조 개의 면역세포에 비하면 조족지혈이기 때문이다.

또 다른 비판은 암 환자는 항암제와 방사선 등 여러 가지 치료를 받는 과정에 면역세포들이 타격을 입게 되어 면역능력이 저하되었기 때문에 이를 추출해서 증폭시킨다고 해도 치료 효과가 크지 않을 거라는 논리 때문이다.

이런 비판에 대한 대안으로 채취된 면역세포를 증폭시킴과 동시에 이를 수백 배로 활성화시키는 치료, 일명 ANK(Amplified Natural Killer)가 있다. 우리나라에는 없고 일본에만 있다.

아내는 녹십자의 면역세포치료를 받았다. 나는 아내가 암 치료를 하면 면역세포의 활성도가 떨어질 것에 대비해 암을 진단받자마자 바로 혈액을 채취하여 동결해 두었다. 그리고 나중에 이것을 증폭시켜 면역세포치료를 받았다. 암을 진단 받은지 6개월이 지나 자연치유가 실패한 후의 일이다. 동결된 혈액으로 T세포만을 증식한 주사였다. 우리는 이에 잔뜩 기대를 걸었으나 치료 효과는 거의 없었다. 아내를 담당했던 내학병원 의사의 "면역세포치료는 영양제 수준에 불과하다"는 말을 듣고 단 한 번의 치료로 중단하였다.

우리는 수술이 실패한 이후 항암 치료를 받는 과정에서 일본에 건너가 활성화 면역세포치료인 ANK세포치료도 받았다. 앞서 설명했듯이 면역세포치료는 NK세포를 증식시키는 것에 더해서 활성도를 높이는 것이 특징이다. 이 주사를 맞으면 그 과정에서 고열의 상태가 된다. 활성화된 면역세포가 체내에 작용하면서 발생하는 현상이다. 한 사이클이 6회인데 가격이 만만치 않았다.

후천면역에 의한 치료는 앞서도 거론했던 수상지세포에 의한 치료가 있다. 면역세포중 수지상세포는 면역반응을 가장 효과적으로 유도할 수 있는 세포이다. 수지상세포는 1975년 슈타인만(Steinman) 등에 의해 T림프구에 의한 항-종양 면역력을 유도할 수 있는 세포로 밝혀졌다. 수지상세포는 탐식작용을 통해 항원을 인식하면 T림프구의 활성화를 유도한다. 수지상세포가 활성화되면 살해 T림프구(Cytitixic T Lymphocytes) 활성을 유도할 뿐만 아니라 NK세포의 활성을 증가시켜 항종양 면역력을 높인다. 이렇게 해서 암을 치료하는데 우리나라보다 미국·일본에서 임상 적용사례가 많다. 환자의 항원을 이용하여 개인마다 맞춤형으로 치료한다는 것인데 고비용 문제로 넘어야 할 산이 많으나 발전하고 있는 분야이기는 하다.

일본에서는 의사의 처방으로 사용할 수 있는 치료가 우리나라는 의료법의 장벽으로 발전하지 못하고 있다. 의술 발전의 관점에서 제도개선에 대한 보완책이 필요하다. 불합리한 식약처 승인제도 때문에 일본보다 맞춤 의술의 진입장벽도 높고 가격도 비쌀 수밖에 없다.

이 같은 수지상세포에 의한 암 백신은 더 나아가 유전자 의학과 결합해서 한층 진화하고 있다. 즉 종양세포의 염기서열과 정상세포의 염기서열을 비교해서 돌연변이를 찾아내고 이 돌연변이 중에서 환자 자신의 면역체계에 의해 인식되는 것을 찾아내어 치료한다는 것이다. 이를 암 백신치료라 할 수 있는데 이제는 이렇게 암 환자 한명 한명에 맞춘 암 백신 시대로 진입하고 있다. 아직까지 넘어야 할 산들이 많지만 기존의 세포독성 항암제나 표적항암제, 방사선치료나 기타 약물 등 불완전한 치료를 넘어서, 자신의 면역세포로 암 항원에 대한 항체를 찾아 이것으로 치료하는 개인맞춤형 항암 백신 시대로 들어서고 있는 듯 보인다.

이런 다양한 시도로 암 치료가 획기적으로 개선될 수 있을지 더 지켜봐야 하겠지만 세포독성 항암제나 표적항암제와는 차원이 다르게 그 적응증이 급속하게 확대되는 추세인 것만은 확실하다.

4.2 면역항암제

인간이 진화를 거듭하여 오늘날에 이르렀듯이 암세포가 사라지지 않고 남아있는 것은 인간의 생명작용 못지않게 암세포도 자신의 생명력을 유지해온 비결이 있을 것이다. 인체에서 암세포가 성장하면 면역세포가 이를 퇴치해야 하는데, 그러지 못하는 이유는 암세포가 면역세포의 공격을 회피하거나 무력화시키기 때문이라고 설명했다.

그 기전을 살펴보면, 암세포는 성장해 가면서 암세포 벽에 특정 단백질 PD-L1을 발현시키는데 이 물질이 면역세포인 T세포의 단백질 PD-1 수용체와 결합하면서 T세포가 암세포의 인식을 억제하도록 한다. 이때 면역 활동이 이루어지는 포인트가 면역관문(면역체크포인트)인데 암세포는 이 면역관문을 이용해 T세포가 자신을 공격하지 못하도록 방어한다. 즉 암세포는 변형을 거듭하면서 면역회피물질을 분비하여 T세포가 암세포를 인식하지 못하도록 방해하는 것이다. 그리하여 T세포는 이를 과잉면역에 대한 억제단계로 오인해 암세포를 공격하는 스위치를 꺼버림으로써 암세포는 면역감시에서 벗어나 증식을 계속할 수 있게 된다. 2011년에 이 같은 기전이 밝혀졌고 이후 다양한 약제가 개발되었다. 이런 맥락에서 개발된 면역항암제는 자신의 면역력을 이용하되 암세포가 면역관문에서 면역회피물질을 분비하지 못하도록 하는 공통점을 지닌다.

대표적인 암세포의 면역회피 단백질은 PD-L1이다. 이것은 CD274, B7-H1이라고도 부른다. 이 같은 면역항암제에는 키트루다와 옵디보, 티센트릭 등이 있다. 이외에 CTLA-4를 기반으로 하는 여보이라는 면역항암제도 있다. 여보이는 이 분야 최초로 미국 FDA에서 승인되었고 2016년 프리 갈리엥 어워드에서 지난 10년간 최고의 발견상을 수상한 바 있다. 면역항암제 중 제일 비싸다.

이와 같은 암세포에 의한 면역회피물질은 PD-L1 이외에도

PD-L2, LAG-3, TIM-3이 있다고 한다. 또한 면역관문억제 항암제와 T세포를 직접 자극하는 OX40, CD137, CD27, CD40 등 보조활성인자를 자극하는 것들도 있다. 이 외에도 면역세포들의 자극을 통한 간접방식 등 다양하게 알려져 있고 세계 유수의 제약사들이 개발에 나서고 있다.

그런데 이 같은 면역항암제는 모든 환자에게 효과가 있지는 않다. 키트루다를 수입하여 국내에 보급하는 한국 MSD에 따르면 모든 암 환자를 대상으로 한 적응률은 10-20%에 불과하지만 치료율 향상은 여러 면에서 상당한 진전을 보여주고 있다 한다.

키트루다가 미국 FDA에서 승인된 것은 2014년 9월이다. 이것이 우리나라에 도입되자마자 빠른 속도로 확산되고 있다. PD-L1이 50% 이상인 암 환자에게 반응률이 높은 것으로 알려져 있으나 최근의 연구에 따르면 반드시 그런 것 만도 아니라 한다.

PD-L1이 매우 낮은 경우에도 좋은 치료 효과를 보이기도 하는데 이는 종양 유전자의 돌연변이 때문이다. 돌연변이가 많을수록 면역세포가 인식할 수 있는 암세포의 표적이 늘어나서 치료 효과가 높아진다는 것이다. 이 같은 종양 유전자 변이를 TMB(Tumor Mutation Burden)라 하고 TMB의 양에 따라서 면역항암제의 반응률이 달라짐이 확인되었다.

반면 면역항암제에 의한 치료 효과가 높은 것은 종양 조직 내에 T세포가 많이 분포해 있을 경우이다. 즉 종양 내에 T세포가 많이 분포되어있는 조직을 Hot Tumor라 하는데 그렇지 못한 Cold Tumor보다 면역항암제가 잘 반응하여 치료 효과가 높다고 한다.

장내의 유산균과 면역항암제와의 관련성도 많은 것으로 보고되고 있다. 2018년 면역생리의학상 수상자 중 한 사람인 MD앤더슨의 제임스 앨리슨은 장내에 비피도박테리움, 락토바실러스 등 유익균이 많은 경우 면역항암제에 의한 치료율이 높음도 확인하였다.

그리고 진행성 암에서 형질전환 성상인자 베타 즉 TGF-β가 증가하는 것을 가천의대 남정석 교수가 처음 규명했는데, 이것이 의미하는 바는 암이 성장과 전이를 할 때 인터루킨-17(IL-17) 단백질을 만들어 면역감시시스템을 벗어나게 함으로써 암이 더 퍼지도록 한다는 것이다. 따라서 TGF-β를 억제하는 기전을 이용하여 면역치료를 병용하는 것이 연구되고 있다.

4.3 면역세포치료와 면역항암제의 병용

일본에서는 암세포의 면역회피기전을 무력화시키는 면역항암제와 자신의 혈액에서 채취한 면역세포를 증폭시켜 치료하는 면역세포치료를 동시에 사용하는 치료법이 실시되고 있다. 면역항암제로 옵디보를 사용하고 환자의 혈액을 채취하여 강화된 면역세포로 치료한다. 이 방법은 환자 자신의 면역기전을 2중으로 사용한다는 점에서 갖는 의미가 크다. 이 방법이 임상적으로 유의미한지는 더 지켜봐야 한다.

우리나라에서 이러한 치료가 부진한 것을 의료 제도의 탓으로만 돌릴 일은 아니다. 현재의 의료법 아래서도 가능한 방법들이 있을 것이다. 우리나라 의사들의 분발이 요구된다.

이상과 같은 것들이 가장 최신의 면역치료법인 것 같다. 면역항암제에 의한 치료는 부작용을 줄일 수 있는 것이 장점이고 근원치료를 할 가능성이 크다. 가까운 장래에 이 같은 면역치료로 완치될 것을 기대해 본다.

4.4 면역항암제와 고용량 비타민C 병용 – 아내의 경우

아내도 면역항암제인 옵디보를 투여 받았었다. 이것만을 단독으로 사용한 것은 아니다. 고용량 비타민C를 함께 투여 했었다. 우리는 이 같은 병용투여로 극적인 경험을 하였다. 고용량 비타민C의 병용 투여는 면역항암제가 더 잘 작동하도록 하는 어떤 능력이 있다고 판단하기에 이를 독자와 공유하고자 한다.

아내의 경우는 비운의 연속이었다. 아산병원에서 2016년 7월 20일 000교수의 집도하에 암 수술을 받았다. 12시간이 넘는 대수술이었다. 집도 의사는 수술 직후 암은 깨끗이 제거되었다고 했다. 그런데 수술 후 불과 한 달 만에 왼쪽에 있던 암이 오른쪽 뺨으로 옮겨갔다. 수년에 걸쳐서 천천히 진행됐던 암이 수술 직후 불과 며칠 사이에 오른쪽 뺨으로 넘어가 버린 것이다. 한 달 만에 암이 없던 곳에 3기 암에 이를 정도로 사이즈가 매우 커진 상태가 되었다. 이것이 아내의 암 치료가 실패로 돌아가게 된 결정적 이유이다.

아내는 방사선치료를 이미 받은 상태였으므로 다시 받을 수는 없었다. 남은 방법은 항암약물치료를 통해 암 사이즈를 줄인 뒤 다시 추가적 수술을 받는 것만이 유일한 근치 방법이었다. 유일한 희망인 이 방법에 모든 걸 걸고 투병에 들어갔다.

2016년 9월 1일부터 시스플라틴과 5FU를 병용하는 표준항암 치료를 시작했다. 여기에 세툭시맙이라는 편평상피세포암의 표적항암제도 병용하였다. 살기 위해 마지막 승부수를 띄운 우리는 이 치료만으로는 미래를 기약하기가 어렵다는 판단으로 새로운 카드를 꺼내 들었다. 일본에서의 면역세포치료이다. 일본에서는 이 같은 면역세포치료가 많이 발달해 있다. 국내에서 이뮨셀이라는 이름의 면역세포치료를 한번 받아봤지만 별 효과를 보지 못했기에 일본에서 다른 면역세포치료를 시도해본 것이다. ANK세포치료이다. 이 치료는 면역세포를 수백 배 증폭시키고 활성도를 100배 이상 높여서 재주입한다. 환자는 이 주사를 맞고 몇 시간 동안 39도 이상 고열에 시달리기도 한다. 아내도 똑같은 경험을 하였다.

표준항암 치료는 처음 3회까지는 매우 효과적이었다. 옮겨간 오른쪽 뺨에서 고름이 줄줄 흘러내렸고 크기도 줄어들었다. 그러나 항암제 부작용이 문제였다. 세포분열 속도가 빠른 것을 주요 공격 대상으로 삼는 세포독성항암제는 입안과 내장을 공격했다. 항암제를 투여하고 2주 정도면 점점 정상으로 돌아와야 했으나 회가 거듭될수록 내장 통증은 회복되는 속도도 느려지고 배를 몹시 아파했다. CT로 확인해 보니 내장이 전체적으로 부었다. 항암제로 인해 내장세포들이 상처를 받은 것이다. 항암약물요법을 계속하는 것은 무리가 따랐다. 이런 이유로 3회부터 항암제와 면역세포치료를 병용하고 4회째는 항암을 중단했다. 그리고 면역세포치료만 했다.

이 항암 치료는 3주 단위로 진행하는데 중간에 항암 치료를 중단하면 암은 다시 성장한다. 힘들더라도 항암제를 쉬지 않고 계속 써야 하는 이유다. 그런데 이를 알고 있음에도 불구하고 항암제 투여를 중단할 수밖에 없었다. 부작용이 너무 심했기 때문이다. 그래서 표준항암제를 1주기 중단하고 면역세포치료를 했다. 이 치료에서도 암 부위에서 고름이 흘러내렸다. 그런데도 아내는 큰 이상은 보이지 않고 편안해했다. 면역세포치료가 성과가 있다고 여겨졌다. 그래서 ANK 면역세포치료를 6회를 다 맞고 다시 6회분의 면역세포치료를 위해 일본에 가서 채혈해 두어 언제고 쓸 수 있도록 비축했다.

표준항암 치료인 시스플라틴과 5FU 주사는 6회로 끝이다. 12월 30일에 마지막 5차 항암 치료를 했다. 그리고 중간에 1회에 해당하는 것을 면역세포치료로 대체했다. 2월 3일 옵디보를 맞기 직전까지 계속했다.

이제 이런 상태에서 수술계획을 세워야 했다. 이렇게 항암 치료를 하고 수술 가능성을 타진하기 위해 군포 병원에서 찍은 CT자료를 넘겨주고 2017년 1월 10일 아산병원을 방문하여 판독 결과를 청취했다. 담당의사 소견은 암이 많이 줄긴 했으나 수술이 가능할 정도로 줄지 않아 아직 수술이 어렵다고 했다. 암 사이즈를 더 줄일 필요가 있다는 것이다.

이제 수술을 받기 위해 암 사이즈를 줄이려는 노력을 더 해야 했다. 표준치료는 다 끝났지만 몇 가지 선택이 더 있었다. 일본에 배양해놓은 면역세포치료도 있었고 시도하지 않은 옵디보라는 면역항암제도 있었다. 그리고 동맥 내 항암약물 치료도 유효했다. 남은 치료를 다 하기로 했다.

12월 30일의 마지막 항암을 한 후 우리는 2017년 1월 19일에 군포 OO병원의 특징적 치료인 동맥 내 항암을 했다. 이때 정기적으로

1주일에 두 차례씩 고용량 비타민C(20g) 주사를 맞았다. 아내는 동맥 내 항암과 고용량 비타민C 주사를 동시에 받는 동안에는 별다른 이상이 없었다. 국부 항암인 동맥 내 항암은 4주 간격으로 맞는다. 그렇게 치료하고 평가해서 다시 주사 맞을 지 여부를 판단한다. 그러나 이렇게 맞은 동맥 내 항암은 별 효과가 없었나. 그래서 옵디보를 투여받기로 했다. 그때도 고용량 비타민C 주사는 한주에 두 번씩 계속 맞고 있었다. 그러던 중 2017년 2월 3일(금요일) 옵디보 120mg을 투여받았다.

그런데 이 과정에서 아내는 극적인 경험을 하였다. 옵디보를 맞자마자 입안이 극심하게 붓고 통증이 어마어마했다고 내게 호소했다. 아내는 내게 이 통증은 상상을 초월하는 수준이었다고 했다. 나는 치료되는 과정의 일시적인 통증일 수 있다며 아내를 안심시켰다. 말은 그렇게 했지만 안심이 되지 않아 무슨 조치라도 취해야 했다. 2월 5일은 일요일이었는데 집에서 쉬는 담당 의사를 긴급 수소문해서 상황을 설명했다. 그리고 의사로부터 스테로이드와 항히스타민제를 처방받았다. 이 약제는 항암 약제의 체내 작용을 저감시키는 것이다. 이런 처방으로 증상이 개선되었고 몸은 정상적으로 활동할 수준이 되었다. 아내는 그동안 강남에 있는 한방병원에서 산삼약침을 맞고 있었다. 당시 아내는 2월 6일(월)에도 한방약침을 맞으러 강남에 있는 한방병원으로 외출을 나갔다. 그 정도로 체력은 유지되고 있었다.

그러던 차에 2월 7일(화)에 고용량 비타민C 20g을 재차 투여받았다. 투여받은 지 몇 시간 후 아내는 다시 극심한 통증을 호소하였고 입안이 급속히 부어올랐다. 의사에게 긴급히 통고하여 또다시 스테로이드를 처방받았다. 이내 통증이 완화되었다. 이런 일이 있은 후 아내는 체력이 급격히 떨어졌다. 그때까지는 강남에 있는 한의원에 다녀올 수 있을 정도로 체력은 유지되고 있었으나 옵디보와 비타민C 동시 투약으로 더이상 외출을 할 수 없게 된 것이다. 비타민C를 주입할 때마다 이 같은 통증은 되풀이되었다. 2월 10일 고용량 비타민C를 투여받자 또다시 극심한 통증을 호소하여 이번에도 스테로이드를 처방받았다. 이 같은 상황이 두 주 반 동안 반복되었다. 몇 번 이런 증상이 반복되자 도저히 그대로 묵과할 수 없었다. 의사도 이 상황을 파악하고 있었다.

호소하는 통증이 장난이 아니었다. 아내는 평소 참을성이 매우 강한 사람이라는 것을 익히 알고 있는 나는 이런 정도로 통증을 호소하는 것은 뭔가 투여받는 약에 중대한 문제가 있다고 생각했다. 따라서 원인을 따져보기 시작했다. 이미 외부 한방병원에서 하던 산삼약침은 2월 6일 이후 힘들어 가지 못해 중단한 상태였으므로 의심이 드는 것은 고용량 비타민C 뿐이었다.

그래서 주치의에게 비타민C와 옵디보 사이에 상관관계가 있는 것 같다고 의견을 개진했으나 두 약은 기전이 다르므로 상관이 없다고 하며 계속 투여하자고 했다.

그러나 아내의 통증 호소와 혀 밑이 매우 부은 이 상황이 너무나 위중하다고 판단한 나는 2017년 2월 20일 목 CT를 찍었다. 의사가 권한 게 아니라 우리가 하자고 하였다. 그 결과 혀 밑과 오른쪽 볼과 아래턱에서 암이 매우 급속히 진행된 것으로 판독되었다. 이 과장은 판독 결과를 근거로 다음 날 회진 때 우리에게 통보했다. "이제 수술은 물 건너갔다."고. 그간 5~6개월 동안 항암 치료를 통해 수술이 가능한 수준으로 암의 크기를 계속 줄여왔는데 불과 몇 주 사이에 수술할 수 없을 정도로 커져 버린 것이다. 도저히 납득할 수 없었다.

이00과장도 당황하였다. 그도 이대로 포기할 수는 없었던 것 같다. 왜냐하면 옵디보는 치료과정 중에 암이 더 진행되는 경우가 왕왕 있기 때문이다. 그래서 그는 다시 내게 제안을 했다. 이렇게 사진과 같이 2주 만에 병소가 어마어마하게 커졌으나, 옵디보는 위(僞)진행도 있고 피부에 버딩(부풀어 오름 현상)도 있으니 계속 옵디보를 투여하자고 하였다. 하지만 아내에게 벌어진 상황은 전에 보지 못한 것이어서 나는 그것을 그대로 시행할 수 없었다. 이때 나는 옵디보에 대한 치료 경험이 많은 서울성모병원 강진형 교수에게 2월 21일 자문을 구하였다.

자문 결과 강 교수는 현 상태는 암이 가짜가 아닌 진짜로 진행되고 있다는 의견을 제시하였고, 옵디보 단독의 재투여 대신 동맥 내 항암이나 옵디보+여보이 투여를 해보라고 권고하였다.

나는 이를 토대로 군포 병원의 주치의와 상의하여 2월 21일 옵디보 단독 투여 계획을 취소하고 이튿날 옵디보+여보이를 투여받기로 하였다. 그러나 이 또한 재고할 상황이 벌어졌다. 2월 22일 같은 병동의 23세 오모 환자가 옵디보를 단 20mg만 투여받았음에도 통증이 매우 커졌다는 것이다. 이를 확인하고서 옵디보를 그대로 사용할 수 없었다. 이러한 이유로 여보이 50mg만을 투여하였다.

약값이 매우 비쌌지만 사람 살리는 게 우선이었다. 2월 22일 조제해 놓았던 옵디보는 맞지 않아 이 돈도 날렸다.

이렇게 여보이를 투여받고 2월 26일까지는 환자에게 특별히 불리한 상황은 발생하지 않았다. 그리하여 26일 재차 비타민C 20g을 투여받았다. 그러나 이로 인해 또다시 입안이 붓고 통증이 증가하는 상황이 벌어졌다. 우리는 또다시 스테로이드 처방을 받았다. 이제 인과관계는 분명해졌다. 면역항암제와 고용량 비타민C와의 관계가 확인된 것이다.

나는 담당 의사인 이00과장과 이 같은 사실을 공유하였다. 비타민C와 면역항암제에 대한 상관성에 대하여 이00과장도 별다른 이의를 제기하지 않았다. 나는 한주에 두 번씩 비타민C 20g 맞는 것이 너무 두려워 그렇게 할 수 없다고 하였다. 다만 옵디보와 비타민C 병용투여에 대한 상관성을 확인하기 위하여 20g 대신 5g만 투여해보자고 했다. 그러나 00과장은 그것은 양이 너무 적어 확인이 어려울 수 있다며 10g으로 하자고 해서 2월 28일 비타민C 10g만 투여하기에 이른 것이다. 이번에도 증상이 다소 약해졌을 뿐 똑같은 양상의 통증이 발생하였다. 그런 후 불과 10여 일 뒤인 3월 9일 아내는 사망하기에 이른다.

아내는 2월 초에는 강남의 한의원에 치료를 받으러 외출했을 정도로 체력이 뒷받침되었었으나 그 이후 옵디보와 고용량 비타민C를 투여받으면서 외출은 불가능해졌고 그로부터 불과 한 달여 만에 사망하였다.

이전에도 키트루다를 세 차례 썼던 적이 있었다. 효과는 별로 없었지만 부작용도 별로 없었다. 이점을 강진형 교수에게 설명했었다. 강 교수에 따르면 옵디보와 키트루다는 작용기전이 같으므로 키트루다에 효과가 없었다면 옵디보도 별 효과가 없을 것이라고 하였다. 이것이 백 퍼센트 맞는다고는 할 수 없으나 옵디보 단독으로 투여했다면 아마도 사망에 이르지는 않았을 것이다. 왜 이런 추정을 하느냐 하면 옵디보를 맞기 전 고용량 비타민C를 단독 투여했을 때 이로 인해 신체에는 어떤 변화도 없었기 때문이다. 그리고 그전에 키트루다만 맞았을 때도 전혀 통증을 호소하지 않았었다. 즉 면역항암제와 비타민C를 독립적으로 맞았을 때는 아무런 통증반응이 없었다. 심각한 통증을 호소했던 것은 옵디보를 맞고 매주 2차례 고용량 비타민C를 맞았을 때만 그랬다. 그리고 그때마다 스테로이드와 항히스타민제를 처방했었다.

 이런 것으로 미루어 옵디보와 고용량 비타민C 병용투여가 암에 영향을 미친 것이 분명하다. 이것은 단지 통증만 증가한 게 아니라 얼굴의 암 부위는 어마어마하게 파괴(=암의 사멸)되었다. 나는 이 과정을 사진으로 찍어놓았다. 이는 아내의 경우 암을 외부에서 관찰할 수 있었기 때문이다. 암이 있던 얼굴 부위 오른쪽 뺨과 턱에 겉으로 드러나 그곳이 아주 심하게 파괴되어 보였다. 옵디보를 맞기 전 얼굴 오른쪽은 일반 얼굴처럼 말끔했었다. 그러나 옵디보+비타민C를 맞고 한 달 만에 죽기까지 오른쪽 뺨이 지진으로 쪼개진 대지처럼 속이 깊숙이 들여다 보일 정도로 길이 약 4~5cm, 폭 5mm 정도로 절개되어버렸다. 상황이 너무도 극적으로 변해 버렸다. 암 치료가 너무 과하게 된 것처럼 느껴졌다. 만약 암이 몸속 깊이 숨어있었다면 이런 설명을 할 수 없을 것이다.

여기서 이를 장황하게 설명한 것은 고용량 비타민C와 면역항암제 사이의 상관관계를 알리기 위함이다.

나는 이것을 이렇게 생각한다. 옵디보와 비타민C가 암에 너무 많이 작용하여 항진상태가 되어버린 것이라고! 즉 제대로 잘 쓰면 약이 될 수도 있으나 잘못 쓰면 생명을 위협할 수도 있음을 말하기 위해서다.

한발 더 나아가 설명하면 각각의 면역항암제와 고용량 비타민C는 완성된 암 치료제가 아니다. 더구나 이를 동시에 사용한 것에 대해서는 더 말할 필요도 없다. 그런데 이 둘을 병용한 점을 거론하는 것은 우리의 경험상 다음과 같은 점을 느꼈기 때문이다.

나는 이런 가설을 세워본다. 옵디보와 같은 면역항암제와 고용량 비타민C를 동시에 사용했을 경우, 암의 표면에 있는 면역세포의 공격 회피 단백질인 PD-L1, PD-L2, CTLA-4 등 여러 가지 물질이 비타민C의 산화작용으로 무력화되었거나, 또는 암의 수용체를 더 자극하였거나, 그 외에 종양유전자변이 즉 TMB를 증가시켰거나, 그렇지 않으면 TGF-β를 억제하여 면역체계가 암세포를 공격하여 암세포를 궤멸시킨 게 아닌가 생각한다.

아내의 경우 그 기전이 어떤 것인지는 모르겠으나 면역항암제를 고용량 비타민C와 적절히 잘 활용하면 치료율을 획기적으로 높일 수 있을 지도 모른다는 생각이 든다. 아내의 경우는 이게 너무 과해서 벌어진 일이라고 여겨지지만 면역항암제와 고용량 비타민C의 병용으로 치료 효과를 극적으로 상승시킬 수 있을 지도 모르겠다. 옵디보가 아니더라도 키트루다나 여보이 같은 면역항암제들과도 똑같이 임상시험을 해보는 것은 의미가 있다고 생각한다.

그리고 면역항암제를 사용하기를 바라는 암 환자라면 이를 검토해보는 것도 의미가 있다고 생각한다. 다른 치료로 소생 가능성이 있다면 모르겠지만 오로지 항암제 치료가 전부라면 해볼 만하다. 다만 다음 사항에 유념하여 고용량 비타민C를 투여해보기를 권한다.

면역항암제만을 사용해서 효과가 있다면 모르되 없을 경우 면역항암제와 병용요법으로 비타민C를 정맥으로 아주 소량(10g 이하) 투여해서 경과를 관찰하고 치료 효과를 점검해봤으면 한다. 만약 비타민C 사용으로 통증이 증가했다면 이는 암에 약발이 작용하고 있음을 의미한다. 비타민C는 대부분 24시간 이내에 소변으로 배출되므로 통상 1주에 2~3차례 투여하도록 한다. 통증 증가로 견디기 어려우면 스테로이드로 이를 감소시키거나 투여를 중단하면 더이상 나쁜 결과는 생기지 않는다. 그리고 각종 검사를 통해 암의 진행 상황을 판단하면 도움이 되는지 해가 되는지 가려낼 수 있다. 알려진 바에 의하면 옵티보를 투여하면 암이 일정 기간 더 진행되다가 줄어든다고 한다. 이를 고려해 고용량 비타민C의 양을 상황에 따라 증감하면서 경과를 관찰해보는 것은 의미가 있다. 항암제가 유일한 치료방법일 때 면역항암제+비타민C 병용요법은 해볼 만하다. 그런데 이같은 방법은 면역항암제를 많이 다루어 본 의사라도 대학병원급에서는 수용하지 않을 가능성이 크다. 암 전문 종합병원에 의뢰해보자.

5. 대체의학적 암 치료 – 적극적인 대처

여기서는 표준치료를 넘어서 통합의학에 자주 등장하는 대체의학적 치료방법들을 살펴본다. 아직 여러 가지 이유로 표준치료에 도입되진 않았지만 극히 일부 병원이나 치유센터에서 사용되고 있는 치료방법들이다. 표준치료와 병행을 할 수도 있고 표준치료 전후에 적용할 수도 있다. 표준치료의 효과가 탐탁지 않거나 개인의 선호도에 따라 이번 장에서 제시한 여러 가지 치료법을 고려하면 도움을 받을 수 있다.

무엇보다 항암제 치료 이외에 방법이 없을 경우는 기존의 항암제보다 최우선으로 다음의 두 가지 방법을 추천한다. 기존의 세포독성 항암제보다 더 나을 수 있으며 무엇보다 인간적인 치료제이기 때문이다. 기존의 항암제보다 훨씬 부작용이 적고 비용도 그렇게 비싸지 않다. 바로 고용량 비타민C 요법과 아미그달린 요법이다. 다른 항암제에 비해 부작용이 매우 적다는 점 때문에 항암제 이외에 방법이 없는 환자에게 적극 권유한다.

다른 치료를 하고 나서 실패한 뒤 하는 것보다 이것을 최우선 고려하는 게 중요하다. 몸이 항암제 치료로 피폐해진 상태에서 이를 시행할 경우 효과가 훨씬 떨어질 수 있다.

그런데 비타민C는 양의사들이 쉽게 처방하는 데 반해 아미그달린은 그렇지 않다. 이유는 비타민C는 합법적으로 사용되는 약물이지만 아미그달린은 살구씨 추출물로서 시안화수소가 소량 함유되어 있어서이다. 청산가리인 시안화수소는 독극물로 분류된다. 그래서 아미그달린 치료는 음성적이고도 제한적으로 이루어진다. 그리고 이 약은 일반인들이 접근하기 불편한 점이 많다. 아미그달린은 멕시코에서만 생산되기 때문에 극히 선호하는 사람이 아니면 적극 추천하긴 쉽지 않다. 하지만 이것으로 완치된 사례가 있다. 고용량 비타민C와 아미그달린, 두 가지 항암제 중 앞으로의 발전 가능성을 놓고 볼 때 비타민C 요법이 더 낫다고 생각한다.

향후 표준치료를 넘어 통합의학이 자리를 잡겠지만 대체의학에서 취급되는 암 치료법은 이 외에도 다음과 같은 것들이 있다.

면역치료, 체온 올리기, 메트로노믹 케모세라피, 파동의학, 산소 공급의 증대, 어싱, 기타 항산화를 위한 보조제 등이다. 차례대로 서술한다.

5.1 고용량 비타민C

비타민C를 정맥으로 고용량으로 맞으면 항암 치료효과가 크다. 이에 대한 기전은 오래전에 밝혀졌는데 주류 의학계에서 이를 잘 받아들이지 않고 있다.

비타민C에 대한 암 관련 연구는 1970년대 노벨상을 2회 수상한 라이너스 폴링으로 그는 비타민C 박사로 알려져 있다. 그 이후 고용량 비타민C 요법의 바통을 이어받은 한국인은 하병근 박사이다. 그는 20년 이상 연구에 몰두하여 여러 권의 책을 남겼다. 그러다 보니 정맥주사용 고용량 비타민C 요법으로 암을 치료하는 병원도 전국에 몇 군데 생겨났다. 종편 방송에서 이를 방영하기도 하였다. 경구용과 정맥주사용이 있는데 기전이 전혀 다르다.

비타민C는 두 얼굴을 가지고 있다. 비타민C는 산화된 세포를 환원시키는 환원작용이 있고, 반대로 세포를 산화시키는 산화작용이 있다.

환원형 비타민C는 주로 입으로 먹으며 용량이 많지 않다. 입으로 먹는 비타민C는 너무도 흔해서 우리는 이를 하찮게 여기는 경향이 있지만 경구용 비타민C는 소량으로도 면역력을 높이는데 탁월한 효과가 있다. 비타민C는 항산화제이면서 체내에서 여러 가지 효소 생성을 돕는 보조인자로도 작용한다. 더불어 자신의 전자를 쉽게 내어주는 환원력 덕분에 효소가 제대로 작동하게 하는 작용을 한다. 예를 들면 비타민C는 콜라겐 생성과정 중에 철 이온을 환원상태로 유지시켜 콜라겐 합성이 순조롭게 진행되도록 한다. 암세포들이 뿜어내는 하이알유로니다제와 같은 효소를 억제함으로써 암이 주위 조직을 허물고 전이하는 것을 막아주고 정상세포가 암세포로 변이하는 과정을 막는다.

반면 산화형 비타민C는 주로 정맥으로 수십 그램 투여한다. 디하이드로아스코빅산(dehydroascorbic acid)이나 디하이드로아스코베이트(dehydroas corbate)로 불리며 파괴력을 가지고 있다. 특히 고농도로 주사된 비타민C는 혈액 내에서 산화되기도 하고 암 조직 주위에서 다량으로 산화되며 암세포 속으로 들어가 암세포를 파괴한다. 비타민C의 농도가 높아질수록 산화 농도도 높아져 강력한 암세포 살상력을 발휘한다. 비타민C는 나아가 암 조직 주위에서 산화되는 과정에서 과산화수소를 발생시킨다. 정상세포는 과산화수소를 물과 산소로 분해할 수 있다. 카탈라아제가 많기 때문이다. 그러나 암세포는 정상세포에 비해 카탈라아제가 수십 수백배 적어 과산화수소를 다 처리할 수 없다. 이렇게 암세포로 들어온 과산화수소는 인체에서 가장 강력하다는 하이드록실 자유기를 만들어 암세포를 타격한다. 이렇게 산화형 비타민C는 암세포를 살상하는 표적항암제 역할을 하는 것이다.

입으로 먹는 환원형 비타민C는 세포에서 작용할 때 고유의 비타민C 전달체(Sodium dependent Vitamin C Transporter, SVCT)를 매개로 작용한다. 반면 정맥주사용 산화형 비타민C는 포도당 전달체(Glucose Transporter, GULT)를 매개로 작용한다. 주지하다시피 암세포는 성장을 위하여 다량의 포도당을 소비한다. 이때 다량의 포도당 전달체가 이를 가능하게 하는데 이 포도당 전달체는 혈액 내에 있는 비타민C를 포도당으로 오인하도록 하여 암세포 속으로 다량 유입하게 하는 역할을 한다. 이렇게 산화된 비타민C가 암세포로 들어감으로써 암세포가 파괴되는 것이다. 이런 능력은 정상세포에는 작용하지 않고 암세포만 타격하는 표적항암제 모습을 띠고 있다.

혈액으로 투여하는 고용량 산화형 비타민C는 다른 항산화제와 함께 사용하지 말아야 한다. 왜냐하면 환원형의 항암제(보통 경구형 비타민C)는 산화된 비타민C를 환원시켜 항암효과를 반감시킬 수 있다. 따라서 항산화제 투여는 고용량 비타민C의 반감기를 고려하여 어긋나게 투여하더라도 동시 사용은 금물이다. 이 밖에도 고용량 비타민C 투여시 주의사항이 있다.

(『비타민C 항암의 비밀』 - 하병근, 페가수스 출판)

하병근 박사는 비타민C의 항암작용을 증폭시킬 수 있는 자연항암제가 많이 있다고 주장했으나 이를 상세히는 밝히지 않았다. 그런데 최근에 비타민C 요법과 추가적인 항암 치료 사례가 발표되었다.

미국 아이오와 암센터의 게리뷔트너 박사가 고용량 비타민C가 암세포만 선택적으로 죽일 수 있다고 『레독스 바이올로지』에 보고했다. 고용량 비타민C를 화학항암제와 동시 사용하여 방사선치료 효과를 높였다면서 항암제와의 병행 효과를 입증해 보였다.

항생제와 비타민C가 암 줄기세포에 잘 듣는다는 임상 치료 실적이 있다. 독시사이클린은 항생제인데 비타민C와 동시 사용으로 항암효과가 있는 것이 발표됐다. 간암과 췌장암 환자에 표준항암제에 더해 비타민C를 동시 사용하였을 때 항암효과가 개선되었다는 발표도 있다.

또한 항암 칵테일이라는 개념이 있다. 여러 가지 약의 조합으로 항암효과를 높이는 치료법이다. 아스피린, 신경통약, 콜레스테롤약, 위장약, 항생제 등과 비타민C를 동시 투여했을 때 항암효과가 높아졌다는 보고도 있다.

5.2 아미그달린, 살구씨

아미그달린은 멕시코에서만 생산되고 암 환자 치료에 사용된다. 미국 식약청에 승인되진 않았으나 일부 대체의학을 하는 암 치유 센터에서 사용하고 있으며 미 정부 당국은 이를 크게 문제 삼지는 않는다고 한다.

10cc 단위로 되어있는 아미그달린은 나로서도 추천하기가 조심스러운 약이다. 아미그달린, 비타민B17, 레이어트릴(레트릴) 등 여

러 이름으로 불리는 이 항암제는 역사가 오래됐다. 약의 사용이 불법은 아니지만 더이상 다른 치료방법이 없을 때 예외적으로 사용할 수 있다. 우리나라에서도 식약처의 승인이 나 있지 않으므로 의료기관에서 공개적으로 사용하는 것은 금기시되어있다. 그럼에도 이를 소개하는 것은 완치사례가 있기 때문이다.

살구씨에 가장 많은 아미그달린은 행인(杏仁)이라는 이름으로 한방에서도 사용된다. 살구가 많이 재배되는 파키스탄 훈자 지방의 이야기는 많이 알려져 있다. 이 지방에는 암 환자가 거의 없다고 한다.

레이어트릴로 대표되는 아미그달린은 정맥으로 주입된다. 행인이라는 살구씨는 먹으면 독성을 느낄 수 있는데 더 자세한 이해를 위해서는 『살아있다는 게 중요하다』라는 책을 참고했으면 한다. 예후가 매우 나쁜 폐암이 뼈에까지 전이된 환자가 이 치료로 완치된 사례가 있다. 이 약을 다뤄봤던 한 양방의사는 만병통치약은 아니고 치료율 30% 정도 미만으로 평가했다. 기존의 항암제들도 항암제 단독으로 사용했을 때 10~20% 정도에 불과하니 결코 낮은 수치는 아니다. 이 항암제는 기존의 표준항암 약제들보다 부작용이 적은 것으로 알려져 있다. 그만큼 독성이 적다는 말이다. 역으로 약효는 기존 항암제보다 낮을 수 있다. 그러나 메트로노믹 케모세라피 개념에서처럼 약효가 낮아도 이를 장기간 사용할 수 있다면 기존 항암제보다 더 낫다고 볼 수 있지 않을까?

이 책의 저자는 이 약이 널리 퍼지지 못한 것은 제약사들의 방해공작 때문이라 했다. 미국 FDA에서도 이것이 허가되지 않았는데,

이유는 살구씨에서 추출되는 청산가리가 유독물로 분류되기 때문이다. 그리고 제약사들이 주목하지 않는 것은 자연에 흔한 물질이라 특허를 받을 수 없어서가 아닐까 하는 의심이 든다. 한 마디로 돈이 안 되는 약이기 때문에 연구나 상품화가 미미한 것이다. 그러나 기존 항암제들의 완치율이 대단히 저조한 측면에서 보면 기존의 어떤 항암제보다도 그 효과가 못하다고는 할 수 없다.

또 하나 강조하지 않을 수 없는 것은 『살아있는 것이 중요하다』의 저자 필립 빈젤은 이 책에서 아미그달린 사용만을 강조하지 않는다는 점이다. 종합적인 영양프로그램이 중요함을 강조한다.

필립 빈젤은 미국의 언스트크랩 박사, 딘버크 박사, 독일의 한스 니퍼 박사, 멕시코의 어니스토 콘트레라스 박사, 필리핀의 마누엘 나바로 박사, 일본의 사카이 박사 등이 쓴 논문을 인용했다. "연구자들은 종양세포가 단백질 외벽으로 덮여있다는 사실을 알게 되었다. 이들은 종양세포를 덮고 있는 단백질 외벽을 없앨 수 있으면 인체의 방어체계인 백혈구가 암세포를 제거할 수 있을 것으로 생각했다. 또 연구자들은 인체에 있는 두 개의 효소 - 트립신과 키모트립신 - 가 이 단백질 외벽을 파괴한다는 사실도 알아냈다. 이 두 개의 효소는 췌장에서 분비된다. 트립신과 키모트립신이 암에 대한 제1 방어선이라면 제2 방어선은 니트릴로사이드라는 물질이다. 니트릴로사이드가 암세포 효소인 베타글루코시아제와 만나면 두 개의 포도당 분자와 하나의 벤즈알데하이드 분자, 그리고 하나의 시안화수소 분자로 분해된다. 이들이 암세포를 공격한다."

이렇게 그는 암세포 공격 요소로 트립신과 키모트립신 그리고 니트릴로사이드를 지목하고 있다. 그런데 트립신과 키모트립신은 동물성 단백질을 분해하는 데도 사용된다. 따라서 동물성 단백질을 많이 섭취하게 되면 거의 모든 트립신과 키모트립신이 소화 목적으로 사용되어 암세포를 공격할 수 없게 된다. 이런 이유로 대부분의 암 치유센터에서는 동물성 단백질을 극도로 제한하고 식물성 단백질을 강조한다.

그러나 동물성 단백질은 단백질을 공급하기 위한 유효한 수단일 뿐만 아니라 많은 무기물과 비타민도 함유하고 있어 무조건 제한하는 것은 의문이 든다. 사족보행 육류를 제외한 어류, 조류 등의 육류를 적절히 공급하면서 췌장 효소를 추가하는 게 더 현명하지 않을까 생각된다.

이렇게 트립신과 키모트립신 외에 니트릴로사이드를 이용한 암의 치료가 레이어트릴(비타민B17)을 이용하는 것이다. 연구자들은 이에 대해 '레이어트릴을 특효약이나 암 치료제라고 부르는 것이 아니라 그저 니트릴로사이드 수치를 빠르게 증가시키고 암에 대항하는 제2 방어선을 구축하는 농축액'이라고 규정한다.

덧붙여 암 환자들에게 결핍된 영양소를 지적한다. "예를 들면 아연은 니트릴로사이드의 운반을 돕는 물질이다. 비타민C가 부족해도 인체의 여러 질환이 잘 치료되지 않는다. 망간, 마그네슘, 셀레늄, 비타민B, 비타민A 등이 모두 인체의 방어체계에 큰 영향을 미친다는 사실을 밝혀냈다. 강조하건대 이 모든 결핍을 가장 먼저 해결해야만 암 환자를 도울 수 있다는 점이다. 결국 영양소를 전체적으로 고르게 섭취하려면 음식, 비타민, 무기질, 효소와 레이어트릴로 이뤄진 영양프로그램을 실행해야 한다."

　입으로 먹는 Apricot라는 살구씨 추출물과 정맥으로 맞는 아미그달린은 그 기전이 상이하다. 입으로 먹는 것은 독성에 주의할 필요가 있다. 많이 먹으면 부작용이 발현될 수 있다. 그러나 정맥주사는 부작용이 그리 크지 않아 10CC 아미그달린을 하루 6~7병 그 이상까지도 투여하는 경우도 있다.

　아미그달린의 원료가 되는 살구씨인 행인은 중국과 한국의 전통의학에서 오랜 동안 사용되어왔다. 살구씨는 한방에서 씨를 말려 그 자체로 먹는다. 대체의학을 하는 곳에서도 이 약재를 사용한다. 이는 합성된 것이 아니고 과일의 씨앗에 존재하는 것이라서 치명적이진 않다. 단 섭취량이 일정이상 넘으면 몸에 해로운 것으로 되어있다. 보통 10개 이상을 넘지 않도록 제한하며 아이들과 임산부에게는 권장하지 않는다.

　Apricot라는 이름으로 된 살구씨 추출물은 1,000mg 단위의 캡슐을 하루 한두 개 이내로 제한하여 먹도록 권장되고 있다. 이 보조제는 그야말로 암 치료의 보조제로 사용하는 것이 맞다. 암 예방을 위해서나 수술 후 별 조치를 취하지 못할 때 사용해볼 만하다.

　『살아있다는 게 중요하다.』 (필립 빈젤 지음 김정우 옮김 매일경제신문사)

5.3 체온 올리기

　암 치료에 있어 체온을 올린다는 것은 매우 의미있다. 체온이 낮으면 혈액순환에 불리하고 영양 및 산소공급이 감소하여 정상적인 대사작용이 방해받는다는 것은 상식이다.

　인체는 스스로 방어하는 면역체계를 갖추고 있는데 그중 하나가

열(Fever)이다. 수천 년간 자연치료법 중 하나로 사용되어왔다. 어떤 암 환자는 고열이 난 뒤에 치유된 경우도 있다 한다. 이것은 인체의 열이 항원을 사멸 또는 약화시키는 반면, 면역체는 항체와 인터페론 생성을 증가시켜 질병을 퇴치하도록 돕는다. 인체에서 열이 나면 일시적으로 백혈구가 감소했다가 수 시간 안에 더욱 증가할 뿐 아니라 암세포 파괴 능력도 증가한다.

암세포는 일정 단계 이상이 되면 신생혈관을 만들어내면서 증식하는데 이때의 신생혈관은 정상적인 혈관보다 내경이 작다. 혈관이 좁아서 암 증식을 위한 포도당은 통과하나 각종 면역물질이 포함된 혈구는 통과하기 어려운 구조가 신생혈관이기 때문에 체온을 올리면 혈관을 확장시켜 면역세포들이 작용하기 유리한 상태가 된다. 암 환자들에게서는 체온을 올리는 것이 무엇보다 중요하므로 대체의학을 하는 대부분 치유센터에서는 체온을 올리는 다양한 방법을 동원한다.

체온을 올리는 데는 여러 방법이 있다. 그중에서도 가장 자연스러운 것이 운동이다. 아무런 외부의 조력 없이 체온을 올리는 데 이만큼 좋은 방법은 없다. 그러나 운동으로 체온을 올리는 것은 제한적이다. 운동이 과하면 오히려 활성산소와 젖산 물질들을 배출시켜 독이 되기 때문이다. 그리고 암 환자는 치료과정에서 체력이 떨어질 수 있고 거동이 쉽지 않은 허약한 상태에 빠질 수 있다. 이럴 때 아래와 같은 방법이 도움이 될 수 있다.

체온을 올리는 데 있어 무엇보다 중요한 건 인체 표면의 온도보다 신체 내부의 온도를 올리는 것이다. 특히 암 부위의 온도를 올리는 것은 큰 도움이 된다. 한의원에 가면 침을 맞을 때 통상적으로 붉은색의 전등을 환부에 켜준다. 이 붉은색의 램프가 적외선 램프이다. 가시광선보다 주파수가 낮고 파장은 더 길다. 이런 적외선은 신체 깊숙이 열을 침투시킨다. 원적외선은 적외선보다 더 낮은 파장대로 적외선보다 더 깊숙이 열을 침투시킨다. 신체 온도를 올리는 데는 전신의 온도를 올리는 방법과 암이 있는 부위만 올리는 국부적 체온상승법이 있다. 암을 치료하는 중소병원에서는 고주파로 인체 온도를 올려 치료도 한다.

가. 고주파 온열치료

고주파 온열치료는 고주파를 이용하여 암 조직을 가열하여 치료하는 방법이다. 암 조직은 42℃ 이상의 고열이 되면 단백질 변성을 일으켜서 죽게 되는데 이렇게 치료하는 직접적인 효과와 이보다 낮은 온도에서 종양 주변의 미세 환경의 pH, 산소농도, 대사율, 혈류변화를 초래하여 치료하는 간접적인 효과를 이용한다.

암세포 치료에 43℃ 이상의 열은 합병증의 위험성이 높고 종양 안과 종양 주변의 혈관이 파괴되어 방사선치료 등 병행치료에 부정적인 영향을 미친다. 따라서 고주파를 이용해 42도의 열로 종양 부위에만 가열하도록 고안된 것이 고주파 온열치료기이다.

이 개념은 이렇다. 많은 연구에서 암 조직은 정상조직과 전기 저항(전문용어로 임피던스)이 다르다는 것을 발견했다. 이 점을 이용하여 온도가 올라가도록 한 것이다. 즉 어떤 유전체에 고주파수의 에너지를 가해 열이 발생 되는 것을 유전가열이라 하는데, 그 임피던스에서만 에너지가 흡수되도록 해서 선택적으로 열이 나도록 한다.

그 주파수는 13.56MHz이다.

우리가 부엌에서 사용하는 전자레인지는 2.45GHz로 매우 높은 주파수이다. 음식물에 이 주파수로 많은 양의 에너지를 가하면 액체가 포함된 물체의 온도가 끓는 지점까지 올라간다. 암 치료에 사용되는 고주파는 이 주파수보다 현저히 낮고 가하는 에너지도 낮다. 이를 적절히 제어하여 반응하는 유전체를 42도 이내로 온도를 올려서 고온에 노출된 암세포가 선택적으로 자살(Apoptosis) 또는 괴사(Necrosis)하도록 하는 것이 고주파 온열치료이다.

암 중심부와 그 주변에 1시간 내외로 고온을 유지하는 것을 단독으로도 하지만 방사선치료와 항암 치료시 온열치료를 병행하면 도움이 된다. 이는 다음과 같은 이유에서다.

방사선치료와 병행시 효과는 두 가지이다. 첫째, 방사선치료는 DNA를 손상시키는데 열은 이것이 회복되는 것을 방해한다. 둘째, 암세포에 온도를 높이면 혈류 흐름을 빠르게 하고 혈액 내 산소량을 증가시켜 방사선에 대한 종양세포의 민감도를 높인다.

그리고 온열치료를 항암 약물치료와 병행할 경우 세포주위의 온도가 상승하여 암세포 내로 약물침투가 원활하게 되고 약물이 암세포에서 장시간 체류하여 항암 약물효과가 증가한다.

이 치료는 병원에서 통상적으로 하는 치료에 속한다. 보험도 적용된다. 항암 치료나 방사선치료를 하고 있다면 이를 동시에 실시하는 것을 적극 권장하고 싶다. 고주파 온열 암 치료는 혈액암을 제외한 고형암을 대상으로 하는데 이것을 하는 병원은 여럿 있으므로 찾아서 하면 도움이 될 것이다. 고주파 온열치료는 부작용이 적고 합병증이 거의 없다. 그러나 쇠붙이와 같은 철 성분이 인체 내에 있으면 사용이 불가하다. 왜냐하면 고주파는 철 성분이 안테나처럼 에너지를 흡수하기 때문이다. 아내는 이 치료를 하고자 하였으나 수술 부위를 쇠붙이로 연결해서 할수 없었다.

나. 효소욕

효소욕이란 미생물을 유기물과 배합하여 발효시킬 때 나오는 열을 이용하는 찜질이다. 효소욕은 전신의 온도를 올리는데 유효하다. 유기물은 적당한 온도와 습도를 유지하면 썩게 되는데 이는 산소와 반응하는 호기성균에 의한 발효와 산소 없이 반응하는 혐기성균의 부패로 나뉜다. 이런 과정 즉 유기물이 발효나 부패를 할 때 열이 발생되는데 이 중 발효시 나오는 열을 이용하는 것이 효소욕이다. 유기물은 외부에서 균을 주입하지 않더라도 적당한 습도와 온도, 산소가 공급되면 발효한다. 이것은 공기 중에 이미 많은 수의 균들이 상존하고 있기 때문이다. 이런 예는 무지하게 많다. 상온에 존재하는 대부분의 균주는 45도 이상 올라가면 살기 어렵다. 하지만 일반적으로 효소욕에 사용되는 온도는 60~80도 또는 그 이상이 되기도 한다. 이렇게 찜질에 사용될 정도로 높은 열이 나게 하는 데는 초고온의 균주가 필요하다.

효소욕은 이렇게 발효과정에서 발생 된 열을 찜질 형태로 이용하는 것이다. 『효소욕이 내 몸을 살린다』의 저자 오카자키 타모즈는 암 치료의 예를 제시하고 있다. 어디까지 믿어야 할지 모르겠으나(왜냐하면 다른 치료 없이 효소욕만으로 완치됐다는 뒷받침은 없다) 이론적으로 보면 암 치료에 보조적으로 도움이 된 것은 틀림없을 것이다.

이 효소욕은 욕조통에서 10분 동안 하는 것을 권장한다. 길어야 15분으로 그 이상 하기는 힘들다. 효소욕을 하기 전에 따뜻한 차를 충분히 마셔두어야 하는데 땀을 많이 흘리기 때문이다. 중요한 것은 효소욕을 하고 나서이다. 이때 신체는 가열된 체온으로 매우 더운 상태가 되는데 찬물 샤워를 하면 효과는 상쇄된다. 찜질 후에는 오히려 보온해서 더운 체온을 유지해야 한다. 그러면 땀이 줄줄 흐른다. 이를 후땀이라 하는데 효소욕은 후땀이 포인트이다. 땀을 흘리면서 더운 차를 계속 마셔주는 것이 필요하다. 이렇게 땀을 충분히 흘리고 나면 노폐물이 많이 빠져나가 몸이 매우 가벼운 상태가 된다.

효소욕 통

필자는 한때 이 같은 효소욕에 빠져서 이를 여러 차례 체험하기도 하였다. 할 때마다 느낀 것인데 효소욕을 하고 나면 몸이 리셋된다고 할까 매우 독특한 느낌을 갖게 된다. 건강이 몰려오는 듯한 느낌이다. 효소욕을 한 후에는 샤워하지 않아야 하는데 그래서인지 피부도 매끈해진다.

나는 더 나아가 발효에 관한 공부를 좀 더 했고 마침내 효소욕조를 만들기까지 하였다. 발효시키는 배지용 재료는 몇 가지가 있는데 가장 많이 쓰이는 게 쌀겨이다. 어떤 곳은 잘게 썬 편백나무 톱밥을 사용하기도 한다. 기능성을 높이기 위하여 말린 쑥을 넣기도 한다. 발효를 위해 미생물 균주를 몇 가지 사용했는데 처음에는 발효온도가 60도 정도에 불과해 균주를 바꾸자 80도까지 올라갔다. 일정 간격으로 수분을 공급해 주고 미생물에게 산소를 공급하기 위해 배지를 골고루 섞어주는 교반작업을 게을리하지 말아야 성공할 수 있다. 온도를 그 이상으로 올리는 것도 그리 어려운 일은 아니다.

일반 시중에는 효소욕을 하는 업소가 있는데 어떤 곳을 가면 냄새가 유쾌하지 못한 곳이 있다. 이는 발효시 교반을 적절히 하지 않아 산소공급이 충분치 않게 되어 혐기성 발효를 한 데서 비롯된 것이다. 그러나 아무리 호기성 발효를 한다 하더라도 유기물 자체에서 나오는 고유의 냄새가 있으므로 너무 예민해 할 필요는 없다. 외국인들이 청국장 냄새를 좋아하지 않는 것처럼 익숙지 않음에서 오는 것도 있다.

이 효소욕은 표피 온도만을 올리는 것이 아니라 심부의 온도를 올리는 것이기에 암 치료에 유효하다. 따라서 한두 번으로 그칠 게 아니라 꾸준하게 할 필요가 있다.

하지만 효소욕은 체력소모가 많은 신체 활동이다. 하루에 겨우 10~15분만 해도 체력이 많이 소모되는 것을 느낄 수 있다. 정상인이라도 매일 하는 것이 어렵다. 그런데 체력이 저하된 암 환자라면 격일로 하는 것도 쉽지 않다. 이런 체력 소모를 고려하여 열량을 높은 식사를 하거나 식사량을 늘릴 필요가 있다.

이같은 효소욕을 어떤 대체의학 치유센터는 직접 운영하기도 한다. 장기 체류하면서 이런 곳의 효소욕에 도움 받는 것도 좋을 것이다.

다. 뜸

뜸의 효과는 두 가지이다. 몸의 체온을 올려서 기혈 순환을 촉진시키는 작용과 유효물질이 체내에 들어오도록 하여 효과를 보는 경우이다. 주된 효과는 기혈 순환과 체온상승 효과이다. 한방에서는 이 치료로 암 치료에 도움을 주었다는 사례가 적지 않다. 체력 상태를 봐서 치료방법의 우선순위를 정할 때 기호도에 따라 선택할 수 있는 방법이다. 무엇보다 치료 비용이 매우 저렴하다는 장점이 있다. 그럼에도 피부가 짓무르는 화상까지 감내하면서 해야 하는 뜸 치료에 약간의 주저함이 있는 것도 사실이다.

5.4 산소공급 증대

오토 바르부르크는 '암은 산소 부족이 원인이다' 라고 하였다. 앞서 그의 논문을 인용하여 세포 차원에서 여하히 산소공급을 늘릴까에 대해서 살펴보았다. 음이온과 피톤치드, 플라보노이드 등이 포함된 질 좋은 산소를 공급하는 것은 물론, 효율적으로 산소 전달을 하려면 적혈구가 건강해야 하기에 양질의 단백질 공급이 중요함도 설명하였다. 또한 효율적인 대사를 위해 각종 비타민, 미네랄이 중요함도 알아보았다. 이제는 본격적으로 산소공급의 증대를 위한 방법들을 알아본다.

치료용으로 사용되는 산소에 대해서 간단히 살펴보자. 과거에는 겨울철에 연탄을 사용한 난방으로 연탄가스 중독이 심심치 않게 발생했다. 매년 수십 명의 사망자가 나오곤 했다. 이런 연탄가스에 중독되면 이를 빨리 회복시키는데 고압산소챔버가 사용된다. 이런 고압산소챔버가 암 치료에도 사용된다. 산소는 혈액 내에 들어가면 헤모글로빈과 결합하는 결합형 산소나 혈액에 녹는 용해형 산소가 된다. 고압 하에서는 용해형 산소를 증가시킬 수 있어 세포에 산소의 공급을 늘릴 수 있다. 암 치료시 산소의 증가는 치료에 도움이 된다.

2011년 Overgard 등이 연구한 메타 분석에 의하면 고압산소치료와 방사선치료를 동시에 하여 치료 결과가 더 좋았겠다고 했다. 방사선치료시 고압산소를 고려해보자.

그러나 폐 안에 기포가 있는 폐질환 환자나 기흉이 있는 환자에는 고압산소치료가 금기시된다. 3기압이 넘는 과도한 압력도 부작용의 우려가 있다.

5.5 어싱(Earthing)

이것을 최초로 시행한 사람은 미국의 케이블TV 회사에 다녔던 오베르이다. 오베르는 전기 전문가로 인체를 대지에 접속시키는 접지를 실행한 후 여러 가지 중증 만성질환이 많이 완화되거나 낫는 경우를 경험하였다. 이후 머콜라 박사 등 일부 의사들에 의해 환자들에게 접목하여 치료하는 사례가 많이 늘어났다.

이것에 대한 이론은 이렇다. 전기에서는 누전이나 노이즈를 없앨 목적으로 접지를 한다. 일반적으로 대지는 마이너스로 대전되어 있다. 접지하면 장비에서 발생하는 해로운 파를 대지로 흘려보내기 위해, 그리고 장비가 누전되면 인체를 보호할 목적으로 접지를 한다.

이같이 인체도 대지에 접속시키는 접지를 하면 치료 효과가 있다는 것이다. 인체의 어떤 부위에 염증이 있으면 그 부분은 전기적으로 플러스 전기를 띤다고 한다. 따라서 인체를 어싱(Earthing, 접지)해 주면 염증 부위의 플러스 전기가 대지의 마이너스 전기와 만나 중화된다는 개념이다.

레몬은 비타민C가 많은 과일이기도 하지만 모든 과일 중에서 마이너스 전위가 가장 높은 과일로 밝혀졌다. 어떤 대체의학을 하는 전문가는 하루에 레몬 5개씩을 매일 섭취할 경우 염증질환이 완화되거나 낫는다고 적극 권장하고 있다. 암은 염증 중에서 가장 상위에 있는 증상이 아닌가!

옛날에는 어싱이 저절로 되었다. 그 시절에는 맨발이던지 짚신이나 가죽신을 신었었다. 이것들은 그대로 대지에 그대로 접속된다. 그러나 지금은 대부분 대지와 절연된 상태로 살고 있다. 신발이 그렇고 방바닥이 대부분 장판이나 마루로 되어있어 그렇다. 평소에 어싱을 하고 싶다면 맨발로 살면 된다. 그러나 이는 쉽지 않은 일이다.

어싱을 실생활에 접목시키려면 약간의 전문성을 띠어야 해서 번

거롭지만 그 방법은 이렇다. 어떤 대체의학 사이트에서는 어싱용 침대보를 판매하기도 한다. 이 천은 도전성 금속물질을 실처럼 아주 가느다랗게 가공해서 다른 실과 함께 직조한 천인데 전기가 통하도록 하였다. 은이 섞인 것도 있어서 싸지는 않다. 이 천에는 전기용 단자가 있다. 이것을 접지해야 하는데 가정에서 하자면 접지봉을 박아서 하든지 아니면 수도관이나 가스관을 이용한다. 수도관은 최근 PVC 재질이 많아서 가스관이 더 유리하다.

이것이 효과가 있는지는 정량적으로 측정할 방법이 없다. 그러나 나는 이것을 아들을 통해 확인한 바 있다. 아들은 어려서는 아토피가 있었고 커서는 비염으로 발전했다. 겨울에 특히 심했는데 나는 두 해에 걸쳐 아들에게 어싱을 한 결과, 상당히 개선되는 것을 직접 경험하였다. 어싱이 효과를 보기 위해서는 여러 해 꾸준히 해야 한다. 염증을 대지에 접속시켜서 완화시킨다는 어싱, 흥미롭지 않은가?!

이 같은 어싱에 대해 책을 엮은 오베르는 병환이 깊은 환자일수록 효과는 크고 빠르다고 했다.

5.6 암에 유리한 보조제 섭취 요령

암 환자가 되면 암에 효과가 있다는 보조제에 관심을 많이 가진다. 그런데 그 종류가 너무도 많고 선전 문구도 현란하여 이를 뿌리치기가 어렵다. 서로 시장을 선점하려고 각축을 벌이는 것도 한 몫한다.

키이스 블록 박사는 암종과 관련된 보조제에 대해 '현재의 암 치료는 너무나 불완전해서 여기에 모든 것을 기댈 수 없다'며 적극적으로 권한다.

대학병원에서는 별반 주목하지 않지만 최근 통합의학에 대한 인식이 높아지면서 통합의학 의사들은 조금씩 보조제를 수용하고 폭을 넓혀가고 있다. 종합병원들도 조금씩 지지 의사를 밝히고 있으나 이에 대해서는 암 전문병원/클리닉이나 대체의학병원들을 찾아서 조언을 구하는 편이 낫다.

이런 지지 의사를 표명하는 의사들은 인체에 도움이 되는 보조제나 식품은 너무 과하지 않으면 대체로 수긍한다. 간 등 소화기계 기저질환이 있지만 않으면 도외시할 일만은 아니다.

환자 입장에서는 수술이나 방사선, 항암을 하거나 끝내고 나서 이런 보조요법을 하지 않으면 뭔가 부족하고 재발될 것 같아서 불안해한다. 그런데 정작 이런 걸 하면서도 실제 내 몸에 유리하게 작용하고 있는지를 파악하지 못하는 점이 문제이다. 더구나 이런 보조제들은 결코 싸지 않다. 돈이 들더라도 효과가 있다면 위안이 되겠지만 효과가 있는지 없는지 확인도 안 되는 것을 계속하기에는 뭔가 찝찝한 구석이 있다. 돈도 돈이지만 뭔가 잘못 선택하여 낫지 못하고 도리어 악화된다면 너무 허망하지 않겠는가. 따라서 보조제 선택은 돈도 많이 드는 만큼 잘 해야 한다.

시중에 떠도는 항암 보조제의 종류만 해도 수없이 많다. 몇 가지만 추려보면 차가버섯, 살구씨(Apricot), 그라비올라, 후코이단, 유기 게르마늄, 노니, AHCC, 모링가, 비타민나무, 블랙커민, 아베마르, 키토산 등등이 상품으로 나와 있고, 민간 약초도 부지기수이다. 천연 항암 효과가 있다는 것에는 백년초, 와송, 옻나무, 황칠, 겨우살이, 각종 버섯류, 유근피, 부처손, 어성초, 삼백초, 백화사설초, 일엽초, 홍삼, 흑마늘, 꽃송이버섯, 강황 등을 비롯한 각종 효모, 효소, 산양삼, 셀레늄, 야채수프, 현미김치, 각종 야채주스 … 헤아릴 수 없을 정도다.

차가버섯, Apricot 살구씨, 그라비올라, 후코이단, 유기게르마늄, 노니, AHCC, 아베마르, 키토산 등은 그래도 상품화되어 있으며 하루 복용량이 정해져 있다. 건강기능식품들은 그나마 기능성을 인정받은 상품들이지만 민간에 전해져 내려오는 각종 약초는 복용량이나 복용법도 일정치가 않다. 차 마시듯 엷게 우려 먹는 것이야 크게 걱정할 일은 아니지만 약으로 먹으려면 상황이 180도 달라진다. 나는 이런 약초들의 약성에 의문을 가져서가 아니라 양을 정할 수 없어서 이것을 실행에 옮기지 못했다.

이 외에도 검증된 각종 한약이나 보조제들은 용도껏 잘 활용하면 그리 나쁠 것이 없다고 생각한다. 통합의학 의사들도 이런 경향을 지지하고 있다. 전통 한의사들의 처방도 도움이 될 것이다.

이제 이런 보조제가 자기 몸에 도움이 되는지 아는 방법을 살펴보자. 여기에는 면역세포능력검사라는 것이 있다. 이는 혈액을 채취하여 실시하는데 어떤 사람 면역능력이 어떤 정도인가를 파악하여 숫자로 나타낸 것이다. 이것은 어떤 보조제나 식품을 암조직과 같이 배양시켜 혈액속의 면역세포가 암세포를 증강시키는지 그렇지 않은지 검사한다. 이 검사를 하면 어떤 소재는 면역능력을 향상시키고 어떤 소재는 반대로 감소시킨다. 이에 따라 어떤 소재가 자신에 맞는 보조제인지 파악할 수 있다.

아내도 이 검사를 통해 식재료와 보조제를 추천받았다. 비용은 좀 들어가지만 무작정 먹는 것보다 훨씬 과학적이고 합리적이다.

보조제를 찾는 일을 일회성으로 해서는 효과를 볼 수 없다. 제 몸에 적합한 보조제를 찾는데 경제력과 가성비를 고려하고 구매난이도도 살펴야 한다. 혹시라도 너무 과하여 몸에 무리가 갈 경우를 대비하여 때때로 혈액검사를 받는 것도 잊지 말아야 한다.

5.7 기타 탐색되는 암 치료법

여기서는 현재로선 확립되지 않았으나 암 치유 가능성이 있고 계속 연구가 진행되고 있는 것을 상식 차원에서 제공해 본다.

가. 암의 포도당 대사를 중단시켜 치료하는 방법

인천대 생명과학기술대학 분자의생명학과 이미수 조교수가 『암세포의 독특한 대사과정 이해에 따른 항암제 연구(2016년 10/01)』에서 최근 경향을 정리하고 있다.

그는 이 연구에서 암이 포도당을 이용하는 과정은 글루코스 전달자(Glucose Transforter, 약칭GLUTs), Hexokinase2, Lactate 등이 관여한다고 했다.

포도당은 GLUTs에 의해서 세포로 이송되는데 GLUT1은 포도당 유입을 담당한다. 그리고 암세포에서는 특이적으로 GLUT1이 과잉 발현된다. 암 억제 방법으로 GLUT1을 통한 포도당 유입을 감소시켜서 암세포의 성장을 줄이는 방법이 연구되고 있다.

Hexokinase2는 암세포에서 발현되는 양이 매우 높다. 이를 억제하여 암세포를 사멸하는 과정으로 이끄는 방법도 연구되고 있다.

Lactate는 당이 분해되어 에너지로 변환될 때 작용한다. Lactate는 Monocaboxylate transporters(MCTs)에 의해 세포 간 이동을 하는데 이 중 MCT1-4가 대부분의 암세포에서 과잉 발현된다. 이를 억제하여 암 성장을 저해하는 방법이 임상 단계에 있다고 한다.

암이 과량의 포도당 대사를 통해서 성장하는데 단순히 탄수화물을 억제해서 암의 성장을 막겠다는 것은 순진한 생각이다. 위에서와같이 암이 포도당 대사에 있어 갖는 기전을 차단해야 암의 성장을 막을 수 있다. 이것이 실제 암 치료에 사용할 수 있는 것은 더 기다려 보아야 할 것 같다.

나. 케톤체

정상세포는 포도당을 에너지원으로 사용하는데 포도당이 부족하면 다음으로 단백질을 환원시켜 사용하고 그다음 지방을 에너지원으로 삼는다. 그런데 지방을 대사하는 과정에서 케톤체가 발생하는데 이것이 항암에 작용한다.

포도당이 고갈된 상태에서 지방산이 연소할 때 간에서는 케톤체(아세트 초산과 β-히드록시부티르산)라는 물질이 생긴다. 케톤체는 포도당을 대체할 수 있는 물질로 간에서 만들어진다. 특히 뇌에 포도당이 고갈될 때 유일한 에너지원이다.

간세포와 적혈구 이외의 정상세포는 케톤체를 에너지원으로 사용할 수 있다. 그러나 암세포는 케톤체를 에너지로 변환하는 효소계의 활성이 저하되어 있어 에너지원으로 사용할 수 없다. 따라서 체내에서 포도당의 양을 줄이고 지방산의 분해로 ATP를 얻을 수 있도록 하면 암세포는 에너지가 고갈되어 사멸한다는 논리이다. 그리고 실험에 의하면 케톤체 자체가 항암작용이 있는 것으로 밝혀졌다. 최근에는 우유로부터 케톤체가 함유된 음료가 개발되어 사용되고 있다.

진행성 암에서 탄수화물이 많은 식사보다 케톤체 유발 지방이나 양질의 단백질을 제공하는 식사가 암 진행 억제에 효과가 있는 것으로 보고되기도 하였다.

한편 암 환자들 사이에서 저탄/고지(저탄수화물, 고지방)법이 유행되기도 했다. 그러나 이것은 한편 저탄수화물인 상태, 즉 저포도당 상태를 유발하여 암의 성장을 방해하고 지방에 의한 케톤체를 유도하여 암에 대처한다는 관점이다. 그러나 이것은 별로 권할 방법은 아니다. 저탄수화물로 인한 인체의 항상성 능력을 떨어트릴 가능성이 있고 몸을 축나게 해서 면역력을 저하시킬 우려가 있다. 임상적으로 충분히 확인되고 경험 있는 실력자에 의한 지도 아래 시행되는 것이 아니면 낭패 볼 수 있다.

이러한 방법들 외에도 한의학에서 시도해보고 약간의 성과가 있는 것처럼 주장되는 것은, 비소 같은 독극물을 법제(法製)해서 암 치료하는 방법한다는데 암암리에 적용하는 것 같다. 그 외에도 한의원에서는 산삼 등 추출물을 이용해 면역력 강화 등을 유도하여 치료에 사용하기도 한다. 아내는 이 산삼 추출물을 국부 주사로 맞았는데 일부 유의미한 작용을 보였던 것 같다.

5.8 마지막으로

이 책에서 나는 암에 대해 통합적으로 치료해야 한다고 주장하고 있으나 현실에서 이를 어떻게 적용할지에 대해서는 여전히 많은 과제가 남는다. 통합치료를 하려고 해도 제대로 훈련된 의사가 많지 않고 3차 대학(상급)병원과 2차 암 전문병원을 어떻게 활용해야 하는지도 잘 모를 수 있다.

생각컨대 암종에 따라서 다르기는 하나 수술과 방사선은 상급 대학병원에서 하는 게 좋다고 여긴다. 그나마 훈련된 의사와 시설이 잘 갖춰져 있어서이다. 그러나 상급병원에 입원해 있으면 정신적으로 그렇게 안정되기 쉽지 않다. 너무 바삐 돌아가고 정신이 없다. 그래서 상급병원은 오래 있을 곳이 못 된다. 그리고 수술의 경우 대학병원에서는 환자가 안정기에 들어오면 대부분 퇴원시킨다. 방사선치료 또한 상급병원일 경우 입원을 받아주지 않는 경향이 있다. 환자가 넘쳐나기 때문이고 통원치료가 가능하다고 여기기 때문이다.

그래서인지 항암과 수술 또는 방사선을 병용해서 치료할 때는 수술과 방사선은 대학병원에서, 항암은 2차 전문병원에서 하는 게 좋다는 생각이 든다. 병행 치료할 경우 환자는 예기치 않은 문제에 부닥칠 수 있는데 대학병원에서는 대우받기가 매우 불리할 수 있다. 경우에 따라 암 치료 중 환자가 열이 나거나 먹지를 못하거나 해서 매우 힘든 상태가 될 수 있다. 이때는 대학병원보다 전문병원이 여러모로 유리하다. 환자를 대하는 서비스가 한층 좋을 수 있다.

의사와의 면담시간이 길 수 있고 매일 매일 돌봄을 받는 데도 유리할 수 있다. 의료제도도 이런 경우를 대비해 1, 2, 3차 의료 시스템을 만들어놓은 것이다.

기왕이면 대체의학적 치료법이 가미된 2차 전문병원이라면 더 좋다. 항암 치료와 동시에 받을 수 있는 여러 가지 치료가 있기 때문이다. 보조제를 먹는 것도 대학병원에서는 도움을 받기 어렵고 오히려 통제받기 일쑤다.

이 밖에 수술과 방사선을 하면서 대체의학을 하는 곳이나 자연치유를 하는 곳에서 도움을 받는 것도 좋을 수 있다. 암 환자들에게 가장 불편한 사항은 먹는 것인데 이런 곳은 대부분 항암을 고려한 식사와 식품은 물론 정보를 취하기도 손쉽다.

드디어 암 치료가 성공적으로 끝나 의사가 몇 달에 한 번꼴로 보자는 단계에 이를 수 있다. 이 단계에 이르렀다고 해서 암이 다 소멸된 것으로 생각하면 오산이다. 이는 병원에서의 치료가 끝난 것으로 관찰을 하자는 시기가 됐다는 것이지 안심해도 좋은 상태가 됐다는 말은 결코 아니다. 사실 이때부터 환자가 스스로 하는 치료가 시작되었다 라고 말하고 싶다. CT상으로나 혈액검사를 통해 암 지표들이 사라졌다 해도 다시 재발하는 것은 다반사다. 왜냐하면 미세 암은 CT로 가려낼 수 없는 영역이기 때문이다. 세포독성 항암제는 세포분열이 빠른 조직을 대상으로 하기 때문에 잠시 성장을 멈추고 있는 세포는 항암제에 의해 제거되지 않을 가능성이 있다. 또한 성장을 멈추고 있을 때는 암세포가 활동적이지 않아서 반응 물질이 일시적으로 검출되지 않을 수 있다.

이렇게 환자가 스스로 관리해야 할 단계에 들어서면 대체의학이나 자연치유센터에서 몇 달 요양하면서 여러 후속 조치들을 배우는 것도 좋다. 예후가 좋아 나중에 집에서 요양하거나 사회로 복귀하면 그때 배운 것들을 실천하면 도움이 많이 된다.

그렇지 못하더라도 최소한 항암효과가 있다는 자연물을 선택해서 꾸준히 관리해야 한다. 이것은 앞서 암 치유 식사나 암 관리 항목에서 많이 다루었다. 특히나 자신의 암 줄기세포를 억제하는 자연물이 있다면 이를 확인하여 섭취하는 것도 해볼 만하다.

이런 검토가 어려우면 항산화 성분이 많은 식물의 녹즙이나 야채즙을 만들어 먹거나 수백 가지가 넘는 천연 식물을 2년 이상 발효시켜 이것을 이용하는 것도 시도해 볼 만하다.

6. 이상적인 자연치유 병원

- 스위스 알레스하임의 루카스 병원(Lukas Klinik Arlesheim)

이 병원을 소개하는 이유는 자연치유와 전인치유의 전형처럼 여겨져서다. 이 병원은 1963년에 설립되었나. 언론에 보도되기도 하였고 무엇보다 아내와의 관련성이 깊기 때문이다. 이 병원은 아내가 교사로서 일했던 발도르프 교육의 창시자인 루돌프 슈타이너의 이념에 입각한 병원이다. 인지학(Anthroposophy)에 기초하고 있다.

슈타이너는 이런 인지학을 의학 부문으로까지 넓혔다. 이것이 인지의학이다. 교육으로부터 출발한 슈타이너는 의학과 농업 분야까지도 족적을 남겼는데 인지의학에 공감하는 사람들이 후대에 병원을 설립하였는데 루카스 병원은 그런 병원 중 하나이다.

인간의 오감을 중시한 인지의학은 무엇보다 환자의 정신세계의 충만함을 강조한다. 발도르프 교육이 중시하는 세계관은 감각의 세계를 중시하고 예술을 특히 강조한다. 치료과정은 이것과 맥락이 닿아있다. 인지학이 인간의 오감과 영혼을 풍요롭게 하는 데 초점을 둔 것 같이 인지의학도 이와 같은 맥락 하에서 이루어진다. 신체적인 것뿐만 아니라 정서적인 것을 중심으로 폭넓은 전인적 치료를 한다. 이 병원은 여러 가지 이유로 화학요법이나 방사선 요법 등 공격적인 치료를 우선 하지 않는다. 이를 거부하는 환자에게 훌륭한 대안이 된다.

또한 이 병원의 특색은 예술치료, 약초치료, 동종요법, 미술치료,

동작치료(오이리트미) 등 자연치료를 결합시킨다. 이것은 치료라기보다는 인간 심신의 고양이라고 보는 게 좋을 듯하다. 이것은 한편으로 보면 치료행위이지만 다른 한편으로는 인간이 지향해야 하는 총체적인 감각 세계를 다루고 있다.

이 병원의 규모는 작지만 병원의 특징을 보면 많은 공감이 간다. 그 특징을 살펴보자!

− 환자의 자연치유력과 면역시스템을 강화하는 데 주력한다.

현대의학을 거부하지는 않으나 인간이 가진 자연치유력을 우선으로 한다. 이것은 인간에 대한 깊은 통찰에서 비롯된 것이다. 병에 걸린 것도 자연적인 현상이라면 이로부터 빠져나오는 것도 인간이 가진 능력, 즉 자연치유력에 바탕을 둬야 한다는 관점이다. 따라서 여기서는 자연치유력을 높이기 위하여 자연으로부터 나온 각종 약초나 잘 관리된 무공해 식품들과 자연으로부터 추출된 비타민이나 미네랄을 중시한다.

− 환자의 심신을 모두 치료한다.

현대의학의 표준 암 치료는 정신세계에는 큰 관심이 없다. 그러나 암의 가장 큰 원인 중 하나가 정신적 피폐함이라는 것은 너무도 잘 알려진 사실이다. 인지의학은 암 치유도 이에 초점을 맞추어 치료해야 한다는 점을 중시한다.

그리고 암 치료는 인체가 가진 자원을 총동원해야 하는 치료이다. 무엇보다 치료하는 과정에서 또는 치료 후의 환자 삶의 질을 매우 중요시한다. 이 병원은 치료과정에서 인간의 감각과 예술을 동원하므로 치료과정 자체가 즐거움을 갖도록 독려한다. 오감이 동원되는 음악과 미술, 그리고 춤동작(오이리트미), 향기 등이 치료과정에서 사용된다. 병동에 갇힌 우울한 치료가 아니라 인간에게 내재된 즐거움을 최대한 고양할 수 있도록 한다는 점에서 매우 훌륭한 치료의 전형을 이루고 있다.

- **환자 스스로 치료에 적극 참여하게 한다.**

우리에게서 암 치료란 수술과 방사선, 항암약물 치료이다. 이 치료과정에서 환자들이 참여할 기회는 크지 않다. 모든 것은 의사가 결정하고 환자는 수동적으로 그저 몸만 내맡기고 있다. 환자가 치료에 참여하는 것은 원천적으로 불가능하다. 그러나 환자가 주체적으로 치료에 참여하는 것이 치료에 효과를 낼 수 있는 것은 자명하다. 겨우 있는 다학제 진료조차도 환자는 수동적이다. 하지만 이 병원은 치료과정에 환자들이 주체적으로 참여하도록 한다. 아니 참여하지 않으면 안 되게 만든다. 치료과정이 감각 세계나 초감각의 세계를 동원해야 하기에 환자의 의지 없이는 이를 실현할 수 없기 때문이다.

- **병의 급성기나 위급한 상황에서는 현대의학의 도움을 받는다.**

이 병원은 면역체계를 약화시키는 항암제 투여나 방사선치료를 우선 하지 않지만 필요에 따라서 이런 치료의 도움을 받는다. 그렇기에 인지의학에 입각한 치료법도 암에 대한 기적의 치료법은 아니라는 것을 잘 인식하고 있다.

- 병에 대한 환자의 인식과 자세를 돕는다.

  암은 치료과정에서 환자를 우울하게 하고 지치게도 한다. 인지의학은 죽음에 대한 공포감이나 우울감에서 벗어날 수 있도록 여러 가지 행위들을 도입하여 치료에 도움을 준다. 그리고 치료가 불가능할 때도 포기하진 않지만 최후의 순간에 암의 공포에서 벗어나 긍정적인 태도로 생을 마칠 수 있도록 도와준다.

아내의 암 투병과 교훈

부 록

중증 암 관련 의료제도 개선 요구

부록. 중증 암 관련 의료제도 개선 요구

다음은 의료제도 개선을 위해 국회 보건복지위원회 남인순의원실에 제안한 내용이다. 이 제안과 관련되어 현재 3분 진료 관행이 15분 심층 진료로 전환하기 위한 시범사업이 서울대 병원에서 시행되고 있다. 이것은 큰 변화를 위한 작은 출발에 지나지 않는다. 가야 할 길이 멀다.

아래 사항은 제도개선 청원을 한 내용을 약간 가다듬은 것이다. 중증 환자들을 대상으로 하는 제도가 더 개선되기를 바라면서 독자들의 응원과 지지를 바란다.

1. 제안 취지

최근 암 환자에 대한 5년 생존율이 국가암정보센터 2015년 통계로 70.7%로 발표되었다. 2001~2005년 54%와 비교하면 16.7%가 상승한 것으로 나타났다. 이에 따르면 암에 대한 치료기술이 몇 년 사이에 비약적으로 발전한 것처럼 생각되게 한다. 그러나 이게 정말 사실일까?

1999년 개시되었던 조기암검진사업은 점차 대상 폭을 넓혀왔다. 암은 조기에 발견하고 치료하면 5년 생존율은 80~90%가 넘는 것으로 되어있다. 조기암진단율이 높아지게 됨에 따라 암에 대한 치료율이 대폭 상승하게 된 것이다.

이렇게 암 5년 생존율이 세계 다른 나라에 비해 비약적으로 향상한 것은 조기암검진사업의 성과에 따른 것으로 3,4기 암에 대한 생존율은 10년 전이나 지금이나 아래 통계에 비추면 미미한 것에 불과하다. 이 통계들 사이에는 통계 산출방법이 다르기 때문에 직접 비교는 쉽지 않으나 대략적인 추세는 읽을 수 있다.

   연세대 암 환자와 국가암정보센터에 의한 통계로 연세대 암센터 통계의 1,2기 암 환자와 국가암정보센터의 국소 암인 경우는 초기에는 모두 80~90%가 넘는다. 최근 5년 생존율이 상승한 것은 국소 초기암 환자의 수가 대폭 늘어서 암 통계가 상승한 것이다. 3,4기 암 환자의 5년 생존율의 경우 10년 전에 비해 통계적으로 그 수치가 크게 늘지 않았다.

2011~2015 국가암정보센터

발생순위	암 종	요약병기							
		국한		국소		원격		모름	
		환자분율	생존율	환자분율	생존율	환자분율	생존율	환자분율	생존율
	모든 암	44.2	90.1	30.6	74.0	16.8	20.9	8.3	54.0
1	위	61.6	96.2	22.1	61.0	11.0	6.3	5.3	41.0
2	대장	37.7	95.4	41.4	81.6	15.2	19.6	5.7	58.7
3	갑상선	42.2	100.7	51.2	100.4	0.6	71.0	6.1	99.0
4	폐	20.7	64.0	26.3	35.6	44.3	6.1	8.7	18.6
5	유방	57.7	98.4	34.3	90.7	4.8	38.3	3.1	82.6
6	간	46.8	54.6	24.1	18.7	15.7	2.8	13.4	24.1
7	전립선	55.3	102.0	22.4	97.4	9.4	44.2	13.0	89.1
8	췌장	10.9	34.5	31.8	15.2	45.7	2.0	11.6	11.8
9	담낭담도기타	23.9	53.0	41.6	33.3	23.4	2.7	11.1	17.7
10	신장	71.3	97.1	11.1	71.9	12.1	13.4	5.5	61.5

연세 의료원 암센터   1995~2004, 3만9625명

	1기	2기	3기	4기
갑상샘암	98.5	95.6	91.7	66.2
자궁경부암	91.5	71.4	43.9	16.8
유방암	90.1	83.7	61.8	36.0
방광암	74.8	57.2	36.2	26.5
신장암	89.8	77.9	65.4	15.8
전립샘암	70.8	63.0	78.3	31.6
대장암	93.4	83.4	54.2	11.9
두경부암	82.2	61.8	50.2	31.7
위암	93.9	74.1	42.3	5.5
간암	42.6	25.4	12.7	4.3
폐암	62.9	32.4	9.8	1.5
췌장암	37.8	12.3	8.5	2.5

이 같은 통계에 비추어 보면 암 환자의 5년 생존율을 높이기 위해서는 지금처럼 조기검진 대상의 폭을 더 넓히는 것과 병행하여 3,4기 암 환자의 치료율을 높여야만 실질적인 암 치료 유효율이 개선될 수 있다. 더구나 통계상의 착시로 논란이 많은 갑상선암 환자에 대한 통계적 가치부여가 문제인데 갑상선암을 통계에서 제외할 경우 완치율 수치는 더 내려간다. 갑상선암을 제외하면 3,4기 암 환자의 5년 생존율은 16~40% 정도에 불과하다.(연세의료원 암센터)

암에 대한 장기생존율은 10년 전이나 지금이나 별반 향상된 게 없다. 이와 같이 암 관련 의료기술 발전이 무척 더딤을 알 수 있다. 지

난 10년 전에도 10년 후면 암은 정복될 것인 양 떠들어댔지만 중증 암 환자에 대한 5년 생존율의 미미한 향상 추세에 비추면 앞으로도 그런 정도에 머물 것이다.

그런데 이런 3,4기 중증 암 환자에 대한 치료율을 높일 가능성은 있을까? 필자는 그렇다라고 말하고 싶다. 암 치료에 대한 의사들의 생각이 바뀌고 약간의 제도적 개선이 뒤따른다면 현재의 의료기술 수준 정도로도 획기적으로 치료율을 높일 수 있을 것으로 기대한다.

2. 중증 암 환자 치료율 어떻게 높일 것인가?

우리나라의 암 환자 치료기술은 세계적인 수준이라 해도 과언이 아니다. 진단용 영상장비의 질과 보유 수가 선진국 어디에 내놔도 뒤지지 않는다. 의사 수준 또한 어디에도 뒤지지 않는다고 한다. 의료 접근성 문제인 건강보험도 전 국민을 대상으로 하고 있어 치료받는 데 별 문제가 없다. 더구나 중증 환자의 경우 보험적용 대상 진료의 자기부담금이 5% 정도라서 치료비도 버틸만하다. 물론 일부 비보험 치료는 부담이 없는 바는 아니지만 전반적으로 암 환자가 치료를 받는 데 큰 장애가 되지 않는다. 이렇게 의사의 질이 높고 의료장비 또한 잘 갖춰져 있으며 병원에 가는 것도 어려운 일이 아닌데 생존율이 크게 개선되지 않고 있다. 왜일까?

3,4기 중증 암 환자는 현대의학의 표준치료 - 수술, 방사선, 약물요법 - 로만 완치율을 높이는 데는 한계가 있다. 앞서 통계에서도 보듯이 그 성적표는 초라하다. 따라서 완치율을 높이기 위한 모든 방법을 동원해야 한다. 최근에는 통합치료가 점점 영향력을 확

대해가고 있다. 표준치료를 더 개혁하고 섭생, 대체의학, 자연치료, 한방치료와 더불어 암 환자의 정신적 안정문제까지 전 방위적으로 대처하는 게 통합치료이다.

표준치료란 이같이 중증 암 환자를 치료하는 데 있어 일부분에 불과하다. 비유하자면 표준치료로 99% 치료가 되었다 하더라도 1% 치료가 미진하다면 99%의 암 치료는 무의미해진다. 암의 완전한 제거가 아니면 암이 다시 자라는 것은 시간문제일 뿐이기 때문이다.

설사 표준치료로 암을 다 제거했다 하더라도 암에 한 번 걸렸던 환자는 재발할 가능성이 매우 크다. 내·외부적인 환경이 그렇게 만든다. 따라서 이런 환경을 바꾸는 작업을 지속하지 않으면 재발은 또다시 될 수밖에 없다. 이런 것들을 종합해서 생각하면 중증 암 치료는 표준치료로 그칠 것이 아니라 통합치료로 확대해가야 한다.

앞으로는 중증 암 치료가 통합의학으로 나아가야 하지만 여기서는 현재의 조건과 시점에서 중증 암 환자들에게 꼭 필요한 일차적인 사항이 무엇인가 하는 것을 제안하려고 한다.

첫째 진료시간 문제이다

일반적으로 암으로 진단된 환자라도 의사와 진료상담하는 시간은 불과 3분 내외에 불과하다. 암 환자건 일반 환자건 가리지 않는다. 나아가 초기 암 환자건 3,4기 중증 암 환자건 구분이 없다. 보통은 3분, 길어야 5분인 진료상담을 통하여 통합진료는 고사하고 당장 환자에게 부닥친 이슈를 확인하고 안내하는데도 벅찬 시간일 뿐이다. 진료상담시간이 대폭 늘어나지 않고서는 진료의 질을 기대하기 어렵다.

MD앤더슨에서 한국인으로서 30년 이상 암 환자를 치료해온 김의신 박사에 따르면 이 병원에서는 암으로 진단받고 최초 상담은 2시간을 넘기기도 한다고 한다. 이에 비추지 않더라도 우리나라의 3분 진료, 길어야 5분 진료에서는 진료의 질을 기대하기가 불가능하다. 암의 원인과 치료법들, 그리고 표준치료와 더불어 통합적 관점에서 어떻게 의사와 환자가 노력해야 하는 데에 대해서 적절한 지식을 제공해야 한다. 그것도 의무적으로. 그렇기 위해서는 진료 시간의 대폭적인 확대가 필수적이다.

둘째는 치료 전략에 대한 문제이다.

　환자는 암 진단을 받은 후 상담을 바탕으로 치료 전략을 세워야 한다. 암은 단순한 질병이 아니기 때문에 단순하게 대처했다간 낭패 보기 십상이다. 수술이 완치율을 높이는 치료라고는 하나 반드시 그렇지만도 않다. 방사선치료가 최근 급속히 발전하고 있다. 현재도 수술은 점차로 방사선치료에 우선권을 넘겨주고 있는 실정이다. 수술로 영구적으로 기관 장애를 입거나 외형상 치명적 불구가 될 수 있다. 수술과 방사선치료는 그 전후에 항암약물치료를 병행하기도 한다. 치료법은 다양해졌고 전통적인 수술에서 비침습적 방법으로 전환하고 있다. 치료법에 대해서도 환자의 선호도가 다양하다. 이런 것을 종합적으로 고려해서 치료 전략을 세워야 한다. 이것이 가능하게 하는 게 다학제 진료이다. 이미 많은 대학병원에서 채택되고 있으나 사실은 그 취지에 맞게 운영되는지는 의문이 따른다.

　그런데 이런 치료법의 순서와 배치가 생사를 가르기도 한다. 우리의 경우가 잘못된 치료 순서에 의해 전형적으로 불행한 결과를 초래한 경우이다.

　자연치유니 면역치료니 하는 것은 아직 학계에서 객관적으로 확립된 치료법이 아니다. 이런 치료는 표준치료를 중심으로 하고서 보조적으로 활용해야 전체적인 치료 효과를 올릴 수 있다. 치료의 선후 문제이고 치료 전략의 문제이다.

　또한 암 환자는 치료의 신속성이 요구되므로 이 의사 저 의사를 찾아다니며 상담할 여유가 없다. 한 의사와 스케줄 한번 잡는데 1~2주가 걸린다. 이를 한자리에서 해결책을 찾을 수 있게 하는 게 다학제 진료시스템이다.

　우리의 경우 암 진단을 받고 우리나라를 대표한다는 00대학교 치과병원에서 잘못된 조치로 6개월 동안 엉뚱한 치료를 전전하다 악화되었고 나중에서야 표준치료를 받았으나 이는 일시적 호전에 불과했다. 그런 결과 아내는 2017년 3월에 세상을 떠나게 된 것이다.

　만약 암 진단 후 치료법을 선택할 때 다학제 진료시스템이 있었다면 다른 의사들로부터 이 교수와는 다른 충고를 들을 수 있었을 것이고 치료법에 관한 결정도 보다 합리적이었을 것이다. "수술과 방사선치료 이외의 방법으로 구강암이 완치된 사례가 전 세계적으로 단 1건도 없었다"는 이야기를 발병 초기 들었다면 이를 듣고 다른 치료로 건너뛸 강심장은 없었을 것이다. 치료 초기에 이 같은 진단을 받지 못한 것은 재수 없이 의사를 잘못 만났거나 다학제 진료시스템이 없었기 때문이다. 불행하게도 00대 치과병원에는 다학제 시스템이라는 게 없었다.

　그렇다면 다른 대학병원의 경우는 다를까? 다학제 진료가 있기는 해도 이것의 가동은 의무사항이 아니라 시혜적이다. 그 내용도 우리가 경험한 바로는 빈약하기 그지없었다. 그저 우리도 아는 상식적인 이야기를 반복할 뿐이었다. 암 치료 초기에 모든 것을 테이블 위에 올려서 치료법을 논의하여 공유하고 그런 토대 위에서 치료 방향을 결정해줘야 환자도 적극 호응하여 좋은 결과를 얻을 수 있을 터인데 기대 이하였다.

통합치료는 중증 암 치료에 있어 세계적인 추세이다. 통합치료는 앞서도 제기했듯 표준치료에 더해 대체의학, 자연치료, 한방치료 등을 통합하는 것으로 암 치료의 유효성을 높일 수 있는 최선의 방법이다. 그러므로 이에 해당되는 암 치료는 건강보험 범주 내로 들어와야 한다.

3. 결론

암 환자가 겪는 고통은 말할 필요도 없지만 그 가족까지도 매우 힘들다는 것은 불문가지이다. 그런데 치료조차 제대로 받지 못해서 잘못된다면 그 억울함은 이루 말할 수 없다. 의료기술이 제한적이고 후진적 한계가 있어서 그렇다면 운명으로 받아들일 수도 있다. 그런데 대한민국의 의료 수준이나 경제력으로 보나 어떤 나라에도 결코 뒤지지 않는데 제도와 의식이 뒤따르지 못해서 피해를 입는다면 이는 수긍하기 어렵다.

현재 조기 암검진사업이 있다 하더라도 모든 사람이 모든 종류의 암에 대하여 조기 검진을 받는 것은 현실적으로 어렵다. 그리고 암은 기대수명까지 27%의 사람이 걸린다는 통계도 있다. 무엇보다 암은 그 증상을 알고서 진단을 하게 되면 이미 3기 이상이 된다. 3기 이상 중증 암은 치료율이 현저히 낮으므로 더 세심한 보호와 치료가 필요하다. 조기암진단의 사각지대에서 진단되지 못해서 3기 이상 암으로 진단된 암 환자들도 건강보험 혜택을 적절히 받아야 공평하다. 암 환자에 대한 통합치료가 대세인 시대에 우리나라도 이에 대한 초석을 다져나갈 필요가 있다. 다음을 개선해야 한다.

첫째, 지금처럼 밀어내기식 3분 진료 하에서는 암 환자의 치료율을 높이는 것은 전혀 기대할 수 없다. 이런 나쁜 관행은 하루빨리 개선되어야 한다.

둘째, 암으로 진단받고 치료 전략을 세우는데 다학제 진료가 기여할 바는 크다. 그러나 시혜에 의존하는 다학제 진료는 모든 암환자에게 적용되지 않는다. 따라서 중증 암환자에 대한 의무화가 선행되어야만 제대로 된 치료가 보장될 수 있다.

셋째, 병원에 입원한 암 환자에게 다가오는 가장 큰 문제는 식사 문제이다. 입원 기간 병원에서 주는 식사는 암 환자에게는 때로는 고역이다. 암 환자의 식사는 일반인들처럼 그저 한 끼 때우는 데 있지 않다. 암 환자가 먹는 식사는 치료와 결부되어 있다. 좋지 않은 음식(예, 정제된 곡물 등)은 오히려 암 치료에 방해가 되기도 한다. 따라서 암 환자의 식사는 철저히 항암식이 되어야 하고 보험적용이 따라야 한다..

마지막으로 통합치료에서 건강보험의 확대 실시가 요구되는 범주는 중증 암 환자에게 절실히 필요한 정신요양에 관한 사항 그리고 산좋고 물좋은 곳에서의 자연치유가 그것이다.

즉 명상과 호흡 또는 전문적인 치유사나 도수 치료사에 의한 암 치유도 국가 보험 체계내에 들어와야 한다. 보조적이지만은 않은 이런 치료는 유럽에서는 이미 국가 보험 체계내에 들어와 있다. 치료효과가 밝혀졌기 때문이다. 칼로 째고 방사선으로 쬐고 화학 약물로만 암을 치료하는 시대는 이미 지나가고 있다. 통합의학을 넘어서 좀더 세련되고 촘촘한 치유가 요구된다. 따라서 휴양의학이라는 치유도 보험체계 내로 도입해야 한다. 삶을 너무 열심히 살아온 사람들이 걸린게 암이기 때문이다.

이 외에도 암 치료에 도움이 되는 다양한 약제들도 보험이 적용되어야 한다. 각종 면역강화제, 대체의학 의사들이 처방하는 각종 약제들, 무엇보다 외국의 저명한 의사들마저 한방약을 추천하는 마당에 암 치료에 유효한 한방치료는 선별하여 건강보험을 확대 적용해야 한다.

이 제안은 지구상에 없는 혁신적인 기술로 암 환자를 치유해달라는 요구가 아니다. 이미 우리에게 확립되어 있는 기술과 약간의 제도개선만으로도 많은 중증 암 환자들에게 도움을 줄 수 있는 요구이다. 이런 요구는 암 치료에 있어 실수를 줄이고 합리적인 치료를 선택할 수 있도록 환자와 의사를 지원하고 도와줌으로써 5년 생존율은 더 높이는데 있다. 나아가 치료가 잘못되어 법정에서 다투는 사회의 부정적인 갈등비용을 줄일 수도 있다. 운에 의해 생명이 좌우되는 이 같은 상황은 하루빨리 극복되어야 한다. 나아가 치료하는 과정이 즐겁고 행복한 과정이 되어야하지 않겠는가?

책을 맺으며

　이 책은 암에 관한 전문서적이 아니다. 아내의 투병과정과 아내를 잃은 남편의 연민을 담은 체험서다. 그리고 제도가 개선되어 좀 더 나은 환경에서 암 환자들이 치료받기를 소망하는 작은 바람으로 쓴 책이다.

　이 책은 그동안 아내가 암 투병을 하는 내내 적극적으로 지지와 성원을 보내준 가족 형제들, 그녀가 가르쳤던 학생들에게 바쳐야 할 것 같다. 아내가 가르쳤던 모든 아이들이 쓴 편지글을 책으로 만들어 아내에게 가져다주었을 때 아내는 감격에 젖어 용기를 내었다. 학부모님들이 아이들과 함께 청계사에서 108배를 한다는 소식을 듣고서 아내는 미안해하면서도 그게 큰 힘이 되어 치료과정의 큰 고통을 이겨낼 수 있었다. 누군가와 굳게 연결되어 있다는 것은 병을 치료해주는 약물과는 다르게 치유에 큰 힘을 주는 것이 분명하다. 정신적 물질적 지원을 아끼지 않았던 학교 공동체 구성원들이 아니었으면 아내는 좀 더 일찍 지쳐 병에 굴복했을지도 모른다. 비록 병을 이기지 못하고 가버리기는 했지만 어려운 가운데 보내준 지인들의 지지와 성원 덕분에 그나마 버틸 힘이 되었다. 따라서 병에서 떨쳐 일어나기를 간절히 기원했던 학부모님들에게 이 책을 바친다.

　또한 과거, 아내와 함께했던 동지들도 큰 힘이 되어 주었다. 그들도 가까이서 멀리서 소리 없는 성원으로 힘겨운 병마 중에도 아내로 하여금 흔들리지 않는 나무가 되게 하였다. 그들에게도 고마움을 전해야겠다.

이제 암을 극복할 가능성이 조금씩 열리고 있다는 느낌이 든다. 지난 과거처럼 막연히 앞으로 10년 후면 암이 정복될 수 있는 것처럼 과장했을 때와는 다르게 통합적 암 치료가 주목되고 있으며 면역치료와 유전자 치료가 부상하고 있기 때문이다. 면역항암제에 의한 치료가 앞으로 어떻게 발전할지는 모르겠으나 과거 세포독성 항암제나 분자적 표적항암제 등에 의한 치료가 한계를 보였던 점에 비하면 새로운 패러다임의 치료라는 점은 분명해 보인다. 이제 해가 갈수록 진보된 새로운 방식의 치료법이 등장하기 때문이다.

나의 이 같은 연민을 담은 체험서가 독자들에게 얼마나 도움을 줄지 모르겠다. 이제 암의 극복은 매우 느리게, 그렇지만 조금씩 앞으로 나아가고 있는 것만은 틀림없다. 그러나 획기적인 방법이 나올 때까지는 누구든 암에 걸리지 않기 위해 노력해야 하고, 만약 암에 걸리더라도 바람직한 치료 계획과 차분한 관리로 이로부터 벗어나야 한다.

어떤 이는 이 같은 노력으로 암이라는 중병에서 탈출하기도 하고 또 어떤 이는 그렇지 못하기도 한다. 암에 적절히 대처하면 이겨낼 수 있음을 알리려고 노력했으나 변죽만 울린 게 아닌지 염려스럽다.

이제 생각을 달리한다면 죽음을 좀더 가볍게 하는 것. 삶을 무겁게 하기보다는 자유로워지는 것. 의술 조차도 좀더 가벼워지는 것을 한편 생각해본다

그러나 암을 다시 한번 생각해 보면,

자신을 돌보지 않고 다그쳐온 인생에

쉼을 가지라는 내 몸의 신호이다.
한 템포 쉬어가라는 쉼.
그것은 또 다른 역설의 훈장이다.

한편,
희망을 잃지 않고 암에 대처하는 것 못지않게,
자신을 근원적으로 돌아보는 것.
그것이 자신에게 주어진 특권이다.

누구에게도 방해받지 않고
경계에서 누릴 수 있는 자유.

우리는 몸이라는 현현(顯現)도 있지만
정신이라는 빛나는 다른 현현(玄玄)이 있기에!

모두가 암에 걸리지 않기를 간절히 기원하면서!
암에 걸리더라도 현명하게 대처하기를 바라면서!

    故 강혜란의 남편 김중성

아내의 암 투병과 교훈

2019년 10월 31일 초판 1쇄

지은이 강혜란의 영감으로 김중성이 엮다.
편집   신완섭, 오선택
디자인 세종기획

펴낸곳 고다
등록   2010년 6월 22일 (제2010-000016호)
주소   경기도 군포시 수리산로 33, 833-2702

이메일 inlig@hanmail.net

가격   19,000원

ISBN   979-11-952266-4-1

본서의 복제는 저자의 동의하에 사용해도 좋습니다.

도서출판 고다(高多)는
인격을 높이고 학문을 넓히는데
힘쓰고 있습니다.